HERBERT KREFT · JÜRGEN SOENKE · DIE WESERRENAISSANCE

Herbert Kreft · Jürgen Soenke

DIE WESERRENAISSANCE

4. überarbeitete und erweiterte Auflage

VERLAG CW NIEMEYER · HAMELN

BILDERNACHWEIS

Abb. 14 W. Kastning, Stadthagen; Abb. 123 Hed Wiesner, Bremen; Abb. 126, 127 Erich Koßmann, Minden; Abb. 169 Foto Waltershofer, Wolfsburg; Abb. 198 Lorisch-Archilles, Bremen; Abb. 211 Ernst Lohöfener, Bielefeld.

Alle übrigen Aufnahmen wurden für diesen Band von Herbert Kreft angefertigt. Er benutzte die Linhof-Technika 6/9 mit folgenden Objekten: Zeiss Biogon 52 mm, Schneider Super Angulon 75 mm, Schneider Symmar 100 mm, Zeiss Planar 100 mm, Schneider Symmar 150 und 180 mm, Rodenstock Apo Ronar 300 mm, Schneider Tele Xenar 500 mm. Es wurden für die Schwarzweiß-Aufnahmen Perutz 17 DIN Film, für die Farbaufnahme der Tafel gegenüber dem Titel Kodak Ektachrome Film verwendet.

Die Einbandvignette zeichnete Arnold Willings, Minden, nach einem Portal im Hof des Schlosses Varenholz.

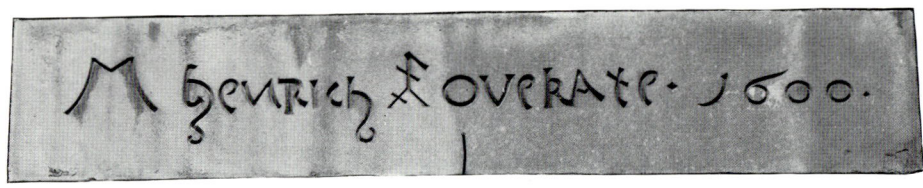

Meisterzeichen des Heinrich Overkotte von 1600 in Gandersheim

© 1964 Copyright und alle Rechte beim Verlag CW Niemeyer, Hameln
Drucktechnische und Klischee-Herstellung im fotochemigraphischen sowie im Hell-Varioklischograph-Verfahren durch CW Niemeyer, Hameln
ISBN 3 87585 030 0

Minden, städt. Museum, Torso einer Beischlagwange
mit Sündenfall-Relief (Vgl. Abb. 21, 22 u. 221)

INHALT

Vorwort zur ersten bis vierten Auflage
von Dr. Herbert Kreft — Seite 6

Einführung zur vierten Auflage
von Dr. Jürgen Soenke — Seite 9

Bildteil — Seite 41

Lexikographische Erläuterungen — Seite 231

Exkurs über den Kerbschnitt-
Bossenstein — Seite 299

Register — Seite 312

Karte der Weserrenaissance
und Verkehrskarte am Ende des Buches

VORWORT ZUR ERSTEN BIS VIERTEN AUFLAGE

Nach dem Ende des zweiten Weltkrieges fand Dr. Jürgen Soenke zufällig seinen ersten Wohnsitz in Petershagen an der Weser. Das dort stehende Schloß, Residenz und Weserfestung der Mindener Bischöfe (seit 1307) gab ihm den Anstoß, sich kunstgeschichtlich und kulturgeschichtlich mit den Renaissancebauten an der Weser und im Weserraum zu befassen. Diese Zuwendung verdichtete sich bald zu literarischer Darstellung. 1958 erschien im Verlag J. C. C. Bruns in Minden/Westf. die erste Buchveröffentlichung des von Dr. Soenke gegründeten Archivs für Weserrenaissance, eine Monographie über den schwäbischen Baumeister Jörg Unkair, mit dem die Weserrenaissance beginnt. Weitere derartige Einzeldarstellungen waren geplant. Der vorliegende, als Bild- und Textband angelegte Gesamtüberblick wurde begonnen, als 1961 der Verlag C. W. Niemeyer in Hameln sich des Vorhabens annahm.

Ein Ziel dieser Veröffentlichung ist die fotografische Bestandsaufnahme der noch stehenden maßgeblichen Werke eines Stilzeitraumes der Architektur, der dem kulturgeschichtlichen Gesicht der Weserlandschaft — über eine breite Zone rechts und links des Stromes — wesentliche Züge gegeben hat.

Im Jahre 1914 erschien in Hannover ein Tafelband „Renaissanceschlösser Niedersachsens", bearbeitet von Dr. Albert Neukirch und Dipl.-Ing. Bernhard Niemeyer, dem 1918 in Münster des Dipl.-Ing. Max Sonnen ausgezeichnetes Werk „Die Weserrenaissance" mit 250 Aufnahmen von bemerkenswertem fotografischen Niveau folgte. Seitdem fehlte bisher die Veröffentlichung einer erneuten umfassenden dokumentarischen Bildbandbearbeitung.

Ein halbes Jahrhundert hat inzwischen — durch Verfall, Kriegszerstörung, Veränderung — einige Lücken in den Bestand der Renaissance-Werke gerissen. An vielen Orten hat die Entwicklung des die Bauwerke umgebenden und rahmenden Baumbewuchses eine tiefgreifende Veränderung der Gesamtszenerie bewirkt. Manche fotografische Darstellung der Architektur oder ihrer Details, die 1910 oder 1915 ein unbehindertes Blickfeld fand, scheitert heute vor den stimmungsvollen, aber undurchdringlichen rauschenden Laubvorhängen stattlicher Baum-Individuen oder -gruppen.

Das kulturgeschichtlich-ästhetische Gewicht der dargestellten Bauwerke wie der Zweck des Buches verweisen die Fotografie in die Rolle der dienenden Dokumentation. Lichtbildnerische Effekte wären fehl am Platze. Es geht darum, die Möglichkeiten der Fotografie zu nutzen, nämlich durch Standortwahl, Ausschnitt und Beleuchtung die Eigenart des Stils und der baulichen Einzelgestaltung auf dem Papierbild geschlossener und eindringlicher in Erscheinung treten zu lassen, als es das oft ablenkend-verwirrende Gesamtbild des Originals für das Auge des Durchschnittbetrachters vermag. Diese Fähigkeit ist in noch höherem Maß der fotografischen Großdarstellung von Architektur-Details eigen. Sie läßt den Betrachter Einzelformen, ornamentalen Schmuck und Eigenschaften des verbauten Materials entdecken, die sein Auge vor dem Gegenstand selbst gar nicht wahrnimmt. So versucht die Technik der fotografischen Aufnahme, die Unterlegenheit des fotografischen Objektivs, das meist nicht einmal ein Foto in der Perspektive des menschlichen Auges bietet, gegenüber der Beweglichkeit des lebenden Auges zu kompensieren.

Die der ersten Auflage von 1964 bereits 1965 folgende zweite stellte — ebenso wie die dritte Auflage von 1969 und die jetzt vorliegende vierte Auflage — dem fotografierenden Autor die Aufgaben, als lebendige Dokumentation die Veränderungen der Bauwerke, die seit den Aufnahmen für die erste Auflage, vor allem durch Restaurierungen, verwirklicht wurden, in den Bildteil eingehen zu lassen, bestimmte Bauwerke und ihre Details wegen ihrer Bedeutung für die Zeit der Renaissance an der Weser vermehrt und verbessert wiederzugeben, kleine Lücken in der Wiedergabe des Bestandes zu schließen und endlich wesentliche Schmuckformen der Weserrenaissance, die Kerbschnitt-Bossensteine und die Bossensteinportale, gesammelt beispielhaft darzustellen.

Der Leser und Betrachter wird den fotografischen Schwarzweiß-Wiedergaben willig folgen, wenn auch gerade in den letzten Jahren das Problem einer farbigen Weserrenaissance die Gemüter bewegt, denn neue Forschungsergebnisse belegen, daß in der Bauzeit der Renaissancearchitektur die Farbe — besonders an den Schmuckformen — eine erheblichere Rolle gespielt hat, als der derzeitige Zustand der Gebäude erwarten ließe. Aber vorerst ist die Weserrenaissance noch nicht durchweg „farbfotogen", abgesehen von einzelnen polychrom neu gefaßten Gebäuden, u. a. in Hameln, Bad Salzuflen und Celle, deren Farbgebung allerdings die Luftverschmutzung des Straßenverkehrs aggressiv zusetzt. Beispielhaft bringt die vierte Auflage dem Titel gegenüber eine Farbtafel, die das 1972 restaurierte Haus des Kaufmanns Gerd Leist in Hameln, Osterstraße 9 (1585—1589), wiedergibt.

Das Problem der Bildkommentierung wird zumeist in der Weise bewältigt, daß Bild und Bilderläuterung getrennt stehen und so den Leser zum Nachschlagen zwingen. Auch in diesem Buche wurde aus technischen Gründen die Trennung in Kauf genommen. Doch wurde aus der Not eine Tugend gemacht. So entstand der handbuchartige Text der die Bilderläuterungen in Form von Stichwörtern lexikographisch erschließt und damit zugleich ein Nachschlagewerk der Weserrenaissance darstellt. Ein Ortsregister erübrigt sich damit.

Nicht auszuschließen ist, daß bei bestimmten Architekturen die gleichen Daten einmal im Zusammenhang des einleitenden Textes vorkommen und wiederholend auch in den lexikographischen Erläuterungen zum Bildteil erscheinen. Die Vollständigkeit dieser Erläuterungen, die dem Bildungsreisenden vor dem Bauwerk die Abbildungen erklären sollen, ohne daß er auf den einführenden Text zurückgreifen müßte, verlangt diese doppelte Führung.

In der ersten bis dritten Auflage war dem Bildteil die einführende Gesamtdarstellung der Weserrenaissance aus der Feder des Historikers Dr. Albert Neukirch vorangestellt, — von einigen Ergänzungen abgesehen —, ein Nachdruck des Sonderdrucks aus dem Repräsentativwerk der Niedersächsischen Landeszentrale für Heimatdienst „Das Land Niedersachsen" (erschienen 1955).

Die Sicht dieses Beitrags auf die Entwicklung der Architekturformen in den Renaissance-Jahrzehnten ist maßgeblich an den Persönlichkeiten der Bauherren und Auftraggeber in ihren aus der Zeitgeschichte verständlichen geistigen und politischen Bindungen orientiert. Zur vierten Auflage fügte es sich im Einvernehmen des Verlegers mit den beiden Autoren, daß nunmehr der Text aller drei Textteile — der Einführung, der lexikographischen Erläuterungen und des Kapitels über den Kerbschnitt-Bossenstein — von Dr. Jürgen Soenke verfaßt ist. So sind jetzt Textteil wie Bildteil je aus einer Hand und aus einem Guß. Noch wesentlicher erscheint, daß der Soenkesche einleitende Text die Entstehung und den weserländischen Ablauf des Bauens in Renaissanceformen nach der zeitlichen Folge des Wirkens der überlieferten Baumeister und der damit einhergehenden Abfolge der verschiedenen stilistischen Einwirkungen auf die Gestaltung der Bau- und Schmuckformen darstellt. Dabei werden die von außerhalb auf das Wesergebiet wirkenden Einflüsse wie auch die eigenständigen Formgebungen beschrieben, die den Begriff einer Weserrenaissance im engeren Sinne bestimmen.

Zusammenfassend wird das Interesse des Lesers hingeführt auf den regionalen Ablauf einer Formensprache, deren Bemühen um die Wiedergewinnung von Grundzügen antiken Bauens in der Spätgotik einsetzt und im Frühbarock ausklingt. Dem Sinn und Ziel der Sachliteratur gemäß wird das sichtbar erhaltene Bild der denkmalswerten Bauwerke zusammengeführt mit den Gestalten der Menschen, deren Einfallsgabe und handwerkliche Kunstfertigkeit die schöpferische Kunstleistung entstehen ließ.

Die fürstlichen, landadeligen, bürgerlichen und bürgerschaftlichen Bauherren wiederum erscheinen nach wie vor in den Erläuterungen zum Bildteil, der damit ihrer nicht wegzudenkenden Rolle im kulturellen Geschehen der Zeit gerecht wird.

In diese gliedernde Ordnung fügt sich endlich der selbständig bebilderte Abschnitt über den Kerbschnitt-Bossenstein als typisches Ornament der späten Weserrenaissance.

Abschließend habe ich zu danken dem Historiker Dr. Jürgen Soenke, dessen mit unbeirrbarer Konsequenz wirkende Initiative dieses Buch entstehen ließ. Er überzeugte mich, daß ein solches Werk nur aus geduldiger liebhaberischer Arbeit wachsen könnte. Es gelang ihm auch, meine Skepsis gegenüber dem Umfang des Themas, dessen Bewältigung die Freizeit etlicher Jahre gefüllt hat, zu überwinden. Rückschauend müssen wir feststellen, daß der beständige Sonnen-Sommer 1959 den Erfolg der fotografischen Dokumentation entschied. Entgegen der klimadiktierten Notwendigkeit, im Normaljahr jede Stunde guten Aufnahmewetters in den Grenzen des Möglichen spontan auszunutzen, gewährte das Jahr 1959 die ungewöhnliche Gunst, bestimmte Aufnahmen an bestimmtem Ort auf Wochen im voraus planen zu können.

Es ist zu hoffen, daß die Reflexe der Texte und des Bildteils dieses Buches in der geschichtlichen Schau des Lesers und Betrachters ein Mosaiksteinchen formen, das seinen Platz im wertenden, sich oft erneuernden Bild der lebenden Welt behauptet.

Minden, im Sommer 1975   Herbert Kreft

„Triumphzug des Bacchus", Kupferstich von 1528 des Nürnberger Kleinmeisters Georg Pencz (vergl. Abb. 160). Mit freundlicher Genehmigung des Germanischen Nationalmuseums Nürnberg

EINFÜHRUNG ZUR VIERTEN AUFLAGE

Den Begriff Weserrenaissance scheint nicht erst Max Sonnen mit seinem Buch, das 1918 in Münster erschien, geprägt zu haben[1]. Schon bei Richard Klaphek taucht er 1912 auf[2]. Er stellt nämlich ausdrücklich fest, daß die Horster Lippebaugruppe (Lipperenaissance) aus dem Lippeland nicht weiter ostwärts in das Paderborner Bistum und das Herzogtum Westfalen hätte vordringen können, denn: „Paderborner- und Weserrenaissance redet ihr eigenes Idiom". Wenn er den Begriff auch enger faßt, als es hier geschieht, so unterscheidet er doch eine Weserrenaissance von den anderen Renaissance-Baugruppen in der westlichen Nachbarschaft Ostwestfalens.

Bei der kritischen Abgrenzung des geographischen Gebietes, dessen Architektur in diesem Buche behandelt wird, war das Bewußtsein wirksam, daß auf eine vollständige Erfassung aller Renaissancebauten in einem gewissen Raume beiderseits der Weser nicht verzichtet werden könnte, obwohl diese nach ihren Formen nur zu einem Teil der Weserrenaissance im engeren Sinne zugerechnet werden können. Immerhin steckt in der Renaissance an der Weser, wie schon Klaphek erkannte, eine „Weserrenaissance". Ob diese „Weserrenaissance" als kunstgeographischer Begriff, als Stilgruppe oder als Sonderentwicklung einzuordnen ist, kann strittig werden. Eine herrschende Meinung zur festen Abgrenzung dieser Begriffe nach bestimmten Merkmalen ist in der kunstgeschichtlichen Literatur nicht zu erkennen. Die ansehnliche Reihe der weiter unten aufgeführten, in der Weserrenaissance immer wieder auftretenden Merkmale und der sich aus ihrem Zusammenwirken ergebende Gesamteindruck weisen jedenfalls über den kunstgeographischen Begriff hinaus.

Die Grenzen des Weserraumes im hier betroffenen Sinne können nicht nach geographischen und politischen Daten exakt gezogen werden. Das Wirken schöpferischer oder bestimmender Persönlichkeiten, das Baumaterial, wie auch gemeinsame Stileigentümlichkeiten wurden als maßgeblich für den Zusammenhang erachtet.

Die Abgrenzung der „Weserrenaissance" gegenüber den Renaissancebauten, bei denen in der Formgebung auswärtige Einflüsse und deren Auswirkungen erkennbar vorherrschen, ist nicht einfach. Beide Gruppierungen bedingen einander — die einen sind ohne die anderen nicht denkbar. Über die Zuweisung im besonderen Fall kann man verschiedener Auffassung sein.

Die Gruppe der „Weserrenaissance" wird gekennzeichnet durch das Auftreten folgender Merkmale:

a) Die Zwerchhäuser, jene an den Traufenseiten aufstrebenden, mehrachsigen und mehrgeschossigen Giebelausbauten, deren aus dem hohen Hauptdach wachsende Satteldächer oft fast den Hausfirst erreichen und manchmal sogar das Hauptdach gänzlich verdecken (Hämelschenburg, Abb. 115, und Rathaus Hann. Münden, Abb. 182).

b) Die Auslucht (Standerker), ein risalitartiger Vorbau in der Fassade, der auf rechteckigem Grundriß vom Erdboden aufsteigend (im Gegensatz zum von Konsolen getragenen Erker) ein- oder mehrgeschossig die Schauseite des Bauwerks gliedert. Sie wird zu einem Träger farbig illuminierten, plastischen Schmuckes (frühestes Beispiel: Schelenburg 1532, Abb. 9, Schloß Detmold 1553/57, Abb. 35, Hameln, Bäckerstraße 16 von 1568/69, Abb. 87).

c) Die Fenster sind zumeist durch einen Pfosten schlicht zweigeteilt.

d) Die Kerbschnitt-Bossensteine, Zierquadern mit geometrisch-abstrakten Ornamenten, die in der Weserrenaissance zu einem charakteristischen Stilmittel werden. Erstes Auftreten im Weserraum am Schloß Uslar 1559 (Abb. 245). Im letzten Jahrzehnt des 16. Jahrhunderts werden sie durch Reihung zu horizontalen Rauhbändern, durch glatte Zonen trennend hervorgehoben (Hämelschenburg, Abb. 114, Hochzeitshaus Hameln, Abb. 172). Etwa gleichzeitig breitet sich von Bremen aus ein Portaltyp mit Kerbschnitt-Bossenstein-Umrahmung im gesamten Wesergebiet aus (vgl. Exkurs S. 299—311).

e) Die kryptogotische Tendenz, die z. B. im Giebelumriß die Baumassen auflösend in den Himmel steigen läßt und die gotische Tradition der Fialen in schlanken Obelisken fortsetzt, die zum Teil noch von kreuzblumenartigen Gebilden bekrönt werden (Hameln, Osterstraße 9, Abb. 88).

Diese unverwechselbare Entwicklung hat sich auf einer breiten Grundlage vollzogen, die wesentlich durch von außen wirkende Einflüsse mitbestimmt wurde. Zu ihnen gehören: Die Baugedanken des schwäbischen Baumeisters Jörg Unkair und der „Import" italienischer, französischer und niederländischer Formen durch ausländische Bauleute, die Herzog Erich II. von Calenberg-Göttingen ab 1559 beschäftigte. Sie schufen die sicherlich Schule machenden Schloßbauten in Uslar und Hann. Münden, die die Ausstrahlungen der „Lipperenaissance" über den Teutoburger Wald hinweg in das Weserland, wie auch die späten niederländischen Einflüsse belegen, die namentlich in Bremen, Minden und der Grafschaft Schaumburg spürbar sind.

Endlich können die frühbarocken Tendenzen der Bückeburger Sakral- und Profanarchitektur, des Rathauses in Hann. Münden, der Lemgoer Apothekenauslucht, des Thedinghauser Erbhofes und der späten Bremer Bürgerbauten nicht aus dem stilistischen Zusammenhang mit der Renaissance an der Weser herausgelöst werden. Sie setzen den Schlußakkord einer Bauepoche, die mit dem Dreißigjährigen Krieg endet.

Wenn man die diesem Bildbande beigefügten Orientierungskarten betrachtet, drängt sich ein Vergleich der Weserrenaissance mit dem weit bedeutenderen Phänomen der Häufung von Schloßarchitektur im Tal der Loire geradezu auf. Es ist in der Tat erstaunlich, welche Fülle von Bauten dieser Epoche (zwischen 1520 und 1620), Schlösser, Rathäuser und Patrizierhäuser, beiderseits des Weserstromes von Hann. Münden bis Bremen — westlichstes Bauwerk die Wewelsburg / Kreis Paderborn, östlichstes die Wolfsburg — noch vorhanden ist, und man wird unwillkürlich fragen: Gab es in dieser Landschaft und Zeit für solche Häufung von repräsentativer Architektur günstige Voraussetzungen?

Für die frühe Weserrenaissance läßt sich diese Frage allerdings nur mit Einschränkung bejahen. Doch das allgemeine Versiegen der mittelalterlichen, kirchlichen Bautätigkeit (der letzte sakrale Großbau hierzulande das Kloster Möllenbeck wird kurz nach 1500 beendet), das Ende der gotischen Kathedrale, das mit Beginn der Reformation (etwa 1520) in Deutschland einsetzt, und die daraus resultierende Arbeitslosigkeit der am Kirchenbau beteiligten Handwerker, sowie das unvermeidliche Absinken der Löhne (von 1500 bis 1550 etwa um 50%) bewirkten, daß die Betroffenen auf den Profanbau auszuweichen versuchten. Diese Tendenz wurde dadurch begünstigt, daß der Renaissancemensch nicht nur sich selbst, sondern auch sein Wohnbedürfnis entdeckte. Daher wurden in dieser Zeit auch im Weserland aus einigen unwohnlichen Burgen Schlösser, wobei meist die mittelalterlichen Wohntürme (Donjons — Schelenburg Abb. 1, Varenholz Abb. 2 oder Torhäuser Stadthagen Abb. 17, Bückeburg, Grundriß S. 238, Detmold Schloß, runder Eckturm Abb. 36) in Renaissance-Anlagen einbezogen wurden.

So kam es, daß süddeutsche Bauleute auf der Suche nach Bauherren gen Norden wanderten. Das war an sich nichts Neues: Während des ganzen Mittelalters ziehen Techniker ihren hochmögenden Auftraggebern nach und führen ein Wanderleben außerhalb des sozialen Zusammenhanges lokaler Gruppen[3]). Dabei gelangte auch der „Meister des Steinmetzen" Jörg Unkair vom Neckar zur Weser, wo einige Landesherren, zumeist Fürstbischöfe oder Grafen die Umwandlung ihrer festen Häuser in Schloßbauten mehr schlecht als recht finanzieren und vor allem durch die Hand- und Spanndienstverpflichtung ihrer Landeskinder zum „Borgfesten" verbilligen konnten.

In der späteren Weserrenaissance spiegelt sich dann — das gilt besonders für die Schloßbauten — die gleiche wirtschaftliche Konjunktur wider, die während des letzten Drittels des 16. und am Anfang des 17. Jahrhunderts auch in den führenden Städten der Hanse, insbesondere in Bremen und Lübeck, die Rathäuser und Patrizierhäuser entstehen ließ. Den Ursachen dieser wirtschaftlichen Blüte, vergleichbar dem bundesrepublikanischen Wirtschaftswunder und der aus ihr resultierenden beängstigenden Bautätigkeit, hier nachzugehen, würde den Rahmen unseres Überblickes sprengen. Sie hängt mit andauernden Agrarkrisen (Mißernten usw.) im Mittelmeerraum und auch mit den weltpolitischen, militärisch geführten Auseinandersetzungen in Westeuropa zusammen. Das Gebiet der Ober- und Mittelweser war Kornkammer, und während des besagten Zeitabschnitts stiegen hier die Getreidepreise enorm: von 1580 bis 1600 von 22 Talern zeitweise auf fast 40 Taler für das Fuder, während die Löhne sich nur unwesentlich veränderten. Damit hängt engstens zusammen, daß der Weseradel es zuvor (etwa ab 1550) verstanden hatte, sich Latifundien zu schaffen. Dies geschah gewöhnlich dadurch, daß man Bauern durch sogenanntes „Abmeiern" von ihren Hofstellen entfernte, wenn auch meistens gegen Entschädigung, um nachher auf den derart entstandenen Gütern mittels rentabler Bewirtschaftung größere Erträge zu erzielen.

Die adeligen Bauherren übten zudem häufig das sehr einträgliche Kriegshandwerk aus, einige waren kaiserliche Kriegsobersten, d. h. Söldnerführer, weswegen sie nicht zu Unrecht „Spekulanten in Landsknechten" genannt worden sind. Sie konnten in den Feldzügen Kaiser Karls V. und später in spanischen und dänischen Diensten beachtliche Beute- bzw. Kriegsgewinne nach Hause an die Weser bringen und in ihre Schloßbauten investieren.

Die Ursprünge dieses Architekturtypus, der ja eine ureigene Erfindung der Renaissance ist, liegen außerhalb Deutschlands in Italien und Frankreich, wo er bereits vor 1500 geprägt wurde. In Deutschland reihen sich die Schloßbauten Jörg Unkairs, des ersten Baumeisters der Weserrenaissance, verhältnismäßig früh in eine Baubewegung ein, die Züge europäischen Bewußtseins sichtbar werden läßt. Jörg Unkair hat die einheitliche Vierflügelanlage in unseren Raum eingeführt. Der Hauptakzent liegt bei seinen Bauwerken auf den Zwerchhäusern mit den Welschen Giebeln. Und dieses Zwerchhaus-Motiv, das bereits in Frankreich (Bourges, Hotel Jacques Coeur 1443—53) in den Lukarnen vorgebildet wurde, gehört hinfort zu den Leitformen der Weserrenaissance ebenso wie seine Treppentürme, die auch ihre französischen Vorbilder nicht verleugnen können. Für die Blütezeit der Weserrenaissance dürfte dann die Begegnung des Weseradels mit den Schloßbauten Frankreichs keine geringe Bedeutung gehabt haben.

Das Erstaunliche ist, daß viele der Erbauerfamilien noch heute in ihren Schlössern der Weserrenaissance wohnen. Eigentlich gab es nur einen adeligen Bauherrn, dem solche Bauleidenschaft (der Wunsch, den Landesherrn zu übertrumpfen) zum Verhängnis wurde: Statius von Münchhausen (1555—1633, Sohn Hilmar d. Ä. vgl. Schwöbber), der das erst 1590 erworbene Schloß Bevern schon 1619 infolge Verschuldung an die braunschweigischen Herzöge verlor, obwohl er im Innenhof seiner riesigen Vierflügelanlage, um zu sparen, das zweite Geschoß in Fachwerk ausführen ließ, das nach der jüngsten Restaurierung und farblichen Fassung von 1974 offenbar schon in barocker Weise massives Mauerwerk vortäuschen sollte.

In den Städten des Weserlandes verlief die Entwicklung etwas anders. Man sah in den kunstvollen Fassaden der Rathäuser Monumente der bürgerlichen, städtischen Selbständigkeit. Der Bürgerstolz wollte seiner patrizischen Republik kurz vor dem sich schon abzeichnenden Triumph des Absolutismus steinerne Denkmäler setzen. Oder war diese Vielzahl von städtischen und privaten Bauten nur der Niederschlag derselben Konjunktur, die auch die Renaissanceschlösser an der Weser entstehen ließ!? Wahrscheinlich wirkten beide Antriebe zusammen. Das Bürgertum griff die Baulust des Landadels auf; wollte ihm nicht nachstehen. Offenbar hatten auch städtische bürgerliche Familien an der Getreidekonjunktur mittelbar wirtschaftlichen Anteil und von ihr eigenen Vorteil, der die kommunale Bautätigkeit mitfinanzierte. Außerdem legten die erfolgreichen Patrizierfamilien ihre Gewinne in stattlichen eigenen Häusern an. In fünf Jahrzehnten entstanden damals folgende Rathaus-Architekturen:

1. Brakel von 1573 (nur Portal, Abb. 254)
2. Celle von 1579 (Abb. 81, 83)
3. Rinteln von 1583 (rechtes Haus, Abb. 47, 259)
4. Nienburg um 1582 f. (Abb. 52)
5. Alfeld von 1584/86 (Abb. 154, 213)
6. Bad Salzuflen von 1585/90 (Abb. 137)
7. Blomberg von 1586/87 (Obergeschoß Fachwerk, Abb. 167)
8. Gandersheim von 1588 (2. Aufl. Erker, Abb. 220)
9. Stadthagen von 1595/97 (Abb. 26, 134, 135)
10. (Hann.)Münden von 1603/09 (Abb. 181, 182)
11. Nieheim von 1610 (Abb. 230)
12. Lemgo von 1569/89, 1612 (Abb. 61, 70, 189—196, 244)
13. Bremen von 1608/12 (Abb. 183—188, 217, 279, 280)
14. Höxter von 1609/14 (Obergeschoß Fachwerk Abb. 165, 166)
15. Hameln von 1610/17 (Hochzeitshaus, Abb. 171, 172)
16. Paderborn von 1612/18 (Abb. 156, 231)
17. Bremen von 1619/22 (Wandschneider-Hochzeitshaus, Abb. 189, 199)

Es handelt sich zwar bei diesen Bauvorhaben in den meisten Fällen nicht um totale Neubauten, sondern um Erweiterungs- oder Umbauten vorhandener gotischer Vorgänger. Die bestehenden Bausubstanzen wurden verändert, wenn die gotischen Formen nicht mehr dem geltenden Geschmack entsprachen, nicht mehr als Ausdruck der Zeit empfunden wurden. Waren sie noch gültig, so glich man sich im verändernden Neubau nicht einfach an oder übernahm, sondern entwickelte weiter. Anschlüsse waren nicht immer gesucht, sondern nur dort, wo es um Harmonien oder Schauseiten ging. An anderen Stellen ließ man die aus den Aufgabenstellungen gefundenen Lösungen einfach aufeinanderstoßen. Im Grunde leben in der städtisch-bürgerlichen Profanarchitektur der Weserrenaissance die Bautypen des späten Mittelalters weiter. Sie werden langsam umgebildet und mit dem Formgut, das aus Italien und hernach aus den Niederlanden kam, gegliedert und geschmückt. Doch lassen sich die verschiedenen Handschriften der heimischen Baumeister sehr wohl unterscheiden. Es entstehen prächtige Fassaden, auch bildet sich eine klare Geschoßfolge heraus, aber nur zögernd geht man zum Traufenhaus mit Zwerchhäusern über (Rathäuser Celle, Hann. Münden und Stadthagen)! Im Grunde genommen gibt man die alten Größenordnungen, Grundstücksgrenzen und Straßenfluchten nicht auf: Das sehr aufwendige Hagemeyerhaus des Thomas von Kampen in Minden zeigt seine teure Sandstein-Säulen-Fassade an der 9 m breiten, also recht schmalen Straßenfront, weil eben die Deckenbalken nicht anders lieferbar waren; die Eichenstämme gaben nicht mehr her. Und nur zögernd gingen die Bürger nach der Jahrhundertmitte vom kollektiven Großraumwohnen — das norddeutsche Bürgerhaus hatte sich aus dem Bauernhaus entwickelt und wurde von seinen Besitzern mehr als Speicher bzw. Werkstatt bedient als bewohnt — zum individuellen Kleinraumwohnen über. Daher erscheint um diese Zeit der für das Wesergebiet typische Standerker, die sogenannte Auslucht an der Straßenfront, die einen dahinterliegenden Kleinraum voraussetzt, und auf die sich wie bei den Schloßbauten des Adels die Schmuckfreude konzentrierte.

Beispielhaft läßt sich dieses Baugeschehen im 15.—17. Jh. an dem malerischen Gruppenbau des Lemgoer Rathauses ablesen (Abb. 188—196). Bis zu den Renaissance-Jahrzehnten des 16. Jh. standen lediglich der 46 m lang gestreckte 1330 erstmalig genannte nord-süd-gerichtete schlichte gotische zweigeschossige Saalbau und die ihm 1480 westlich in der Mitte der Marktfront vorgesetzte Ratskammer. Ihr spätgotischer Staffelgiebel öffnet sich in Spitzbogenfenstern, die Staffeln sind fialengeschmückt. 1525 folgte nördlich der Ratskammer, parallel zum Kernbau, der sog. Neue Bau, noch mit gotischem Nordgiebel, den eine zierliche Fialenbekrönung schmückt (Abb. 190).

1565 setzten die Renaissance-Erweiterungen ein: vor dem Nordportal des Kernbaus entstand eine einstöckige offene Vorhalle, die Rathauslaube vom Baumeister Hermann Wulff. Auf sie setzte 1589 Georg Crossmann die Kornherrenstube mit ihrem Beschlagwerk-Giebel auf (Abb. 193). Ebenfalls 1589 folgte Georg Crossmanns Neue Ratsstube mit doppelgiebeligem Erker an der Südecke der Marktfront (Abb. 192). Endlich entstand 1612 vor dem Neuen Bau von 1525, der seit 1559 Ratsapotheke war, die in Spätformen verschwenderisch dekorierte Apothekenausluchtt (Abb. 191).

Zuweilen veraugabte sich eine Gemeinde bei dieser von der Wunschvorstellung der Reichsunmittelbarkeit diktierten Selbstdarstellung. Im Falle Stadthagen hatte die steuerzahlende Bürgerschaft lange an den Folgen gemeindlicher Bauwut zu tragen, die sich in einem aufwendigen Rathausbau ausgelebt hatte. Immerhin hat das Streben nach architektonischer Repräsentation einen Schatz an historischen Profanbauten hinterlassen, der für die zeitgenössische funktionale Bürohaus-Bauweise der Gemeinden eine noch nicht bestandene Herausforderung bedeuten wird.

Eine weitere wichtige Voraussetzung der Weserrenaissance war das Baumaterial, das in den Steinbrüchen der Weserberge gebrochen wurde. Vor allem die Sandsteinbrüche von Obernkirchen, des Bückeberges, lieferten damals den unentbehrlichen, vorzüglichen Werkstein nicht nur für die meisten Bauten der Weserrenaissance, sondern auch für zahlreiche Renaissancebauten in Nordwest- und Nordeuropa. Mit dem Sandstein von Obernkirchen — seinerzeit nach dem Umschlaghafen „Bremer Stein" genannt, denn er wurde auf dem Seewege exportiert — wurden z. B. das Rathaus zu Antwerpen (erbaut 1561/65 von Cornelis Floris), die Fleischhalle in Haarlem sowie hoch im Norden Schloß Kronborg bei Helsingör errichtet. Es ist das gleiche Bild, wie am Monte Altissimo in der Landschaft von Carrara, wo gleichzeitig seit seiner Wiederentdeckung durch Michelangelo bis 1580 der Marmor für Rom gebrochen wurde. Ferner kamen die dunkelroten bis violettroten Platten, die im ganzen Einzugsgebiet der Weser seit Jahrhunderten als Dachhaut vorherrschend waren und manchmal auch als wesentlich architektonisches Element den Schloßbauten der Weserrenaissance charakteristisches Gepräge geben, aus den Steinbrüchen an der Weser, aus dem Solling.

Eine ausschlaggebende Rolle spielte dabei wegen des verhältnismäßig billigen Transportes des Baumaterials mittels Steinschiffen die Weser selber. Ohne die Weser als Schiffahrtsweg gäbe es vermutlich keine Weserrenaissance. Ein Problem war nur, wie der Stein bis „opt water — alß op de weser" geschafft werden konnte, und Petershagen an der Weser erfüllte damals die gleiche Aufgabe, wie einst zu Zeiten von Augustus und Marcus Aurelius die Mondstadt Luna, wo der apuanische Marmor für Rom verschifft wurde.

Mit der Offenlegung dieser Zusammenhänge zwischen Wirtschaft, Krieg und Kultur als der Kehrseite der Renaissance-Fassade wird über die Erscheinung stilkritisch nichts ausgesagt, wie auch die Tatsache, daß die meisten Bauten der Weserrenaissance aus dem gleichen Werkstoff errichtet wurden, nur eine begrenzte stilbestimmende Bedeutung haben kann. Der Stil wird in erster Linie von Menschen geprägt. Anscheinend waren aber die Leute der noch ganz spätgotisch ausgerichteten Bauhütte, die während des Neubaus des Klosters Möllenbeck wohl bis 1502 an der Mittelweser am Werke waren, 1520 bereits in alle Winde zerstreut, so daß die einheimischen Kräfte zur Bewältigung der neuen Profanbauten nicht mehr ausreichten. Auch auf die Bauleute, die um 1500 an der Oberweser dem Herzog Erich I. (1540) die mittelalterliche Burg in Hann. Münden schloßartig, aber ebenfalls noch ganz spätgotisch umbauten und teilweise gleichzeitig an der durchsichtigen Halle der dortigen Marktkirche St. Blasii mitwirkten, konnte man wohl nicht mehr zurückgreifen. So kamen zwangsläufig Fachleute aus anderen Kunstlandschaften in dieses Vakuum an der Weser und lenkten die Entwicklung in die Richtung der Weserrenaissance. Am Anfang dieser Entwicklung stand der Baumeister Jörg Unkair.

Meisterzeichen des Jörg Unkair von 1545 am Schloß Petershagen

DIE FRÜHE WESERRENAISSANCE 1524—1552: Jörg Unkair

Der Baumeister Jörg Unkair kam aus Schwaben, dem Neckargebiet, das Georg Dehio fast dichterisch einen „heiteren und gepflegten Garten der Spätgotik" nennt. Diese Kunstlandschaft von 1520, als er sich anschickte sie zu verlassen, prägte auch die Künstlerpersönlichkeit und das Werk Unkairs. Der Standortwechsel Jörg Unkairs von Schwaben in das Weserland belegen die Bauregister des Schlosses Petershagen.⁴) Dort wird der Baumeister, wenn auch nur ein einziges Mal, geradezu als Einführung, in der Wochenabrechnung nach Vocem Jucunditatis (5. Sonntag nach Ostern) 1544

      Meister Jürgen von Tübingen

genannt. Genaueres lehrt die Detmolder Aktennotiz von 1553, die den Nachlaß des Meisters betrifft.⁵) Hiernach könnte Jörg Unkair aus dem Dorf Lustenau bei Tübingen stammen. Es kamen nämlich 1553 die erbberechtigten Verwandten des Baumeisters, der vielleicht schon 1552 in Detmold das Zeitliche gesegnet hatte, nach Detmold: „Cunrat Bart und Jakob Müller aus dem Lant Wirtemberge von Lustenouwe bortich." Und, obwohl sie von ihrem Landesherrn, dem Herzog Christoph zu Württemberg und zu Teck, keine Bescheinigung („scheine und beweiß") mitbrachten, und somit der Nachlaß des Meisters Jürgen von Tübingen eigentlich an den lippischen Landesherrn verfallen war, wurde ihnen vom Grafen Bernhard VIII. die Erbschaft an Bargeld, Kleidern und „Sigelbrewe" zugesprochen. Was einmal darauf schließen läßt, daß Meister Jürgen keine Nachkommen hatte und wahrscheinlich auch unbeweibt war, zum anderen aber für das Ansehen spricht, das der Baumeister bei seinem letzten Bauherrn genoß.

In seiner Heimat scheint Jörg Unkair jedoch nicht über seine Familie hinaus bekannt gewesen zu sein, jedenfalls liegen weder im Hauptstaatsarchiv Stuttgart noch im Staatsarchiv Tübingen irgendwelche Nachrichten über ihn vor. Auch in der einzigen im Hauptstaatsarchiv vorhandenen Liste der Lustenauer Untertanen des Klosters Bebenhausen von 1517 (das Dorf Lustenau gehörte im 16. Jahrhundert noch dem nahen Zisterzienserkloster) sucht man vergeblich nach dem Namen Unkair. Die Namensform Unkair selbst gibt noch größere Rätsel auf. So wäre Unkair möglicherweise mit „Ungeheuer" gleichzusetzen. Es bleibt aber offen, ob der Detmolder Gerichtsschreiber den Namen wirklich als „Ungeheuer" gehört hat. In allen oberdeutschen Dialekten ist „ai" ein echter Diphtong, während es sich im Niederdeutschen auch um ein Dehnungs-i handeln könnte, so daß der Name als Unkar auszusprechen wäre.⁶) Das würde nicht auf „Ungeheuer" hindeuten, sondern auf „Unger/Ungar", einen Namen, der seinerzeit in Tübingen auch tatsächlich vorkam.

Die Vermutung O. Gauls, daß Meister Jürgen im Kloster Bebenhausen tätig gewesen sein könnte, ist nicht unbegründet, denn erst die Spätgotik hat dem Kloster Bebenhausen sein heutiges bauliches Gesicht gegeben und jenen intimen Charakter verliehen, der an die Stelle der herben romanischen Anlagen aus der Frühzeit der Zisterzienser getreten ist.⁷) Erst gegen Ende des 15. Jahrhunderts begann man mit einheimischen „wirtembergischen" Bauleuten das Kloster umzugestalten.⁸) Vor allem an dem um 1500 völlig erneuerten Kreuzgange begegnen wir den spätgotischen Bauformen, überstabten Portalgewänden, die sich mit dem Formenschatz des Meisters Jürgen von Tübingen decken. Bis 1515 wurde auch an dem zweigeschossigen Verbindungsgange zwischen Klausureingang und dem Herrenhaus gebaut. Es lag nahe, dort nach Jörg Unkairs Steinmetzzeichen zu suchen, nach dem Meisterzeichen, das an seinen fünf Schloßbauten (Neuhaus bei Paderborn, Schelenburg bei Osnabrück, Stadthagen, Petershagen und Detmold) den Weg zu seiner Wiederentdeckung im Weserland wies. — An einem spitzbogigen schlichten Tor des Verbindungsganges stehen gleich mehrere Steinmetzzeichen, die einwandfrei dem Meisterzeichen Jörg Unkairs gleichen. Glücklicherweise läßt sich der Abschluß des Bauabschnittes durch eine Bauinschrift mit Meisterzeichen und Jahreszahl 1515 und damit auch dieser Torbogen datieren. Damit steht fest, daß Jörg Unkair 1515 im Kloster Bebenhausen als Steinmetzgeselle tätig war. Leider ist sein Meister und damit die Schule, aus der er hervorging, unbekannt. Die vier Meister, die an spätgotischen Bauteilen des Klosters ihre Meisterzeichen anbrachten, konnten bisher nicht identifiziert werden. Belegt ist damit aber, woher die Formen der Portale und Fenster stammen, die Meister Jürgen von Tübingen seinen Schloßbauten im Weserland gab. Man vergleiche nur:

1. Das rundbogige Portal mit Stabwerkeinfassung vom Treppenturm des Schlosses Neuhaus bei Paderborn (Abb. 4), das an allen Unkairbauten wiederkehrt (vgl. auch Abb. 10, 16, 31, 40) und als sein Urbild das Kreuzgangportal neben der Brunnenkapelle des Klosters Bebenhausen (s. u. I).

2. Das Schulter-(bzw. Krag-)bogenportal zum Wohnturm der Schelenburg (Abb. 7) und sein Vorbild aus dem Kloster Bebenhausen, das Portal zwischen dem Südflügel des Kreuzganges und der Küche der Mönche (s. u. II).

3. Eines der charakteristischen Stabwerkfenster Jörg Unkairs vom Renaissanceflügel der Schelenburg (Abb. 10) und eines der entsprechenden Portale im Kloster Bebenhausen, das Portal zwischen dem Westflügel des Kreuzganges und dem Winterrefektorium, das 1513 beendet wurde (s. u. III).

Es gilt indessen nicht nur die Übereinstimmung festzustellen, sondern auch die Abweichungen zu erkennen. So fällt trotz aller bis in die Einzelheiten gehenden Deckungsgleichheit auf, daß die Bebenhauser Portaleinfassungen wesentlich plastischer wirken, während die Jörg Unkairs im Weserland im ganzen flacher erscheinen, und die entsprechenden Arbeiten seiner Nachfolger, etwa Jakob Köllings,

I Kloster Bebenhausen,   II   III
spätgotische Portale im Kreuzgang

an der Lateinschule in Stadthagen geradezu verflachen. In Bebenhausen fehlen auch die kandelaberartigen Sockel der Rundstäbe, die bei Meister Jürgen in vielen Variationen erscheinen.

Was tat bzw. wo weilte Jörg Unkair von etwa 1516 bis zum Beginn seines ersten Schloßbaus im Weserraum, der Residenz der Paderborner Bischöfe in Neuhaus im Jahre 1524? Verließ er schon zu dieser Zeit seine Heimat oder blieb er noch in Schwaben? Am Tübinger Schloß konnte das Steinmetzzeichen Meister Jürgens nicht festgestellt werden, und auch sonst läßt sich seine Anwesenheit auf dem Hohentübingen nicht bestätigen. Immerhin könnte er dort mitgearbeitet haben, denn Herzog Ulrich von Württemberg begann den Neubau des Schlosses bereits 1507, und als er 1519 vom Schwäbischen Bunde vertrieben wurde, bestanden schon die beiden Ecktürme. Mit der Vertreibung des Bauherrn hörte die Bautätigkeit auf dem Hohentübingen auf, und erst nach Ulrichs Rückkehr mit Hilfe Philipps von Hessen (1534) wurde der Bau fortgeführt. Genaugenommen verdankt Ulrich sein Comeback dem Feldmarschall Hermann von der Marlsburg, der nach seinem Siege bei Lauffen durch eine Schenkung Ulrichs in den Stand gesetzt wurde, ab 1540 das Schloß Elmarshausen (Bez. Kassel) vermutlich auch von Jörg Unkair erbauen zu lassen (vgl. Abb. 29 und S. 242).

Jörg Unkair könnte also bis 1519 auf dem Hohentübingen gearbeitet und sich danach auf die Suche nach einem Lehrer oder Arbeitgeber auf den Weg nach Norden gemacht haben. Wie dem auch gewesen sein mag, irgendwo zwischen Tübingen und Paderborn und irgendwann zwischen 1515 und 1524 muß sich der „Meister des Steinmetzen" auf den Schloßbau spezialisiert haben. 1524 jedenfalls tritt er in Neuhaus mit einer fertigen „modernen" Schloß-Konzeption an. An ihr hielt er bis zu seinem Tode 1552/53 in Detmold fest. Im übrigen muß die Übereinstimmung auffallen, die zwischen dem Grundriß des Tübinger Schlosses und dem des Schlosses Neuhaus bei Paderborn (Abb. S. 277) besteht.[9]) Vor allem stimmen beide in der Anordnung der Treppentürme überein: vieleckiger und quadratischer Wendelstein in den Binnenwinkeln am Eingangsflügel. In diesem Zusammenhange sei auch erwähnt, daß der Hohentübingen zu den frühesten Schloßbauten auf oberdeutschem Gebiet gehört, die mit vier aneinander angeglichenen Flügeln einen trotz des ungünstigen Berggeländes ziemlich rechteckigen, stattlichen Hof bilden. Der Gedanke, daß Jörg Unkair auch die Idee der Vierflügelanlage auf seiner Fahrt von Tübingen nach Paderborn in seinem Gepäck mit sich führte, liegt nahe. Hier mag vorerst das Ergebnis solcher Künstlerwanderung genügen, die ein Stück der spätgotischen Formensprache vom Neckar in die Architektur der frühen Renaissance im Weserraum bestimmend eingehen ließ.

Von Venedig nach Stadthagen

Mit Meister Jürgen gelangte eine weitere Architekturform der frühen Renaissance in das Wesergebiet: nämlich die Halbkreisaufsätze, mit denen er seine Giebel und insbesondere seine hierzulande ebenfalls bis dahin unbekannten Zwerchhäuser bekrönte. Die Radgiebel bzw. Radzinnen erscheinen gleichzeitig mit den Zwerchhäusern schon an seinem ersten Schloßbau im Wesergebiet, der Residenz der Paderborner Fürstbischöfe in Neuhaus (1524—1528?). Jedoch fehlen hier heute den Dacherkern der Eingangsfront die Halbkreisaufsätze. Aber der Stich des Jacobus Wallius von 1723 (Abb. 234) beweist, daß sie im 18. Jahrhundert noch vorhanden waren. Auch an seinen anderen Bauten, an der Schelenburg der Herren von Schele (um 1530—1532), am Schloß der Grafen von Schaumburg-Holstein in Stadthagen (ab 1534) fehlen sie nicht. Einzig und allein am Schloß Petershagen an der Weser, der Residenz der Mindener Bischöfe (1544—1547), sucht man sie vergeblich, aber nur deshalb, weil der Schmalkaldische Krieg, der nach dem Tode Luthers 1546 ausbrach, diesen Bau 1547 vorzeitig stillegte. Die Halbkreisaufsätze weisen auch noch sein letztes Bauvorhaben, das Schloß der Grafen zur Lippe in Detmold (1548—1552) als sein Werk aus.

Venedig: S. Maria dei Miracoli Venedig: Scuola di S. Marco Venedig: S. Zaccaria

Hierzulande wurden die Giebelbekrönungen Meister Jürgens „welsche Gewels" genannt z. B. in den Ausgaberegistern des Amtes Bückeburg.[10]) Damit ist uns ein deutlicher Hinweis auf die Herkunft dieses für die Frührenaissance charakteristischen Formelements gegeben: welsch bedeutet damals alles Fremdländische, insbesondere verstand man unter Welschland Italien. Man war sich auch bei der Wortfindung dessen durchaus bewußt. Denn tatsächlich findet sich das früheste Beispiel eines halbrunden Giebels als krönender Abschluß einer Renaissancefassade in Oberitalien, in Venedig: die Kirche Santa Maria dei Miracoli. Mit wenigen Ausnahmen sind es auch in der Folgezeit ausschließlich venezianische Bauten, die eine derartige Giebelform erhalten, bevor der Welsche Giebel im ersten Viertel des 16. Jahrhunderts den Weg über die Alpen nach Nord- und Mitteleuropa nimmt.

Die mit bundesdeutscher Hilfe unlängst wiederhergestellte Miracolikirche schuf Pietro Lombardo um 1485. Sie gilt als das erste Beispiel des Eigenstils der venezianischen Renaissance. An ihrer Westfront tritt erstmalig ein derartiger Rundgiebel in Erscheinung, der hier ein Tonnengewölbe an der Schmalseite der Kirche funktionell abschließt. Pietro Lombardo war auch leitend beteiligt (1488—1490) an der Gestaltung der Scuola Grande di San Marco am Platz SS. Giovanni e Paolo in Venedig, auf dem auch der Colleoni Verrocchios steht. Angeblich entstanden ihre Halbkreisbekrönungen aber erst nach 1490 und haben mit Pietro Lombardo nichts mehr zu tun. Die runden Giebelabschlüsse sind vielmehr für die Bauten von Mauro Condussi charakteristisch, z. B. auf der Friedhofsinsel S. Michele in Isola, deren Fassade schon 1577 vollendet wurde, S. Zaccaria in Venedig, ebenda auch S. Felice und S. Giovanni Crisostomo, die jedoch im Gegensatz zur Scuola di San Marco in den Giebelstaffeln anstelle von Halbkreissegmenten nur Viertelkreissegmente aufweisen. Diesen Typ von Kirchenfassaden finden wir auch außerhalb Venedigs z. B. an der Kathedrale von Šibenik in Jugoslawien. In der Weserrenaissance erscheint das Viertelkreissegment der S. Zaccaria erst zwanzig Jahre nach Jörg Unkair, nämlich 1580 in den Staffeln beider Stirngiebel des Wasserschlosses Ulenburg und noch später am Ostgiebel des Braker Nordflügels (Abb. 54 u. Abb. 215). Nur mit dem Unterschied, daß an der Ulenburg im Gegensatz zu den monumentalen venezianischen Giebeln, die an jeder Seite lediglich eine Stufe aufweisen, die Giebel „ins Kleinteilig-Spielerische (oder ins Deutsche) abgewandelt" (O. Gaul) werden. Der Treppengiebel der Ulenburg hat auf jeder Seite vier Staffeln. Der Giebeltypus der Scuola di San Marco aber machte später in der deutschen Renaissance regelrecht Schule. Die Frage woher und wann die Halbkreiszinnen nach Venedig gelangten, oder ob es sich um eine völlige Neuschöpfung Pietro Lombardos bzw. Condussis handelt, läßt sich nicht mit Sicherheit beantworten. Man vermutet sogar, daß italienische Baumeister die Welschen Giebel im 15. Jahrhundert aus Rußland mitgebracht hätten. U. a. hatte man den Bolognesen Aristotele Fioraventi in Verdacht, der 1475–1479 unter Zar Ivan III. die Uspenskij-Kathedrale in Moskau errichtete und zu diesem Zwecke gehalten war, die alte Baukunst von Wladimir zu studieren (H. und A. Masuch).[11]) Aber selbst wenn es so wäre, kämen die Welschen Giebel letzten Endes aus Byzanz, wie so vieles andere in der Lagunenstadt. So wurde die an byzantinischen Kirchenbauformen ausgerichtete Fassade der Markus-Basilika im 12. Jahrhundert von fünf Halbkreisbögen bekrönt, die noch heute in den gotischen Kielbögen deutlich zu erkennen sind.

Wichtiger erscheint in unserem Zusammenhange die Frage, wann und wo Jörg Unkair die Welschen Giebel in sein Programm aufgenommen hat. — Die Welschen Giebel des Schlosses Neuhaus (Baubeginn 1524, Treppenturm 1526), des ersten Schloßbaus Meister Jürgens im Wesergebiet, sind nur wenige Jahre jünger als die Dachzinnen des sogenannten Domes zu Halle a. d. Saale. Unter Herrschaft des Erzbischofs Kardinal Albrecht von Brandenburg, der sich Halle 1514 zur Residenz erwählt hatte, entwickelte sich die Stadt zum bedeutendsten und einflußreichsten Ort der mitteldeutschen Frührenaissance. Von den Bauvorhaben des Kardinals verdienen in unserem Zusammenhange die Umgestaltung der alten Dominikanerkirche zu seiner Stiftskirche besondere Erwähnung. Dem frühgotischen Bau wurden über dem Hauptgesims ein Kranz von backsteinernen Welschen Giebeln, einstmals verputzt und mit Kugeln besetzt (!), als horizontaler Abschluß aufgesetzt, um ihm das Aussehen eines italienischen Frührenaissancebaus zu geben. Nach K. Maier fand dieser Umbau bereits 1518–1521 statt,[12]) während E. Ruhmer den Zinnenkranz mit 1524 datiert.[13]) Daß der Welsche Giebel so früh in Obersachsen auftaucht, ist wohl auf die engen Beziehungen des Hallenser Bauherrn zu Oberitalien zurückzuführen. In ihrem Gefolge erklärt sich auch die Häufung der Bauten mit Welschen Giebeln in Mitteldeutschland. Man kann also mit Recht annehmen, daß Jörg Unkair seinen Weg nach Norden auf obersächsischem Gebiet in Halle um 1520 unterbrochen hat und dort zu seinen Architekturformen der Renaissance gekommen ist, zumal nachweislich eine unmittelbare Beziehung zwischen den Schloßbauten Petershagen und Mansfeld in Gestalt eines Austausches von Arbeitskräften bestand.[14]) Auch die Mansfelder Schloßbauten stehen unter dem Einfluß von Halle.[15])

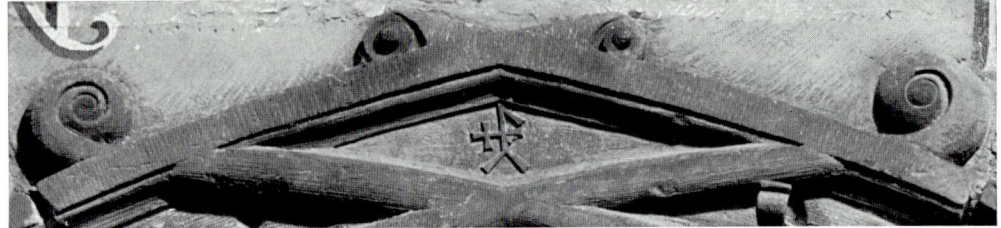

Meisterzeichen des Cord Tönnis von 1569 am Hause Hameln, Bäckerstraße 16

DIE MITTLERE WESERRENAISSANCE 1553–1574: Cord Tönnis

In der ersten Hälfte des 16. Jahrhunderts gibt sich die Renaissance im Weserraum, wie im übrigen Deutschland nur durch Verwendung von Einzelmotiven wie eben des Welschen Giebels und der Vierflügelanlage zu erkennen. Die frühe Weserrenaissance ändert auch an dem Verhältnis von Bauornament zum Baukörper, wie es noch in der Spätgotik bestand, zunächst nichts. Auch bei Jörg Unkair bleibt das Ornament nur bestimmten Bauteilen vorbehalten, nämlich dem Portal-, Fenster- und Giebelbereich. Diese Bauglieder, abgesehen von den Welschen Giebeln, werden mit Hilfe des noch meist spätgotischen Ornaments hervorgehoben und stehen im Gegensatz zu den schmucklosen, allenfalls von den Fenstern gegliederten Mauerflächen.

Nach dem Tode Jörg Unkairs 1553 verändert sich dieses Bild zusehends. An der Eingangsfront des Schlosses Detmold (Abb. 36) können wir bereits den Wandel ablesen: Die schmucklosen Mauerflächen (rechts) des Meisters Jürgen von Tübingen unterscheiden sich deutlich von den belebten Außenwänden (links) seines jungen Nachfolgers Cord Tönnis aus Hameln, dessen Wiederentdeckung wesentlich das Verdienst Albert Neukirchs ist.[16]) Profilierte Lisenen (senkrechte Mauervorsprünge), deren tieferliegende Mittelstreifen mit Rauten und Kreisen gliedern hier die Fassade. Dieses Ziermotiv kehrt auch an anderen Bauten des Cord Tönnis (vgl. Abb. 94—96) wieder. Die Welschen Giebel Jörg Unkairs auf der rechten Seite sind ebenfalls schlichter als die kleineren Halbkreisaufsätze mit Muschelfüllungen des jungen Meisters auf der linken Seite. Am schmaleren linken Zwerchhaus schickt sich Tönnis an, den Welschen Giebel in eine Volute umzuwandeln.

An die Stelle des Halbkreisaufsatzes tritt eine S-förmige Schweifung mit Muschelfüllung, die durch kräftige Bänder eingefaßt wird und oben in Masken (in Profilansicht) endet. Der Treppengiebel des rechten Zwerchhauses ist abgeschrägt, so daß in den Staffeln nur kleine Halbkreisbögen mit Muschelfüllungen Platz haben. An ihrer Innenseite ruhen die Bögen auf Konsolen mit Halbfiguren: links ein bärtiger Mann mit Krone und Zepter, rechts eine weibliche Figur, deren Attribut nicht mehr zu erkennen ist. Cord Tönnis behält, abgesehen von der mehrgeschossigen Auslucht der Eingangsfront, die spätgotische Stabwerkeinfassung der Fenster Jörg Unkairs bei, andererseits wandelt er das Thema an dem Kragbogenportal an der Hoffront (Abb. 40) ab. Dieses Portal wurde gemäß Steinmetzzeichen von einem der „Knechte" Jörg Unkairs geschlagen, die Tönnis wohl en bloc übernommen hatte, und zeigt wiederum eine eigenartige Mischung von spätgotischen und Renaissanceformen. Es wird von Pilastern und Sockeln mit Blattornament flankiert. Ein darübergestellter Aufsatz wird ebenfalls von Lisenen und Gebälk eingefaßt, seine Füllung aber durch Rundstäbe gegliedert, die sich unten spätgotisch überschneiden, oben dagegen einen Bogen bilden. Die dadurch entstandenen Felder zeigen in der Mitte in einem Medaillon das Brustbild eines bärtigen Mannes mit Barett (der Bauherr Graf Bernhard VIII?) und zwei Blattmasken, in den Zwickeln erscheint die lippische Rose und der Waldecker Stern. Man kann sich des Eindrucks nicht erwehren, als hätte Cord Tönnis hier ein Beispiel seines Könnens geben wollen, indem er sein „modernes" Portal der „altmodischen", nur wenige Jahre älteren Treppenturmpforte Jörg Unkairs gegenüberstellte.

Zehn Jahre danach greift Cord Tönnis mit dem sogenannten „Archivhäuschen" (Abb. 44) noch einmal auf den seligen Jörg Unkair und die Gotik zurück. Die zierliche Auslucht, die er für den soeben aus dem Nordischen Kriege vor- und rechtzeitig ausgeschiedenen Kriegsobersten Hilmar von Münchhausen an der Hofmauer zur Ritterstraße in Rinteln 1565 errichtete, bekrönt er mit Welschen Giebeln. Diese sind zwar den Welschen „Drillings"-Giebeln des Schlosses Celle (Abb. 45) verwandt, die nicht von der Hand Unkairs stammen, aber ohne ihn nicht denkbar sind. Dazu kommt das spätgotische Filigran des (feingliedrigen) Stabgitterwerks über den Fenstern (Abb. 241) und die zierlichen Doppelstäbe der Fensterpfosten, deren Schnürrollen und Sockelverzierungen auch an Unkair erinnern. Die Renaissancezierformen, vor allen Dingen die Medaillons mit den Köpfen, mit denen nicht nur die Welschen Giebel, sondern alle freien Flächen der Auslucht besetzt sind, können die Anklänge an die Gotik nicht übertönen.

Um so mehr muß der Sprung überraschen, den der Nachfolger Unkairs mit seinem nächsten Bauwerk wagt. Man könnte meinen, es wäre nicht derselbe Tönnis, der noch vier Jahre zuvor das „Archivhäuschen" schuf. Aber in dem sich überschneidenden Spitzbogen des Hauses Bäckerstraße 16 in Hameln (Abb. 87) hat der Meister unzweifelhaft sein Zeichen angebracht. Cord Tönnis errichtete die noble, fast klassische Sandstein-Fassade 1568/69 für den Hamelner Patrizier Johann Rike. Von dem gotisierenden Torbogen abgesehen, erinnert hier nichts mehr an die Gotik, auch die Welschen Giebel sind verschwunden, an ihre Stelle treten in den Staffeln des hohen Treppengiebels Volutenbänder oder Dreiecksgiebel. Die wohlproportionierte Geschoßgliederung wird auf der linken Seite durch eine zweigeschossige Auslucht senkrecht angeschnitten. Sie wiederholt das vertikale Thema der ganzen Fassade noch einmal im Kleinen, ohne daß dadurch das Ebenmaß des Ganzen gestört wird. Mit der Auslucht dieses Hauses hat Cord Tönnis für den im Ansatz schon bei Jörg Unkair vorhandenen Standerker (vgl. Schelenburg Abb. 9 + 12 und Grundriß S. 276) die endgültige Form gegeben und ihn zu einem Charakteristikum der Weserrenaissance gemacht. Noch in der Barockzeit wurden im Weserraum (vor allem in Bremen) mehr Auslucht als Erker gebaut. Im übrigen geht Cord Tönnis hier wohltuend sparsam mit dem Bauornament um. Die Quadermauerflächen bleiben im wesentlichen schmucklos; lediglich das Portal wird von zwei Wappengehäusen flankiert, und in den Volutenfüllungen sowie unter den Dreiecksgiebeln taucht leichtes Blatt- und Rollwerk auf. Wer aber genau hinschaut, der entdeckt unter den Gesimsen die uns schon vertrauten Beschlagwerkbänder mit den Rauten und Kreisen.

Meisterzeichen des Hermann Wulff von 1569 an der Auslucht des Schlosses Blomberg

Hermann Wulff

Der wichtigste Baumeister der mittleren Weserrenaissance, neben dem Hamelner Cord Tönnis, ist der Lemgoer Hermann Wulff. Das Wissen über diesen Meister ist den Forschungsarbeiten des Kunsthistorikers Otto Gaul zu verdanken.[17] Die Lemgoer Rathauslaube von 1565 (Abb. 61 und 193) ist das früheste Werk Hermann Wulffs. Sie dürfte seinerzeit im Weserland eine kleine Sensation gewesen sein. Man ziehe zum Vergleich den Erker des Kerßenbrockhofes von 1562 in Lemgo (Abb. 227) heran, der noch mit den Welschen Giebeln nach dem Vorbild der Scuola di S. Marco bekrönt ist. Aber Hermann Wulff nun greift mit der Rathausvorhalle und den Formen des steinernen Trompeterganges des Meisters I. R. im Detmolder Schloßhof (Abb. 39) die klassischen Formen der Frührenaissance wieder auf:

Rundbogenfenster, Pilastergliederung, gekröpfte Gesimse und Medaillons in den Bogenzwickeln. Doch unter seinen eigenwilligen Händen verändern sich die Formen. Von der harmonischen Gliederung, von der Leichtigkeit und Eleganz, die für den Detmolder Trompetergang von 1555/57 charakteristisch sind, ist bei der Lemgoer Rathauslaube nichts mehr zu spüren. Alles erscheint bei Hermann Wulff vergröbert, ausgeprägter oder gedrungener. Man vergleiche die mächtigen ionischen Kapitelle seiner Pilaster mit den zierlichen korinthischen Pilastern des Detmolder Trompetergangs. Die eulenhaft wirkenden ionischen Kapitelle mit ihren übergroßen Einrollungen sind fast ein Erkennungsmerkmal an seinen späteren Bauten (vgl. Abb. 60, 63, 110). Über der Eingangstür der Lemgoer Rathausvorhalle, die erstaunlicherweise zur gleichen Zeit wie das „Archivhäuschen" des Cord Tönnis entstand, ragen die Büsten eines Mannes und einer Frau aus Medaillons vollplastisch heraus. Ihre eindrucksvollen Köpfe sind die besten Bildhauerarbeiten dieses Meisters. Derartige Büsten (jedoch weniger gekonnt) wiederholen sich an der Blomberger Auslucht von 1569 (Abb. 59) und an der Auslucht des Lemgoer Hexenbürgermeisterhauses von 1570 (Abb. 60). Solche Büsten können, wie O. Gaul meint, von Medaillon-Reliefs der spätrömischen Baukunst herkommen. Sie können aber auch ihre Wurzel in der Überlieferung der Konsolbüsten der Gotik haben (Prager Dombüsten der Parler Bauhütte 14. Jh.), die vielleicht bei den schon erwähnten Konsolbüsten des Cord Tönnis am Schloß Detmold Pate gestanden haben. An der Laube des Hermann Wulff am Lemgoer Rathaus taucht eine neue Ornamentform auf, ein Vorläufer des Kerbschnitt-Bossensteins, der rohbehauene Vielloch-Bossenstein am Sokkel der Laube (Abb. 244). Er wird in dem besonderen bebilderten Exkurs über den Kerbschnitt-Bossenstein am Schluß unseres Buches mitbehandelt.

An diesem seinem frühesten Werk verwendet Hermann Wulff aber auch zwei weitere Ornamentformen der Renaissancezeit, die ebenfalls keinem Naturvorbild angenähert oder auch nur dinggebunden sind, die aber doch (von den Ornamentikern) so verwendet wurden, als gäbe es solche Gegenstände in der Wirklichkeit: 1. das Rollwerk, das u. a. wohl auf die spätgotische Neigung zurückgeht, flaches Material an seinen Rändern auf- oder einzurollen, z. B. das Faltwerk der Schreiner, man vergleiche auch die Schriftbänder J. Unkairs mit Jahreszahlen in Stadthagen (Abb. 15) und Petershagen (S. 14), 2. das daraus entwickelte Beschlagwerk des Niederländers Hans Vredeman de Vries (1527—1604), der 1588 auch am Ausbau der sogenannten Kanzlei in Wolfenbüttel beteiligt war. Vredeman de Vries stand zu Beginn seines Wirkens als Ornamentiker unter dem Einfluß von Cornelis Floris. Beschlagwerk nennt man ein bandartiges symmetrisches Ornament in der Art auf Holz aufgenieteter metallischer Beschläge, das zur Füllung von Flächen angewandt wird.

Weder eine Bauinschrift mit Meisterzeichen, noch sonst eine schriftliche Quelle weist Hermann Wulff auch als den Architekten der Schauseite des Hexenbürgermeisterhauses in Lemgo aus.[18]) Dennoch schreibt O. Gaul ihm mit Recht auch diese Fassade als sein eigenwilligstes Werk zu, denn seine Formen sind dort in der Tat unverkennbar. Der Auftrag, den ihm der reiche Bauherr Hermann Cruwel erteilte, war deshalb so schwierig, weil Hermann Wulff die berühmte Fassade 1571 einem fertigen Hause vorblenden mußte, das wohl 1568 von dem Lemgoer Baumeister Ludolf Croßmann († 1601) errichtet worden war. Derselbe Croßmann hat wahrscheinlich noch 1576 (also 8 Jahre später) auch den „altmodischen" Giebel des Hauses Wippermann (Lemgo, Kramerstraße 5 / Abb. 68) mit gotischen Kielbogen, Maßwerk und Fialen geschaffen, womit deutlich wird, wie neuartig den Zeitgenossen die monumentale Fassade des Hexenbürgermeisterhauses erschienen sein muß. Dem ersten Blick fällt auf, daß alles an ihr asymmetrisch angelegt erscheint. Der vierachsigen, zweigeschossigen Auslucht links entspricht auf der rechten Seite der von Konsolen getragene, dreiachsige Erker. Auch die Erkerbekrönungen stehen im Gegensatz zueinander. Neues kontrastiert mit Altem: links ein kombinierter Dreiecks- und Schweifgiebel von S-Bändern, die unten in einer Einrollung (Volute) enden, rechts die

Welschen Giebel mit Kugelbesatz Jörg Unkairs (wenn auch plastischer und mit Muschelfüllungen). Die rundbogigen Fenster indessen, die an der Rathauslaube und an der Blomberger Auslucht auffielen, sind hier gerade geschlossenen gewichen. Sie kehren erst zwanzig Jahre später in Minden an den Giebeln der Häuser Hagemeyer und Hill (Abb. 125, 128) sowie in Bad Salzuflen am Hause Markt 5 (Abb. 136) als Luken wieder.

Das völlig Neue an der Schaufront des Hexenbürgermeisterhauses ist für die Weserrenaissance die Gliederung mittels kräftiger Halbsäulen. Schon die römische Architektur hatte die Säulenordnungen zu Elementen der Fassadendekoration werden lassen, davon abgesehen ist die Säulengliederung eine Erfindung der italienischen Renaissance für Paläste, die sich mit den Traufenseiten der Straße zuwenden. Dort tragen die Säulen tatsächlich Arkaden oder Gebälk, sie erfüllen also nicht nur dekorative, sondern gleichzeitig funktionelle Aufgaben (z. B. Palladio: Palazzo della Ragione (1546/49) und Palazzo Chieregati (1566) beide in Vicenza). Hermann Wulff überträgt nun diese italienische Konzeption auf ein niederdeutsches Bürgerhaus, dessen Schauseite mit hohem Treppengiebel und Torbogen die schmale Straßenfront bestimmt. Eine Säulengliederung hatte wenige Jahre zuvor Cornelis Floris für die hohe nordische Fassade des Mittelrisalits übernommen, der vor der breiten Front seines Antwerpener Rathauses wie eine übergroße Zwerchhaus-Auslucht aufsteigt (bez. 1564). Die Überpflanzung der italienischen Säulenkonzeption auf die Straßenfront des niederdeutschen Bürgerhauses ist einer der Gründe dafür, daß die nordeuropäische Renaissance so „manieristische" Züge annehmen mußte, eben weil dies die einzige Möglichkeit war, am überkommenen Haustyp eine Renaissance-Gliederung zu entwickeln. Diese nordeuropäische, mehr dekorative Renaissance bleibt aber trotz aller ihrer antiklassischen Züge zutiefst im Gedanken- und Formgut der Antike und der italienischen Renaissance verwurzelt, weswegen es auch nicht begründet wäre, von einem „Weser-Manierismus" zu sprechen. Indessen Hermann Wulff setzt seine Halbsäulen zur Gliederung des Giebelfeldes typisch manieristisch nicht nach dem Prinzip von Last und Stütze ein, indem er sie genau übereinander stellt — wie etwa beim Hause Hagemeyer in Minden (Abb. 125), sondern er läßt die schwerwiegenden „Stützen" auf recht schwachen Gesimskonsolen und obendrein noch „auf Luke" stehen. In Wahrheit wird die Gliederung der Fassade des Hexenbürgermeisterhauses durch das prächtige Portal bestimmt. Die innere Raumgliederung des Hauses muß es vor die Diele an diese Stelle und damit asymmetrisch plazieren. Seine Breite beträgt genau ein Viertel der Gesamtbreite des Hauses. Daraus ergeben sich zwangsläufig die vier Achsen der drei unteren Geschosse, aber auch die asymmetrische Stellung des Portales selbst und die Änderung der Achsen im vierstufigen Giebelfeld. Die vier Stufen des Giebels springen jeweils um die halbe Achsenbreite zurück. Dadurch verschieben sich die Außensäulen nach innen und tragen scheinbar die Voluten der nächsthöheren Stufenfüllung. Im zweiten Giebelgeschoß steht damit eine Säule in der Mitte. Im vierten Giebelgeschoß, wo eigentlich wiederum eine Säule stehen müßte — wie am Mindener Hause Hagemeyer, an dem eine Säule sogar eine Luke verstellt — wird diese durch die Nischenstatue Christi ersetzt. In der Weserrenaissance gibt es abgesehen von untergegangenen (z. B. das Essighaus in Bremen) nur wenige Bürger- bzw. Rathausfassaden mit Säulengliederung, die sich mit der Lösung Hermann Wulffs vergleichen lassen.

Etwa zwanzig Jahre später, 1589, greift Cord Tönnis das Thema Wulffs am Giebel des Hamelner Hauses Osterstraße 9 (Abb. 88) wieder auf. Er beschränkt die Gliederung mit versetzten Säulen jedoch auf die beiden Giebelgeschosse. Die 1592 entstandene imposante Fassade des Mindener Hagemeyerhauses im Scharn, die höchstwahrscheinlich von dem flämischen Bildhauer Johann Robyn stammt, hat an der 9 m breiten Straßenfront (Abb. 125 und 128) bei sechs Achsen dermaßen eng gestellte vollplastische Säulen (keine Halbsäulen), daß die Achsenbreite gleich dem Rücksprung der Giebelstufen ist und die Säulen sich auch im Giebel übereinander türmen.[19]) Ähnlich verhält es sich bei dem Giebel des anderen Mindener Hauses Hill in der Bäckerstraße (9 Achsen, Halbsäulen und Rücksprung um 2 Achsenbreiten im zweiten Giebelgeschoß, Abb. 128).

Die Bauplastik: Tugenden, Sündenfall und Lucretia

Hermann Wulff macht am Hexenbürgermeisterhaus von vier verschiedenen Möglichkeiten, Architektur mit Plastik zu verbinden, Gebrauch:

1. Wie schon an der Lemgoer Rathauslaube und an der Blomberger Auslucht läßt er am Giebel der rechten Auslucht die Köpfe eines Mannes und einer Frau aus Medaillons herausragen (Abb. 60). O. Gaul vermutet sogar, daß es sich dabei um die Portraits des Bauherrn Hermann Cruwel und seiner Frau Elisabeth Fürstenau handelt, zumal sich die Büsten über ihren Wappen befinden.

2. Sodann schmückt er die Brüstungsflächen der Auslucht (links) und des Erkers (rechts) mit Relieffüllungen in rechteckigen Feldern. An der vierachsigen Auslucht bringt er in den beiden Mittelfeldern der oberen Brüstung die von Engeln gehaltenen Wappen der Cruwel und Fürstenau sowie in den Außenfeldern die Tugenden Fides (Glaube) mit dem Kreuz und die betende Spes (Hoffnung). Am dreiachsigen Erker erscheinen drei Tugenden mit den üblichen Emblemen: die Fortitudo (Stärke) mit zerbrochener Säule und Löwen, die Caritas (Liebe) mit zwei Kindern und die Justitia mit Schwert und Waage.

3. Weiter ersetzt Hermann Wulff Architekturteile durch Plastik. Da er die beiden unteren Wohngeschosse als Ganzes zusammenfaßt, muß er die Säulen in dieser Zone, um das Ebenmaß zu wahren, überhöhen. Er stellt sie daher auf Sockel und stockt sie mit vollplastischen Figuren auf. Über den Portalsäulen dienen die Gestalten von Adam und Eva als Stützen, zwischen denen vor dem Mittelpfosten des Dielenfensters der Baum der Erkenntnis steht (Abb. 63), und über den Ecksäulen erfüllen männliche Hermenpilaster diese Aufgabe. Die Vermenschlichung der Stütze wiederholt sich an den Konsolen des rechten Erkers, in die bocksfüßige Faune drangvoll komponiert sind.

Die manieristischen Künstler bedienen sich häufig des Schmuckes von Hermen (damals auch Termen genannt) und Karyatiden, welche den menschlichen Körper gewissermaßen zu Bestandteilen der Architektur umzwingen. Säule und Figur sind für den Manieristen auch in ihren Funktionen vertauschbar, und er liebt es, die Figur ins Unmenschlich-Materielle zu verwandeln.[20] Der Niederländer Hans Vredemann de Vries brachte ab 1560 ganze Stichfolgen von Hermenbeispielen heraus.

4. Endlich läßt Hermann Wulff die Plastik auch als Figur in die Fassade des Hexenbürgermeisterhauses eintreten. In einer Nische unter der Giebelspitze steht die Gestalt Christi mit der Weltkugel. Das neue antikische Motiv der Nischenstatue, das schon vorher ausgiebig in Heidelberg am Ottheinrichsbau (1556—1566) und am Rathaus von Cornelis Floris in Antwerpen (1561—1566) in Erscheinung tritt, taucht hier anscheinend erstmalig in der Weserrenaissance auf. Es wäre allerdings möglich, daß es vorher schon am untergegangenen Schloß Uslar solche Nischenfiguren gegeben hatte, denn unter den spärlichen Resten, die, in eine Mauer eingelassen, noch zu sehen sind, gehört auch eine Muschel, die sicher einmal eine Nische abschloß (Abb. 238). Einen schüchternen Versuch zu einer abgeflachten Rundbogennische sahen wir bei Cord Tönnis am Giebelaufbau seines Hamelner Hauses Bäckerstraße 16 (bez. 1569, Abb. 87). Erst 1589 stellt Cord Tönnis seine Lucretia in die Muschelnische der Auslucht der Fassade des Hauses Osterstraße 9 in Hameln (Abb. 90).

Das Thema des Sündenfalls bringt Hermann Wulff noch einmal, wiederum über einem (heute zugesetzten) Portal im Schloßhof von Brake (1584—1590) jedoch als Relief (Abb. 64). Es scheint fast so, als wenn das erste Menschenpaar mit dem Baum der Erkenntnis ein Lieblingsmotiv Wulffs gewesen ist, weshalb man ihm, abgesehen von anderen stilkritischen Gründen, auch das Treppenturmportal des

Cranach, Lukas d. Ä., Sündenfall 1509, Holzschnitt, Schloß Wolfegg, Fürstl. Kupferstichkabinett. Mit freundlicher Genehmigung der Oeffentlichen Kunstsammlung Basel

Schlosses Hess. Oldendorf (Abb. 110) zuschreiben darf. Wie am Portal des Lemgoer Hexenbürgermeisterhauses stehen hier Adam und Eva über den flankierenden ionischen Säulen Wulffs und über seinem Dreiecksgiebel mit Muschelfüllung der Baum der Erkenntnis.

Die Wulffschen Sündenfälle tauchen nicht unvermittelt auf, Adam und Eva als Einzelfiguren begegnen uns schon an mittelalterlichen Kirchenportalen (z. B. an der Adamspforte des Bamberger Domes ca. 1235). Sie haben aber auch zahlreiche Vorläufer in der frühen Weserrenaissance, und zwar in Reliefdarstellungen des Sündenfalles auf sogenannten Beischlagwangen. Beischläge waren eine Verbindung von Treppe, Podest (Vorbau) und Sitzbänken als Erweiterung des Hauses für geselliges Beisammensein. Die Beischlagwangen wurden als Abschluß der Sitzbänke zur Straße hin aufgestellt und waren schon im 15. Jahrhundert aus Sandstein angefertigt. Vor dem Stiftsherrnhaus in der Hamelner Osterstraße ist uns glücklicherweise ein solcher Beischlag erhalten geblieben (Abb. 93). Ihr Hauptverbreitungsgebiet lag in Lübeck, Hamburg und den Hansestädten an der Ostseeküste bis Danzig. Eine beachtliche Gruppe bildeten die eigentümlichen Beischlagwangen des Wesergebietes.[21]) Ein enger stilistischer Zusammenhang weist auf ihr Herstellungszentrum in Minden. Die hier wiederkehrende Darstellung des Sündenfalls muß sich besonderer Beliebtheit erfreut haben, sie findet sich auf sechs Reliefs wieder. Den riesigen Beischlagwangen mit dem Sündenfall (2,50 m bis 3,50 m) über dem Erdboden entsprachen Gegenstücke mit der Darstellung Christi, der aus dem Grabe steigt, den rechten Fuß auf den Leichnam am Boden setzend, mit der Rechten segnend, in der Linken die Siegesfahne (vgl. die Beischlagwangen, ursprünglicher Standort Stadthagen, Abb. 21, 22). Die Darstellung dieses Sündenfalles geht offensichtlich auf den Holzschnitt Lucas Cranachs von 1509 zurück (s. o.). Hermann

Wulff zerlegt die Sündenfall-Darstellung der Beischlagwangen in ihre Bestandteile und stellt Adam und die recht gegenwartsbezogene naturhafte (nicht italienisch-klassisch-ideale) Eva vollplastisch nebst Baum der Erkenntnis über das Portal des Hauses, die Gestalt Christi dagegen als Nischenfigur unter die Giebelspitze.

Der Sündenfall war aber nicht nur ein Lieblingsthema Hermann Wulffs, sondern der gesamten nachmittelalterlichen Bildhauerkunst, und zwar nicht so sehr aus Freude an der Meisterung des Aktes oder etwa aus Sinnlichkeit unter biblischem Vorwande, sondern auch wegen des Symbolgehaltes der Nacktheit, der gerade in der bürgerlichen profanen Kunst am Ende des Mittelalters offenbar wird: der Sündenfall von Antonio Rizzo (1483) am Dogenpalast Venedigs oder Adam und Eva am Triumphkreuz Bernd Notkes (1477) im Lübecker Dom. Die Nacktheit hat, wenn man Alfred von Martin folgen will, eine demokratische Tendenz.[22]) Das im bewußten Aufstieg zur Macht begriffene Bürgertum der noch selbständigen Renaissance-Kommunen darf den nackten Menschen mitten ins Leben stellen, denn schon hier und jetzt, nicht erst vor Gottes Richterstuhl, will man keinen Standesunterschied mehr gelten lassen. Daß man gerade diese Ausdrucksform wählte, ging selbstverständlich auf den Einfluß der Antike und den Humanismus zurück. In diesem Zusammenhange sei auch auf die nackten Gestalten in den Staffelfüllungen der Mindener Prunkgiebel der Häuser Hagemeyer und Hill (Abb. 125, 128) hingewiesen, wie die Mindener Renaissance anscheinend einen gewissen Hang zum Nackten hatte, denn in der Marienkirche gibt es sogar einen Taufstein, der am Fuße seines als Apfelbaum der Erkenntnis ausgebildeten Kelches Adam und Eva mit den Tieren des Paradieses zeigt.

Auch Cord Tönnis stellt Lucretia als nackte menschliche Gestalt vollplastisch vor die Fassade des Hauses Osterstraße 9 in Hameln von 1589 (Abb. 90). Eine Lucretia hatte Tönnis merkwürdigerweise schon 1565 am linken Fensterpfosten seines Rintelner Archivhäuschen (Abb. 44) als winziges Relief etwas ungelenk angebracht. Die Hamelner Lucretia soll sicherlich als Personifikation der Bürgertugenden, d. h. also ausgesprochenes republikanisches Symbol verstanden werden. Sie wurde nämlich der Sage nach von dem ältesten Sohn des letzten römischen Königs Tarquinius geschändet. Nachdem sie den Vorfall ihrem Vater sowie ihrem Gatten und weiteren Zeugen enthüllt hatte, gab sie sich den Freitod, der den Sturz des römischen Königtums zur Folge hatte.

Die nackte Bürgertugend (Vorlage wahrscheinlich ein Kupferstich — seitenverkehrt — des Kleinmeisters Hans Sebaldus Beham) steht also nicht von ungefähr in der Muschelnische der Giebelbekrönung der Auslucht über den drei theologischen und den vier Kardinaltugenden im Relieffries der Ausluchtbrüstung (Abb. 89).

Die Tugenden in der Weserrenaissance sind zunächst recht sittsam gekleidet, so die frühesten am Tugendbrunnen in Bückeburg (urspr. Stadthagen) von 1552 (Abb. 43) und die Justitia am Detmolder Steingang von 1557 (Abb. 39) des unbekannten Meisters I. R. sowie die Tugenden Hermann Wulffs an den Erkern des Hexenbürgermeisterhauses von 1571 (Abb. 62) und am Erker des Hauses Mittelstraße 40/42 (Abb. 67) von 1580 in Lemgo, und nicht zu vergessen die Tugenden auf den Kaminbekrönungen des Arend Robin im Schloß Stadthagen von 1576 f. (Abb. 85, 86). Dann werden sie lebendiger, beschwingter wie die oben genannten elegant bewegten Tugenden des Cord Tönnis am Hamelner Leisthaus von 1589 (Abb. 89), und selbst die primitiv-komischen an der großen Auslucht (bez. 1599, Abb. 144) im Schloßhof von Varenholz lassen Haare und Röcke im Winde flattern, und zugleich, als würden ihnen die Kleider lästig, erscheinen sie leichter gewandet, wie die Tugenden des Georg Crossmann an den Fensterpfosten des doppelgiebeligen Rathausvorbaus in Lemgo von 1589 (Abb. 192). Schließlich im Relieffries des Kaminsturzes von 1604 (Abb. 163) auf der Wewelsburg zeigen die tugendsamen Damen, sicherlich nicht ohne Zustimmung des Fürstbischofs Dietrich von Fürstenberg, höchst irdisch sämtliche Reize ihrer symbolischen Verkörperung.

Abschließend sei neben zahllosen, leicht bekleideten Tugenden und anderen Allegorien die splitternackte Brema mit dem Schlüssel am Rathause (1608—1612) der Freien Hansestadt Bremen (Abb. 186) erwähnt, die rücklings auf einem Delphine reitend dem Beschauer ihre makellose Rückseite zuwendet.

Meisterzeichen und -inschrift des Georg Crossmann
von 1597 in Lemgo

Die Crossmanns

Ein Beispiel dafür, wie in einer Familie und auch durch Heiraten innerhalb eines Berufsstandes handwerklich-künstlerische Begabungen geradezu gesteigert werden können, liefert die Lemgoer Steinhauerfamilie Crossmann. Drei Generationen dieser Sippe sind bekannt:

I. Ludolf Crossmann, der etwa 1530 geboren sein dürfte und der sich zwischen 1560 und 1600 in Lemgo nachweisen läßt, besaß in der Nähe der Stadt einen Steinbruch, seine Existenzgrundlage. 1590 lieferte er seinem Sohne Georg für die Errichtung des Marktbrunnens zehn Fuder Bausteine. Otto Gaul schreibt Ludolf Crossmann wohl mit Recht mehrere noch existierende Lemgoer Bürgerhäuser zu:

1. Mittelstraße 56 von 1556 (Abb. 70),
2. das Nachbarhaus Mittelstraße 58 von 1559 (Abb. 70),
3. das Hexenbürgermeisterhaus abgesehen von seiner berühmten Fassade des Hermann Wulff (1568 bis 1571, Abb. 62),
4. das Haus Wippermann, Kramerstraße 5 von 1576 (Abb. 68).

Allen diesen Bauwerken ist eine eigentümliche Mischung von gotischen und Renaissanceformen gemeinsam, eine altertümliche beim Hause Wippermann fast rückschrittliche Tendenz. Zeitweise schrieb Otto Gaul und ihm folgend die Darstellung dieses Buchwerks diese Fassaden Heinrich Overkotte zu. Aber Overkotte verwendet keine ausgesprochen gotischen Formen wie Maßwerk, Fialen und Kreuzblumen, man ziehe zum Vergleich seinen Gandersheimer Abteigiebel von 1600 (Abb. 139) heran.

II. Über Ludolf Crossmanns Sohn Georg geben wiederum die Veröffentlichungen O. Gauls Aufschluß.[23]) Danach ging Georg Crossmann als junger Geselle von Lemgo nach Rostock und arbeitete dort wahrscheinlich in der Werkstatt eines niederländischen Meisters, denn er brachte 1586 von dort seine Frau Margareta Stockmann, eine gebürtige Antwerpnerin, mit nach Lemgo zurück. Er muß sich in seiner Vaterstadt nach kurzer Zeit durchgesetzt haben, weil er offensichtlich schon von 1588 bis 1590 an der Ausgestaltung des Lemgoer Rathauses mitgewirkt hat. Zwar läßt sich nur die Figur der Justitia in der neuen Ratsstube archivalisch belegen, doch die Tugenden an den Säulentrommeln des doppelgiebeligen Vorbaus von 1589 (Abb. 192) verraten eindeutig seine Handschrift (vgl. Taufe in St. Marien). Zweifelsohne stammt auch das Obergeschoß der Rathauslaube (ebenfalls von 1589) mit den Reliefs der sieben freien Künste sowie die Fenster daneben von Georg Crossmann. Sein Meisterzeichen tragen auch die beiden Taufen in der Marienkirche von 1592 und in der Nikolaikirche von 1597. Das Becken der Marientaufe wird von vier Tugenden getragen, die ihre Verwandtschaft zu denen am Rathause (Abb. 192) nicht verleugnen können.

Mit dem Rathaus in Hann. Münden glückte Georg Crossmann ein Meisterstück. Das an sich intakte gotische Ratsgebäude wurde stark um- bzw. überbaut, blieb jedoch im Kern erhalten. Durch die glückliche Lösung mit den drei zwerchhausartigen, anstelle von ursprünglich nur zwei vorgesehenen Giebeln und die Hinzufügung der schlanken zweigeschossigen Auslucht und des Hauptportals (bez. 1605, Abb. 181) nebst Altan gelang dem Meister die Gestaltung der großartigen Marktfront (Abb. 182).

Lange Zeit galt Georg Crossmann auch als der Schöpfer der berühmten Auslucht der Lemgoer Ratsapotheke (bez. 1612, Abb. 70, 191). Aber neuerdings schreibt Gaul dieses Werk den Lemgoer Meistern Hermann und Johann Roleff zu. Nachdem Georg Crossmann 1609 von Hann. Münden nach Lemgo zurückgekehrt war, wurde er zwar 1612 zum Stadtbaumeister gewählt, aber bereits im selben Jahre starb er.

III. Sein Sohn Ernst Crossmann führte die Werkstatt des Vaters nicht weiter, sondern ging 1613 nach Bremen, nachdem er bereits am Rathausneubau in Hann. Münden mitgearbeitet hatte. Gelegentlich des Richtfestes für diesen Bau erhielt nämlich ein Sohn des Meisters eine „besondere Ergötzlichkeit". Otto Gaul nimmt sogar an, daß der offensichtliche Wandel, der sich im „Crossmann-Stil" gerade in Hann. Münden bemerkbar macht, auf die Mitarbeit des Crossmannsohnes an der Bauplastik der Rathausauslucht zurückzuführen sei. Wahrscheinlich waren es wirtschaftliche Gründe, die den jungen Meister veranlaßten nach Bremen zu gehen. Im Rhederbuch des Rates erscheint sein Name des öfteren mit städtischen Aufträgen. 1615 verwaltete er die Amtslade seiner Zunft und 1618 wurde er Handwerksvorsteher der Stein- und Bildhauer. Otto Gaul will gewisse „Crossmann-Motive" (besonders des Rathauses Hann. Münden) an dem 1618 erbauten, 1944 zerstörten Bremer Essighaus erkennen (Abb. 200). Mit Sicherheit ist Ernst Crossmann aber der Schöpfer des Hochzeitshauses der Wandschneider-Sozietät (des späteren Krameramts- und heutigen Gewerbehauses (Abb. 198), wo er den Steinhauer Johann Nacke ablöste, der den Bau 1618 noch völlig im Geiste der Renaissance begonnen hatte, aber schon 1620 gestorben war.[24] Er packte seine Aufgabe anders an, nämlich in der Richtung zum Frühbarock. Zwar sind auch bei ihm die Giebelgeschosse noch durch Gesimse unter den Fenstern markiert, auf deren überragenden Enden auch auf der Giebelspitze noch Obelisken stehen. Der Giebelumriß wird jedoch von Bandwerk gebildet (keine Staffelfüllungen), dessen Teigkringel-Voluten (Endungen) ebenso wie die Dreiecksanordnung der Nischen und Fenster schon dem Barock zugeordnet werden müssen. Wenn auch das Hauptportal (Abb. 199) dem Gesamtunterbau des Hauses entsprechend, Renaissanceformen aufweist, so dürften doch die qualitätvollen barockbewegten Figuren der Justitia und des Herkules (Originale) sowie der Minerva (Nachbildung) von der Hand Ernst Crossmanns stammen.

Nach der Vollendung des Hochzeitshauses der Wandschneider-Gilde ist Ernst Crossmann kaum vierzigjährig 1622 gestorben. Er war der Schöpfer einer eigenständigen frühbarocken Formgebung, die im Weserraum, abgesehen von Bremen, keine Nachfolge haben sollte: der Weserrenaissance folgte kein Weserbarock. —

Es sei hier auch auf die Steinmetzenfamilie Edeler (Eddeler oder Edler) hingewiesen, die bis in unsere Tage in Minden, Herford und Bad Oeynhausen ansässig ist. Einzelne Edeler sind sogar heute noch im Baugewerbe tätig (Kunststein- und Marmorverlegebetrieb Willy Edler in Bad Oeynhausen):

1. Meister Hermann Edeler wird im Mai 1544 vom Mindener Bischof Franz II. entlassen, als Jörg Unkair die Bauleitung beim Neubau des Schlosses Petershagen a. d. Weser übernimmt. 1545 siedelt er von Bielefeld nach Herford über. Angeblich errichtete er im gleichen Jahre das Rathaus in Salzuflen (vgl. Stichwort S. 274).

2. Ein Hamelner Steinhauer- und Maurermeister Jürgen Edeler war ab 1556 am Schloß des Grafen Spiegelberg in Pyrmont leitend tätig. Überliefert ist ein Vertrag vom 11. 6. 1556, aber von dem Renaissanceschloß ist kaum etwas erhalten, außer zwei Wappensteinen (bez. 1562) zu beiden Seiten des Festungszuganges (Abb. 232). Ein Stich von 1687 ermöglicht es jedoch, uns ein verhältnismäßig genaues Bild von seiner Architektur zu machen.

3. Ein Hamelner Steinhauer Johann Edler, alias Johann von Mehle, wirkte nachweislich am Rathaus von Gandersheim, das nach einem Brande von 1580 neuerrichtet werden mußte. Auf Grund der Bauabrechnung von 1585, die einen lückenlosen Überblick über das Baugeschehen um den Neubau des Rathauses Alfeld (Abb. 154) gibt, konnte Helmut Engel (jetzt Landeskonservator Berlin) ihn auch als den Architekten dieses Bauwerkes feststellen.[25]) Das von A. Neukirch gezeichnete Charakterbild Johann Edlers als eines leichtlebigen, verschuldeten Mannes, wird von dem Alfelder Bauregister bestätigt:[26]) Für 1584 bleibt er seinen am Bau tätigen Steinhauern die ihm bereits ausgezahlte Löhnung schuldig. Danach ging er angeblich nach Wolfsburg, wo er 1592 (Neukirch) gestorben sein soll. Nach Engel muß Meister Johann aber, wie eine Notiz in den Rechnungen belegt, schon 1585 das Zeitliche gesegnet haben. Meister Johann Edler dürfte aus einer alten Baumeisterfamilie stammen.

4. Für 1534/35 ist in Münster ein Maurermeister Johann Edeler bezeugt, der möglicherweise mit einem „Johann Edelerio, architecto Italo" identisch ist, der 1546—1548 für Herzog Wilhelm von Jülich die zerfallene Burg Sparrenberg in Bielefeld wiedererichtete.

5. Ein Steinmetz Hans Edeler arbeitet 1596—1598 am Schloß Varenholz mit, vielleicht handelt es sich bei ihm um einen Nachkommen des Hermann Edeler.

DIE SPÄTE WESERRENAISSANCE: 1575—1618

Die Wende zur späten Weserrenaissance vollzog sich etwa 1575 mit dem Mitteltrakt des Schlosses Schwöbber (Abb. 94—99), den Cord Tönnis für den Kriegsobersten Hilmar von Münchhausen († 1573) baute, und vor allem ab 1584 mit dem Bau des Schlosses Barntrup (Abb. 100—108) durch Eberhardt Wilkening für Anna von Canstein († 1591), die Witwe des Franz von Kerßenbrock († 1576).

Cord Tönnis hat an dem schlichten Mitteltrakt von Schloß Schwöbber (Abb. 98), bei dem er den Treppenturm ins Innere des Hauses verlegt und die Fassade nur mit zwei kleinen Erkern belebt, auch die beiden wegen der schweren Sollingplatten steilen Giebel geschaffen. An der Giebelspitze hat er neben der Jahreszahl 1575 stolz sein Meisterzeichen plastisch zur Schau gestellt (Abb. 95). Dieser Giebel zeigt erstmals, wenn auch etwas vorsichtig, den für die Spätstufe der Weserrenaissance typischen, bizarren Umriß mit Obelisken, Rollwerk, Kugeln und sichelartigen Auswüchsen.

Der Baumeister des Schlosses Barntrup (1584—1589), Eberhard Wilkening (1585—1605 in Hameln ansässig), hat im Gegensatz zu Jörg Unkair, Hermann Wulff, Cord Tönnis und auch Georg Crossmann seine Bauten nicht mit seinen Meisterzeichen gekennzeichnet. Deshalb können Wilkening außer Schloß Barntrup, das durch die Bauakten der Anna von Canstein gesichert ist, keine weiteren Bauten mehr zugeschrieben werden.

Trotzdem sieht O. Gaul mit Recht in E. Wilkening vor allem aus stilkritischen Gründen den Hauptbaumeister der Spätstufe der Weserrenaissance. Dafür spricht auch der Sachverhalt, daß man gerade an den Bauwerken, die Gaul ihm zuschreibt und welche die Merkmale dieser Spätstufe, nämlich reiche architektonische Gliederung, Kerbschnittornamente und bizarren Giebelumriß aufweisen, vergeblich nach Steinmetzzeichen sucht: Es handelt sich um den Süd- und Mittelflügel der Hämelschenburg (1597—1599, Abb. 111), den Teichflügel von Schloß Schwöbber (1602—1604, Abb. 99), die Schlösser Haddenhausen (1613—1616, Abb. 176, 177) und Wendlinghausen (1613—1616, Abb. 178—180) sowie um Hamelner Bürgerbauten wie das Hochzeitshaus (1610—1617, Abb. 171, 172, 174). Gleichzeitig ist an anderen Bauwerken (auch solchen mit Kerbschnittornament) wie am Schloß Varenholz, das 1590—1600 seine heutige Gestalt erhielt (Abb. 140—148), und auch an der Stadtkirche Bückeburg (Bauzeit 1611—1615, Abb. 201, 202) abgesehen von ihrer berühmten Fassade jeder Werkstein mit einem solchen Zeichen markiert.

Solche unterschiedlichen Gepflogenheiten der Bauleute und Baumeister nach 1570 können damit zusammenhängen, daß die alte Steinmetzordnung, die Kaiser Maximilian 1498 und 1501 auch der Papst bestätigt hatte, 1563 zu Straßburg neu redigiert und als Steinmetzrecht oder Bruderbuch gedruckt wurde, was den Widerspruch der Reichsfürsten zur Folge hatte. Immerhin wäre es auch möglich, daß die Bauherren ein Wörtchen in dieser Sache mitzureden hatten. Doch darf die Bedeutung der Steinmetzzeichen für die Meisterforschung keineswegs überschätzt werden.
(Siehe auch den Exkurs über den Kerbschnitt-Bossenstein S. 299—311).

Die Niederländer und die Weserrenaissance

Wie dargestellt, vollzog sich während der mittleren Entwicklungsstufe der Weserrenaissance innerhalb verhältnismäßig kurzer Zeit, nämlich etwa zwischen 1560 und 1575, die Wende von einer „spätgotisch-frührenaissancistischen Baukunst mitteldeutscher Prägung zu einer niederländisch geprägten manieristischen"; Konrad Maier fragt daher mit Recht: Wie kommt es zu dieser plötzlichen Umorientierung? und stellt dann fest, daß die bisherigen Erklärungsversuche, nämlich verstärkte Handelsbeziehungen der Weserstädte zu den Niederlanden, vor allem aber die Betätigung eines großen Teils des Weseradels als Söldnerführer in kaiserlichen und spanischen Diensten und die Verbreitung neuer Architekturformen durch Stichvorlagen architektonischer und ornamentaler Einzelheiten namentlich durch Cornelis Floris und Hans Vredeman de Vries den Kern der oben gestellten Frage nicht träfen.

Konrad Maier meint, hier müsse ein Einfluß vorgelegen haben, der stärker war als jede mittelbare Beeinflussung und der die Bauherren und die Baumeister gleichermaßen erreichte und zu dem Wechsel der Formensprache zwang.[27] Nur Bauwerke selbst, die nicht allzuweit entfernt und bedeutend genug waren, könnten derart Schule machen. Diese Bedingungen erfüllten seiner Ansicht nach in geradezu idealer Weise die Schloßbauten des calenbergischen Landesherrn, des Herzogs Erich II. von Braunschweig-Calenberg (1528—1584): vor allem das 1612 durch Brand zerstörte und in der Folgezeit bis auf wenige Mauerreste untergegangene Schloß Uslar (vgl. Merianstich S. 30 u. Stichwort S. 285 nebst Abb. 238, 238a), mit dessen Neubau schon 1559, also nur wenig später als der Ottheinrichsbau in Heidelberg von 1556—1559, begonnen wurde, und ferner das Schloß Hann. Münden, das heute noch hoch über der Werra aufragt, viergeschossig, sechzehnachsig und bekrönt von einem Ziergiebel mit geschweiften Stufenfüllungen und Figuren, wie man ihn bis dahin im Weserland nicht gesehen hatte.

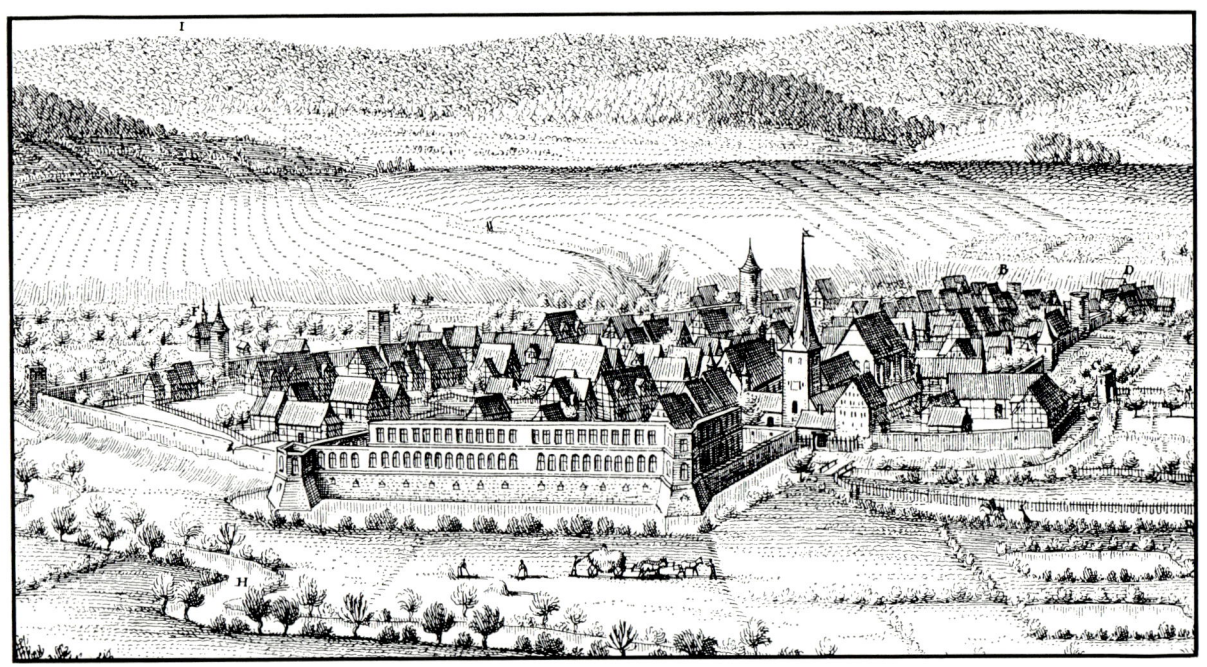

Matthäus Merian, Schloß Uslar, Ausschnitt aus dem Kupferstich von 1650

(Abb. 56—58). Mit dem Neubau dieses Schlosses begann man 1562, nachdem es 1561 bei einem Brande arg gelitten hatte.

Fraglos haben die Schloßbauten Erichs II. Schule gemacht, insbesondere der große, neumodische „Schweifgiebel" niederländischen Stils und die ebenso neuen Ornamentformen von Uslar und Hann. Münden: die Dreiecksgiebel, Löwenköpfe und Pilaster, das Roll- und Beschlagwerk, die Medaillons in den Bogenzwickeln und nicht zu vergessen die Kerbschnitt-Bossensteine (vgl. Exkurs S. 299—311, Abb. 243, 245). Aber weder die Kreuzpfostenfenster noch die Lukarnen noch das Treppenhaus von Hann. Münden (Abb. 56, 58) sind in die Weserrenaissance eingegangen. Man blieb bei den Zwillingsfenstern, Zwerchhäusern und Treppentürmen Jörg Unkairs. Im übrigen gibt es nun einmal keine Monokausalität. Der niederländische Einfluß, der den von Konrad Maier angesprochenen Wandel im Oeuvre des Cord Tönnis von den Welschen Giebeln des „Archivhäuschens" in Rinteln (1565) zum bizarren Schweifgiebel des Schlosses Schwöbber (1575) verursachte, ging nicht allein den Weg über die Schloßbauten Erichs II. Es müssen eben die „niederländischen Einflüsse" gewesen sein, die für Gustav Pauli 1890 „ein Gespenst geworden sind, das in schattenhaften Umrissen die deutsche Kunstgeschichte über die Gebühr beunruhigt".[28] Der wachsende vielfältige Einfluß der Niederländer in der deutschen Kunstlandschaft insbesondere in der Weserrenaissance während der zweiten Hälfte des 16. Jahrhunderts kann aber nicht geleugnet werden. Bereits 1552 stellt Cornelis Floris das Grabmal Friedrichs II. von Dänemark im Schleswiger Dom fertig, mit 1552 ist aber auch der Tugendbrunnen des Meisters I. R. für den Grafen Otto IV. von Schaumburg-Holstein bezeichnet (Abb. 43, vgl. S. 238), der einst den Schloßhof von Stadthagen zierte und seit 1921 seinen Standort vor dem Bückeburger Schloß hat. Ist es derselbe Meister I. R., der 1557 den Steingang an der Hofseite des Detmolder Eingangsflügels mit dem Relief der Tugend Justitia in der Mitte der Brüstung (Abb. 39) schuf? Vermutlich war schon dieser Meister I. R. ein Niederländer. 1559 trifft dann ein namentlich nicht überlieferter Baumeister in Uslar ein, den der spanische Statthalter der Niederlande dem baulustigen Herzog Erich II. vermittelte. Dreimal holte der extravagante Fürst ganze Trupps (s. g.) niederländischer Bauleute, um das riesige untergegangene Schloß Uslar und ab 1562 das Schloß in Hann. Münden zu errichten. Wahrscheinlich sind auch einige dieser Niederländer an der Weser geblieben.

Es gab jedoch noch eine andere, wichtigere Beziehung zwischen den Niederlanden und dem Weserraum, die mit sehr viel mehr Wahrscheinlichkeit das Auftreten niederländischer Bildhauer (bzw. Baumeister) und den wachsenden Einfluß der niederländischen Architektur erklären könnte, nämlich den Obernkirchener Sandstein. Die Niederländer haben für ihre Bauten nachweislich während der Renaissancezeit den Obernkirchener Sandstein in großen Mengen bezogen. Aus dem Briefwechsel zwischen dem Bürgermeister von Antwerpen und dem Grafen Otto IV. von Schaumburg in den Jahren 1561 bis 1563 geht hervor, daß viele hundert Fuder Steine von den Obernkirchener Sandsteinbrüchen mit Schiffen die lange Reise nach Antwerpen zurücklegten. Wie die Steinladungen dort gelöscht wurden, hat Pieter Brueghel d. Ä. auf seinem Gemälde mit dem babylonischen Turm von 1563 (Wien, Kunsthistorisches Museum) dargestellt. Die Stadt Antwerpen ließ nämlich damals ihr Rathaus mit diesem Sandstein errichten. Selbstverständlich haben die Antwerpener den Stein nicht unbesehen gekauft. Vielmehr haben Baumeister und Steinhauer wie ihre Kollegen aus dem Weserraum an Ort und Stelle, d.h. am Bückeberge, den Stein, den sie brauchten, ausgewählt; und es müßte nicht mit rechten Dingen zugegangen sein, wenn sie sich dort nicht begegnet wären. Der Bürgermeister von Antwerpen hat sogar zwei Beauftragte („Offiziere") mit Briefen und Geschenken für den Grafen und seine „liewe Huysvrouwe" nach Stadthagen geschickt, um den „steen alhier in den nyewen Stadthuise" auszuwählen und zu verfrachten, zunächst Anthonis de Seron aus Lubcke bei Antwerpen und dann den Antwerpener Bürger Peter de Hase. Beide haben sich längere Zeit in Stadthagen aufgehalten. Der Erbauer des Antwerpener Rathauses war der niederländische Baumeister und Bildhauer Cornelis Floris (1514—1575). Sein Rathaus in Antwerpen sollte noch bei dem Rathaus von Bremen (1608—1612) Pate stehen.

Meister Arend Robin in Minden

In den siebziger Jahren des 16. Jahrhunderts taucht der Bildhauer Arend Robin im Schaumburgischen, d. h. in der Nähe der Obernkirchener Sandsteinbrüche auf. Von der Hand des Meisters „A. R.", der einige seiner Arbeiten auch mit vollem Namen gezeichnet hat, stammen zahlreiche Epitaphien und Kamine im Gebiet der Mittelweser: in Stadthagen, wo er wahrscheinlich bis 1580 wohnte, in Bückeburg, Minden, Lemgo, Rinteln und Hameln. Hier seien nur seine wichtigsten Werke genannt: die beiden Prunkkamine von 1576 für Graf Otto IV. und seine Gemahlin im Schloß Stadthagen (beide bez. A. R., Abb. 85, 86), das Epitaph von 1579/80 für Graf Otto IV. und seine beiden Frauen in der Martinikirche zu Stadthagen (bez. A. R.) und der Kamin mit dem Triumphzug des Bacchus für den Grafen Ernst von 1604 im Schloß Stadthagen (bez. A. R., Abb. 164). Im übrigen sei hier auf meinen Beitrag über die niederländischen Bildhauer im Dienste der Grafen von Schaumburg verwiesen.[29]

Das geschlossene Oeuvre des Arend Robin läßt durchaus den Niederländer erkennen; außerdem benutzte der Bildhauer nachweislich niederländische Vorlagen, z. B. für den Kamin mit dem Triumphzug der Elemente im Schloß Stadthagen. Darüber hinaus ist über seine Herkunft nichts belegt, abgesehen davon, daß es tatsächlich eine flämische Baumeister- und Bildhauerfamilie gegeben hat, deren Mitglieder in der zweiten Hälfte des 16. Jahrhunderts in Deutschland gewirkt haben. Am 7. September 1580 erhielt „M. Arend, der Bildhauer", ein seidenes Wams. Damit endete wahrscheinlich die Tätigkeit des Arend Robin in Stadthagen. Wir finden ihn erst wieder im Mindener Schoßregister von 1588, und zwar unter den Bewohnern der Videbullenstraße. Er hatte also seinen Wohnsitz nach Minden verlegt. Winkte in Minden neue Arbeit, etwa das große Hängeepitaph für den Mindener Ritter und kaiserlichen Kriegsobersten Jürgen von Holle (gest. 1576) in der Marienkirche (Abb. 51) oder Prunkkamine für reiche Mindener Bürger? Im Mindener Museum befinden sich auch zahlreiche Reststücke von Bauplastik, die einst Mindener Häuser zierte, Reliefs mit Darstellungen aus der römischen Mythologie. Manches von dem könnte aus der Werkstatt von Meister Arend Robin hervorgegangen sein. Ob ihm aber auch die Fassade des Hauses Hagemeyer zuzuschreiben ist, erscheint mehr als fraglich. Gegen seine Urheberschaft spricht vor allem die Tatsache, daß Arend Robin während seiner Stadthäger Zeit, also bis 1580, nach den bisher erschlossenen Quellen keinen großen Bauorganismus, wie ihn eben eine solche Fassade von 9 x 22 m darstellt, in Angriff genommen hat, sondern nur kleinere, wenn auch vollgültige, individuelle Kunstwerke wie Kamine und Epitaphien.

Vor allem die schon erwähnten drei pompösen Kamine im Schloß Stadthagen von vorzüglicher bildhauerischer Qualität — der Jahreszeiten-Kamin ist bisher erkennbar nicht signiert, legitimiert sich aber durch die stilistische Verwandtschaft als Robin-Arbeit — sind signifikante plastische Bildwerke der niederländisch-manieristischen Phase. Über den teils faunischen, teils idealisiert menschlichen Karyatidhermen der Kaminwangen tragen die Kaminfriese symbolisierende plastische Darstellungen.

Der Triumphzug der vier Elemente (Abb. 85; als Vorlage diente eine nach Martin van Heemskerck von Dirk Volkerts Coornhert gestochene Vorlage des Mundus von 1564) zeigt einen von geflügelten Pferden gezogenen Wagen, auf dem um den Himmelsglobus die vier personifizierten Elemente Feuer, Wasser, Luft und Erde sitzen. Sol die Personifikation der Sonne, und Luna, die des Mondes, flankieren den Fries. Hier reflektiert die Tendenz dieser Epoche, die Erscheinungen der Welt in ihrer physikalischen Bestandsaufnahme der vier klassischen Elemente zu konzipieren. Der zeitliche Wechsel in der Erscheinung der Erdoberfläche wurde in den vier Jahreszeiten dargestellt, denen der zweite Kamin als Pendant des ersten zugedacht war (Abb. 86).

Hier wird der Triumphwagen flankiert von Personifikationen des Frühlings und des Sommers (links) sowie des Herbstes und Winters (rechts). Auf dem Wagen thront eine Fortuna, die nicht das traditionelle Füllhorn ausgießt, sondern aus einem Gefäß mit einem Rohr Seifenblasen aufsteigen läßt. Hierzu ist anzumerken: zwar erscheinen bei beiden Kaminen auf den Voluten und in den abschließenden Muscheln der Kaminbekrönungen noch die gewohnten plastischen Gestalten der Tugenden. Im übrigen werden aber in der Bildkunst des 16. Jahrhunderts die Tugenden zunehmend von der unbestimmteren Fortuna verdrängt werden. Sie kann Glück, aber auch Unglück bedeuten; sie ist die Macht des Schicksals, die wetterwendisch über dem irdischen Geschehen schwebt.

Der dritte Robinsche Kamin, Triumph des Bacchus (Abb. 164), wurde für den jungen Grafen Ernst von Schaumburg-Holstein im Schlosse Bückeburg (jetzt in Stadthagen) (1601—1604) errichtet. Muster dieser ad usum delphini modifizierten Darstellung des Weingottes auf einem Triumphwagen, der von antikischen Frauengestalten, von Hornbläsern, Satyrn, Silenen und Bacchantinnen begleitet wird, war ein Stich von 1528 des Nürnberger Kleinmeisters Georg Pencz (Abb. S. 8, Jörg Benz, geb. in Nürnberg um 1500, gest. in Leipzig 11. 10. 1550), der unter dem unmittelbaren Einfluß Albrecht Dürers stand und wohl in dessen Werkstatt seine erste Ausbildung erhielt. Offenbar unter dem Einfluß der Vorlage wirkt die Kaminplastik antikisch-zurückhaltender und weniger manieristisch als die Darstellungen der beiden zuvor beschriebenen Arbeiten.

Es erscheint möglich, daß der Bildhauer dem Bacchus die Maske des spitzbärtigen gräflichen Auftraggebers gegeben hat, der selbst hier Erinnerungen an eine bewegte Jugend festzuhalten trachtete. Noch auffälliger ist eine solche Ähnlichkeit beim Merkur des Tür„gerichts" im Goldenen Saal des Bückeburger Schlosses (Abb. 203). Doch könnte auch die Hinneigung des Grafen Ernst zur Astrologie im

Spiel gewesen sein. Der Weingott ist auch die Personifikation des Herbstes und hat Beziehungen zu den Sternbildern des Widders, des Krebses und vor allem der Waage. Graf Ernst aber war ein Waagemensch, geboren am 24. September 1569.

Der Figurenzyklus der „Sieben Guten Helden" in Minden (Abb. 127, 128, 130)

Über dem Haupteingang des Mindener Kaufhauses Hagemeyer unmittelbar neben dem Bürgermeisterhaus von 1592 ist ein siebenteiliger Relieffries mit einer Darstellung der „Sieben Guten Helden" in die Fensterbrüstung eingelassen.[30]) Die Relieftafeln bildeten bis 1888 die Bekrönung des großen Portals der zum Bürgermeisterhause (damals noch Hohnstraße 33) gehörenden Hofeinfahrt. Die Jahreszahl 1592 in der Bauinschrift des Türsturzes ermöglicht uns, das Werk zu datieren. Auftraggeber für die „Sieben Guten Helden" muß die Erbauerfamilie des alten Patrizierhauses gewesen sein, nämlich des Mindener Bürgermeisters Thomas von Kampen (1541—1586). Als Bildhauer der Reliefs kommt nur Arend Robin in Frage, der im Mindener Schloßregister von 1588 eingetragen ist. Ein stilkritischer Vergleich dieses Mindener Heldenfrieses mit den Prunkkaminen der Schaumburger Grafen von 1576 und 1604 im Schloß Stadthagen berechtigt uns, auch die seltsame Schar mythologischer und historischer Helden der Antike und des Mittelalters dem Meister A. R. zuzuschreiben, obwohl seine Signatur an dem Relief nicht festgestellt werden konnte.

Der Heldenfries (Breite 5,50 m, Höhe 1,03 m) am Hause Hagemeyer wird durch schmale Lisenen mit Beschlagwerkornament in sieben Felder eingeteilt und an den Außenseiten durch breitere, mit Rosetten verzierte Leisten begrenzt. Die sieben Gestalten (jede ca. 90 cm hoch) stehen in frontaler Haltung in Rundbogennischen, der charakteristischen Rahmenform jener Zeit, die aber auch die Vorstellung des Triumphbogens vermitteln sollte. Wie überhaupt die bildlichen Darstellungen der Renaissance nur selten ohne erklärenden Text oder eine Beischrift auskamen, so werden hier ebenfalls die einzelnen Helden durch Schriftbänder, die über die Archivolten der Rundbogennischen laufen, mit Namen und Rang bezeichnet. Der Reliefzyklus zeigt (von links nach rechts):

1. Widukindus rex Saxonum (Im Wappenschild das Sachsenroß; Abb. 129);
2. Alexander magnus (Im Wappenschild ein Greif);
3. Julius Caesar (Im Wappenschild ein Doppeladler);
4. Augustus
5. Harminius dux Saxonum (Im Wappenschild das Sachsenroß);
6. Carolus magnus (Gespaltenes Wappenschild: vorn ein Adler, hinten Lilien);
7. Hector dux Troianorum (Im Wappenschild Querbalken, belegt mit drei Krallenfüßen, oben und unten mit Kleeblättern besät);

Die „Sieben Guten Helden" sind sämtlich in antikisierende Rüstungen gekleidet, so wie es im 16. und 17. Jahrhundert bei geschichtlichen Darstellungen üblich war. Sie unterscheiden sich, abgesehen von den Wappen, durch ihre Kopfbedeckungen: Widukind, Alexander der Große, Augustus und Karl der Große tragen Kronen, Arminius und Hektor dagegen Helme. Caesar (Abb. 130) wird als einziger in Anlehnung an antike Vorstellungen barhäuptig und bartlos dargestellt. Diese Darstellungsweise geht auf Mantegna zurück. Mantegna entnahm die Porträtzüge Caesars einer antiken Münze. Als Kennzeichen ihres Ranges halten Caesar, Augustus und Karl der Große jeder ein Zepter in der Hand, wie sie auch den Adler des Reiches in ihrem Wappenschilde führen. Alexander der Große und Hektor stützen sich mit der Rechten auf einen Speer, während Widukind als einziger eine Streitaxt schwingt. Alle Helden tragen Schwerter, Kaiser Karl stützt sich auf das Reichsschwert, und Widukind hat das

seine geschultert. Im übrigen wird keiner der sieben durch ein besonderes Emblem gekennzeichnet außer Arminius, der das Haupt eines besiegten Gegners mit der Linken an den Haaren hält.
Die Verehrung der „Guten Helden" als Symbol staatsbildender Ordnung ist in Frankreich Anfang des 14. Jahrhunderts aufgekommen. In der zweiten Hälfte desselben Jahrhunderts tauchte dann die Idee der Gruppe legendärer oder historischer Gestalten jüdischen, heidnischen und christlichen Glaubens, und zwar in der Zahl von neun, auch in Deutschland auf. Während aber in Frankreich die Verehrung der „Neun Guten Helden" von Anfang an eine Angelegenheit höfischer Kreise war und blieb, und zwar sowohl in der Dichtung als auch in der bildenden Kunst zu mannigfaltigen Darstellungen Anregung gab, fand sie in Deutschland keinen Eingang in die Literatur. Doch erschienen die „Neun Guten Helden" (Judas Makkabäus, David, Josua, Gottfried von Bouillon, Karl der Große, König Artus, Julius Caesar, Alexander der Große, Hektor) in den Bildprogrammen an städtischen Gebäuden, in den Rathäusern und an öffentlichen Brunnen auf den Marktplätzen. Erstaunlich ist die Popularität, die die neun Helden in den Hansestädten erlangten. Ihre Statuen schmückten die Hansesäle in den Rathäusern von Köln, Osnabrück und Lüneburg, einen Brunnen in Hildesheim und den Gesellschaftssaal des Artushofes in Danzig. Berühmt ist auch der schöne Brunnen in Nürnberg (1385–1395), an dessen Turmpyramide in der Mitte des Brunnenbeckens die neun Helden neben dem Kurfürsten stehen.
Im 16. Jahrhundert verloren die neun Helden allmählich ihre Bedeutung als Vertreter des Rechts und des damit verbundenen Reichsgedankens. Sie wurden vielmehr als geschichtliche Persönlichkeiten bewundert. Sie fanden insbesondere während der zweiten Hälfte des 16. Jahrhunderts Aufnahme in die humanistischen Bildprogramme neben Tugenden, Lebensaltern, Musen und Elementen.
In der Mindener Serie erscheinen jedoch nur sieben Helden. Es fehlen die Helden des Alten Testamentes und Gottfried von Bouillon sowie König Artus; dafür kommen in Minden hinzu: Augustus, Widukind und Arminius. Nicht vergessen werden darf, daß die Siebenzahl eine große magische Bedeutung hat, wie sie etwa in den Folgen der sieben Todsünden oder der sieben Planetengötter oder auch der sieben freien Künste erscheint. Die Siebenzahl kehrt auch in dem Figurenzyklus der Wandbemalung (ca. 1565) des „Gemaches zum weißen Roß" im Schloß Hann. Münden mit den sieben sieghaften Helden des Alten Testamentes (Samson, David, Gideon, Calef, Josua, Abraham, Judas Makkabäus) wieder. Im übrigen bestätigt sich hier die Beobachtung, daß die strenge mittelalterliche Ikonographie am Ende des 16. Jahrhunderts in Verfall geraten ist. Die Helden werden in erster Linie historisch gesehen. Daher tauchen am Hagemeyerhaus als neue Helden historische Persönlichkeiten auf, die für die Landschaft besondere Bedeutung haben: Arminius und Widukind.
Es ist mit Sicherheit anzunehmen, daß der Bildhauer Arend Robin die Reliefs der sieben Helden wie seine Kaminplastiken nach einer graphischen Vorlage gestaltet hat, die sich indessen bisher nicht nachweisen ließ.

Meister Johann Robyn aus Ypern

Schon vor 1930 hat der holländische Kunsthistoriker F. A. J. Vermeulen darauf aufmerksam gemacht, daß die Fassade des Hauses Hagemeyer (Abb. 125, 228) eindeutig südniederländische Stileigentümlichkeiten aufweist; insbesondere seien, so stellt Vermeulen fest, die in die Volutenbänder der Staffelfüllungen eingebundenen menschlichen Gestalten ohne Zweifel ein flämisches Motiv.[31]) Er erwähnt in diesem Zusammenhange den Einfluß des Cornelis Floris und weist auf vergleichbare holländische Beispiele hin, die ebenfalls flämische Stilelemente zeigen; z. B. auf das St. Jansgasthuis in Horn von 1563. In der Tat erinnert die Hagemeyerfassade auffallend an die Schauseiten südniederländischer Gildehäuser in Antwerpen, Brügge und Gent. Vorbild für die Säulengliederung des Hagemeyerhauses könnte die berühmte Fassade des Hauses zum Salm in Mecheln (1519?) gewesen sein.

Arend Robin war nun nicht der einzige niederländische Bildhauer, der während des letzten Jahrzehnts des 16. Jahrhunderts im Wesergebiet nachweislich tätig war. 1595 bis 1597 baute nämlich der Rat von Stadthagen in eigener Regie ein neues Rathaus (Abb. 26) und bestellte neben anderen Handwerkern einen Meister Johann Robyn für die Bildhauerarbeiten. Vorher hatte der Rat 1589 den Hamelner Baumeister Cord Tönnis gerufen, d. h. in demselben Jahre, in dem dieser in Hameln die Fassade des Hauses Osterstraße 9 für Gerd Leist geschaffen hatte (Abb. 88). Es kann sich dabei aber nur um ein Gutachten oder eine Beratung gehandelt haben, denn man „verehrte" Tönnis nur 27 Mark (etwa 7 Taler). In dem Bauregister des Rathauses Stadthagen aus dem Jahre 1595/96 wird Johann Robyn namentlich in sieben Buchungen erwähnt, in zwei weiteren wird Robyn ausdrücklich „der Bildhauer" genannt.[32]) Hier seien vier Buchungen wörtlich zitiert:

28. März 1596: „Negen daler Johann Rabbien up de kronemendt 4 Groschen tovordrincken demselvigen". Mai: „Johann Rabien up de fordersten lucht 5 daler".

15. Mai: „10 daler Johann Robbien up de Kronement gewen".

31. Juli: „6 Groschen Bodelohn na Minden An Robbyn".

8. November: „2 daler minus 6 Groschen vor slapegelt gegewen der Luderschen wegen M. Johann Robbyn und syner knechte 6 wochen lang".

Die Schreibweise des Namens ist, wie stets im 16. Jahrhundert, schwankend. In den beiden ersten Buchungen heißt es „Rabien" mit einem deutlichen a. In allen weiteren Notizen wird der Name des Meisters aber ohne Zweifel mit o geschrieben. Mit „Kronement" bzw. „Cronament" (Abb. 135) sind die Aufsätze auf den drei Erkern an der Marktseite und auf der Auslucht („up de fordersten lucht") (Abb. 134) an der Stirnseite des Rathauses zur Niedernstraße gemeint. Die Honorierung (42 Taler) unterstreicht, daß es sich nur um einen kleinen Auftrag handelte. Immerhin hat der Meister sechs Wochen mit seinen Gesellen daran gearbeitet, wie die Buchung des „Slapegeldes" besagt. Diese sechs Wochen waren aber anscheinend über die Zeit von März bis Oktober 1596 verteilt, d. h. Johann Robyn war nicht ununterbrochen in Stadthagen an der Arbeit und hat sich dieses Auftrages neben anderen entledigt. So dürfte er 1596 auch an dem Neubau des Schlosses Sachsenhagen für den jungen Grafen Ernst von Schaumburg gearbeitet haben (Abb. 133). Wichtig ist aber für die Beantwortung der Frage nach dem Meister der Fassade des Hauses Hagemeyer die Notiz vom 31. 7. 1596: „Bodelohn na Minden an Robbyn", denn sie gibt uns den Hinweis, wo der eigentliche Wohnsitz des Johann Robyn zu suchen ist: nämlich in Minden.

Die Erkerbekrönungen des Johann Robyn sind im übrigen kleine Meisterwerke (Abb. 134, 135). Wie hier die Löwenköpfe echt manieristisch mit den Voluteneinrollungen verbunden sind, wie die Fruchtkörbe und vor allem die bärtigen Kriegerbüsten in das Ganze komponiert sind, zeigt, daß die Arbeit aus einem Guß und von vorzüglicher bildhauerischer Qualität ist. Innerhalb der Weserrenaissance gibt es Gleichwertiges nur noch am Bremer Rathause (1608—1612), dessen Staffelfüllungen am Mittelgiebel bis ins Detail mit den Stadthäger Erkerbekrönungen übereinstimmen (Abb. 217).

Es gibt aber auch eine stilistische Gemeinsamkeit des Rathauses zu Stadthagen und des Hagemeyerhauses in Minden, die überzeugend für die Auffassung spricht, daß die Fassade des Hagemeyerhauses von der Hand des Bildhauers Johann Robyn stammt, nämlich das kühn durchbrochene Volutenwerk, das die Stadthäger Erkerbekrönungen ebenso auszeichnet wie die Staffelfüllungen im Giebel des Hauses Hagemeyer (Abb. 125). Solche maßwerkartig perforierten Voluten kommen innerhalb der Weserrenaissance außer an den beiden in Rede stehenden Gebäuden nur noch an dem Mindener Hause Bäckerstraße 45 vor (Abb. 128). Am Hause Hagemeyer fällt die Durchbrechungstechnik besonders auf, weil sich seine Giebelsilhouette wegen der außergewöhnlichen Höhe des Bauwerks dunkel vom Himmel abhebt und dadurch fast gotisch durchsichtig und schwerelos wirkt.

Johann Robyn ist vermutlich identisch mit einem namensgleichen Bildhauer aus Ypern, der in Leo Bruhns literarischer Darstellung von Würzburger Bildhauern der Renaissance erscheint.[23] In Ypern 1556 und 1563 urkundlich erwähnt, muß er zwischen 1576 und 1578 nach Deutschland gekommen sein. 1581 war er Mainzer Bürger. Später schuf er für die Würzburger Universitätskirche einen Hochaltar und ein Grabmal des Bischofs Julius Echter von Mespelbrunn. 1589 wird er in den Universitätsbaurechnungen letztmalig genannt. 1600 taucht er noch einmal in Ypern als Bildhauer einer Statue der Erzherzogin Isabella für die Tuchhalle auf. Seine Arbeiten in Mainz und Würzburg existieren nicht mehr.

Johann Robyns Erscheinen in den Bauregistern des Rathausneubaus von 1595/96 in Stadthagen ist kaum mit den begrenzten Aufträgen für Erkerbekrönungen oder einige Arbeiten am Sachsenhäger Schloß zu begründen. Viel eher könnte die in dieser Darstellung immer wieder angesprochene Renaissance-Baukonjunktur im Weserlande ihn nach Stadthagen und Minden geführt haben, wo jahrefüllende Aufträge an den Fassaden des Hagemeyer-Hauses, des Hauses Bäckerstraße 45 und eines verschollenen aufwendigen Patrizierhauses, dessen Staffelfüllungen das Mindener Museum bewahrt, auf ihn warteten.

Johan van Rijswijck, Generaal der fortificatiën

Die Reihe der architektonisch planenden und entwerfenden Persönlichkeiten im Jahrhundert der Weserrenaissance wäre unvollständig ohne die Erwähnung des niederländischen Generaal der fortificatën Johan van Rijswijck, auch wenn kein Bauwerk in den Formen der Weserrenaissance nachweisbar ist, das von ihm stammte.[34] In den ersten anderthalb Jahrzehnten des 17. Jahrhunderts, die dem von manchen deutschen Landesherren vorausgeahnten dreißigjährigen Unheil vorangingen, bediente sich auch Graf Simon VI. zur Lippe (1554—1613) dieses Mannes, um sich die niederländischen Erfahrungen aus ihrem Befreiungskrieg gegen die Spanier in der Fortentwicklung des italienischen Befestigungssystems des 16. Jahrhunderts zunutze zu machen. Vermutlich gehen am Schloß Varenholz die ungewöhnlichen, fortifikatorisch wenig nützlichen bastionsartigen Ecktürme auf Simon VI. zurück, die mit ihren asymmetrischen Grundrissen den breit gelagerten nordöstlichen Flügel an der Weserfront flankieren (Abb. 140, 141 und Grundriß). Rijswijcks Anwesenheit ist 1601/03 urkundlich belegt, wie er auch zwischen 1608 und 1612 am Festungs-Ausbau des Schlosses Petershagen für den Mindener Bischof Herzog Christian von Braunschweig-Lüneburg (1599—1631) beteiligt war.

1601 und 1603 ist seine Anwesenheit auch in Bremen nachzuweisen, wo er vermutlich den Rat in Stadtbefestigungsfragen beriet und möglicherweise auch bei der Umgestaltung des gotischen Bremer Rathauses in Renaissanceformen in irgendeiner Form mitwirkte (vgl. unter Stichwort Bremen S. 232, 233). 1612 starb Rijswijck in Varenholz, sein Grabstein steht an der Kirchenwand in Langenholzhausen (Lippe).

DIE BÜCKEBURGER SPÄTRENAISSANCE

Eine Persönlichkeit, die zu Beginn des 17. Jahrhunderts im Weserraum eine starke baukünstlerische Ausstrahlung entfachte, war der schaumburgische Graf und spätere Fürst Ernst (1569—1622). Von ihm ging die letzte große Blüte der Baukunst in den ausklingenden Renaissancejahrzehnten aus, die namentlich in der architektonischen Umgestaltung seiner Residenz Bückeburg ihre Gestalt gewann. Johannes

Habich sieht die Residenzgestaltung des Fürsten Ernst mit Recht als den einzigartigen Versuch an, den Stil des höfischen Manierismus, dessen deutsche Zentren sich in den Residenzen der Habsburger (Wien und Prag) und der Wittelsbacher (München) befanden, unter den stilistischen Bedingungen des Nordens in den Weserraum zu übertragen.[35] „Dieser Versuch hatte keine Vorbilder und fand keine Nachfolge". Die anderen norddeutschen Potentaten nahmen am internationalen Manierismus lediglich durch Erwerb von einzelnen Kunstwerken teil.

Es zeigt sich, daß das künstlerische Schwergewicht der Residenzgestaltung für den Fürsten Ernst nicht im Errichten von Bauwerken (sein Stadthagener Mausoleum bleibt das einzige Beispiel einer Verwirklichung der monumentalen Möglichkeiten des Manierismus in Norddeutschland), sondern im Dekorativen lag: „Das gilt selbst für seine einzige bedeutende (Bückeburger) Großarchitektur, die Stadtkirche" (Abb. 201, 202, 204). Die Anregung für die Gestaltung der berühmten Fassade der Bückeburger Stadtkirche ist nicht in der Großarchitektur zu suchen, wie noch Dehio und Neukirch hier einen Zusammenhang mit Brabanter Kirchenfassaden erkennen wollten, sondern unter den Epitaphien und Altären. Der Aufriß der einzigartigen Schauseite entspricht einem üblichen Renaissance-Altar-Schema.

Ansonsten wiederholt sich an der Stadtkirche in Bückeburg kurz vor Toresschluß ein Vorgang, der häufig in der Weserrenaissance zu beobachten ist: In Lemgo errichtet z. B. 1568—1570 Meister Ludolf Crossmann das Hexenbürgermeisterhaus, das im Inneren vor allem im Grundriß ein Zweckbau herkömmlicher niederdeutscher Art bleibt. Das Haus kommt zwar dem Wohnbedürfnis des Bauherrn mit Kleinräumen entgegen, die an der Fassade durch den Erker und die Auslucht in Erscheinung treten. Im übrigen zeigt sich aber das Patrizierhaus außen in dem dekorativen Gewande der Renaissance, das ihm Hermann Wulff 1571 angelegt hat. Ähnlich liegen die Dinge wohl auch beim Leisthaus von Cord Tönnis 1589 in der Hamelner Osterstraße (Abb. 88) und beim Hause Hill in Minden von etwa 1592 (Abb. 128), in dem noch ein spätgotisches Backsteinhaus steckt. Jedesmal werden vorgegebenen Häusern, die manchmal nur im Fachwerk errichtet wurden, reichverzierte Renaissancefassaden in Sandstein vorgeblendet. Nicht viel anderes geschieht zu guter Letzt mit der Stadtkirche in Bückeburg. Man errichtet nach der großen Kirchenbaupause des 16. Jahrhunderts die dreischiffige Hallenkirche in posthumer Gotik. Die Fassade der monumentalen turmlosen Westfront des Gotteshauses richtet sich in ihrer Gliederung zwar nach dem Kircheninneren, sie wird aber von einem anderen Meister vor die gotische Pfeilerkonstruktion gestellt. An den Quadern der gotischen Halle, an ihren Pfeilern, Säulen mit den frühbarocken Kapitellen (Abb. 201), am Maßwerk der rundbogigen frühgotischen Fenster wimmelt es von Steinmetzzeichen, die sogar eine Diskussion über die Entstehungszeit (vgl. Stichwort) des Langhauses auslösten. An der Fassade findet man nicht ein einziges Zeichen, es waren eben auch hier ein anderer Meister und dessen Gesellen am Werke.

Ernsts Residenzgestaltung blieb in der nordischen Tradition der durch den Dekor bestimmten Architektur. Aber Habich weist weiter überzeugend nach — was andere nur vermuten —, wie dieser Dekor vor allem durch die Bildhauerfamilie Wolf nach dem Vorbilde der „Architictura" Wendelin Dietterlins eine komplizierte und dennoch monumentale Ausdruckskraft erhielt. Hierin unterscheidet sich in der Tat der „Bückeburger Stil" (und das ist keine lokalpatriotische Übertreibung) nicht nur von dem reichen, aber meist kleinteiligen Dekor der Bauten der Weserrenaissance, sondern er stellt schlechthin in Norddeutschland ein Unikum dar.

Eindeutig zur Weserrenaissance gehören jedoch die beiden das äußere Schloßportal flankierenden Gebäude, die Kanzlei und der Pavillon der „Alten Kammerkasse" von 1608 (Abb. 207). Sie zeigen die charakteristischen Kerbschnittbossensteine, die mit glatten Quadern wechseln. Jedoch das äußere Schloßtor selbst mit den bekrönenden Plastiken der Invidia und den beiden Drachen erweist sich als eine so monumentale Architektur, wie man sie im Wesergebiet zu Beginn des 17. Jahrhunderts sonst vergeblich sucht. Man vergleiche dieses Portal mit den bescheidenen „Triumph"-Bögen der Hämelschenburg und des Schlosses Haddenhausen (Abb. 113 und 176)!

Die Männer am Bau

Der hier gegebene Abriß der Renaissance-Architektur an der Weser folgt den mehr oder minder faßbaren Erscheinungen der Menschen, welche diese Bauwerke geplant, entworfen und im Schweiße ihres Angesichts errichtet haben, also in erster Linie der Baumeister und ihrer Knechte, wie man die Gesellen seinerzeit nannte. Die soziale Stellung der leitenden Personen am Bau erfuhr nun im Laufe des 16. Jahrhunderts eine deutliche Wandlung.

Dieser soziologische Entwicklungstatbestand, der Hand in Hand mit einer technischen Entwicklungskomponente geht, die auf arbeitsteilige Spezialisierung zielt, kann hier nur skizziert werden.

Jörg Unkair, der Meister des Steinmetzen von Tübingen hatte sich im Wesergebiet einen Namen gemacht. Voll Stolz fügt er seinem noch zunftgebundenen Meisterzeichen des mittelalterlichen Werkmeisters die Initialen des Renaissancearchitekten hinzu (Bauinschrift Petershagen S. ?, Stadthagen Abb. 15, 18). Das Bauen im „Kollektiv" der namenlosen Bauhütte hat aufgehört, statt dessen bildeten sich Bauschulen, die von der Persönlichkeit des leitenden Baumeisters geprägt wurden. Jörg Unkair ist eine solche Persönlichkeit. Er ist nicht nur der wirtschaftlich-technische, sondern, wie sein geschlossenes, sich kaum wandelndes Oeuvre ausweist, auch der künstlerische Leiter seiner Schloßbauten gewesen. So schaltet und waltet Meister Jürgen schöpferisch und allgegenwärtig auf einer Baustelle. Er holt den Werkstein im Treck von Obernkirchen, stellt die Arbeitskräfte ein und zahlt ihnen die Löhne aus.[36] Doch ihm selbst erstattet man in diesem Zusammenhang nur seine Auslagen, z. B. wird für seinen Klepper das Rauhfutter und die Herberge vom Petershäger Amtmann bezahlt, aber kein Lohn. Denn er hat mit seinem fürstbischöflichen Arbeitgeber einen besonderen Akkord geschlossen und erhält laut Detmolder Register 1550 „to siner besoldunge" fünfzig Floren (Goldgulden).

Dieses Bild wandelt sich in der zweiten Hälfte des 16. Jahrhunderts zusehends. Meister Hermann Wulff, der sicherlich der bedeutendste Baumeister der Weserrenaissance nach Jörg Unkair war, erhält während des ihm verdingten Baues von Schloß Brake laut Quittungsbuch von 1585 laufend pauschale Abschlagsummen, von denen er wohl seinen Knechten den Wochenlohn zahlt, und die ihm meistens der gräfliche Kammerdiener Frohne, gelegentlich auch der Braker Amtmann Gröne, auszahlt. Es existiert auch ein Vertrag vom 19. April 1592, aus dem die Schlußzahlung Simons VI. an Wulff hervorgeht.[37] Wieviel aber der Meister verdiente, ist nicht zu erkennen.

Der Hamelner Baumeister Cord Tönnis wird in demselben Jahr 1589, mit dem die Giebelbekrönung seines Leisthauses bezeichnet ist (Abb. 92), nach Stadthagen gerufen, um den Rat wegen des Rathausneubaus zu beraten, d. h. als Baugutachter nicht als Baumeister. Gebaut wird das Rathaus dann 1595/97 von einem Maurermeister unter der Bauaufsicht der „Bauherrn" des Rates, d. h. die städtische Bauverwaltung baut in eigener Regie.[38] Für die komplizierte Bauplastik, die Erkerbekrönungen holt man eigens den niederländischen Bildhauer Johann Robyn. Zur gleichen Zeit baut der ehemalige Steinmetz Jörg Unkairs (1546 in Petershagen), der Maurermeister Johann Bierbaum, für Graf Simon VI. zur Lippe das Schloß Varenholz (1590—1600) zu einer großartigen Vierflügelanlage um.[39] Doch er hat nicht die Stellung des schwäbischen Baumeisters der frühen Renaissance Jörg Unkair, dessen Besoldung in den Petershäger Bauregistern nicht erscheint, sondern sein Name steht an der Spitze der Lohnliste seiner Knechte. Er ist eigentlich, obwohl er an sechs Stellen des Schlosses (Abb. 142) sein Meisterzeichen anbringen darf, nur noch der „Meurermeister von Saldtzvffhlen", kein Architekt. Er erhält „jedern Tag" 5 Groschen, während den Knechten für den Tag nur 3 Groschen gezahlt werden. Ihm steht auch kein

Bildhauer zur Verfügung, daher ist zwar das Bauornament von vorzüglicher Qualität, aber die figürliche Bauplastik, die Bierbaums Steinmetzen anfertigten, wirkt unzulänglich, unfreiwillig komisch. Das ist auch der tiefere Grund dafür, daß die Weserrenaissance in ihrer späten Entwicklungsstufe mehr und mehr auf die Bauplastik verzichtet und ihre Schauwände mit bizarrem kleinteiligen Formengeriesel überzieht, deren „verblüffende Kunstfertigkeit" sogar E. W. Mick anerkennt.[40]) Darauf verstehen sich nämlich die Steinmetzen an der Weser, bei Figürlichem sind sie überfordert, und deshalb kommen letztlich auch die niederländischen Bildhauer ins Weserland.

Nicht von ungefähr weilte zur gleichen Zeit, als der „Bauunternehmer" Meister Bierbaum in Varenholz wirkte, dort auch der oben erwähnte niederländische Ingenieur-Offizier Johan van Rijswijck und konzipierte vermutlich seine Eckbastionen. Hier zeichnet sich schon vor dem Dreißigjährigen Kriege das neue Berufsbild des Ingenieurs bzw. des Architekten der Zukunft ab. Die gleichzeitige Ausübung von Stadt- und Festungsbau und vor allem die Verbindung des Offiziers- mit dem Ingenieur- bzw. Architektenberuf führten die Entwicklung herbei.

Der degentragende, akademisch ausgebildete Ingenieur-Offizier löst den Handwerker-Baumeister des ausgehenden Mittelalters vom Typ des ersten Baumeisters der Weserrenaissance, Jörg Unkair, endgültig ab, um sich im Absolutismus der Barockzeit zum Beamten zu wandeln. Musterbeispiel ist hier Balthasar Neumann, der seit 1719 als fürstlicher Baumeister der Schönborn in Würzburg „premier Architekt und Baudirektor" und ab 1729 auch Festungsbaumeister in Bamberg war. Gleichzeitig durchlief er die militärischen Ränge bis zum Obersten (1741). Am Anfang dieses soziologischen Trennungs- und Fortentwicklungsvorgangs zum Architekten-Berufsbild steht der „Generaal der Fortificatiën" Johan van Rijswijck.

Bei der Befassung mit der Weserrenaissance drängt sich immer wieder die Frage auf, warum diese profane Baukunst sich nicht nur bei den in der Landschaft Ansässigen, sondern auch bei fremden Besuchern solch populären Ansehens erfreut. Denn die Weserrenaissance ist — gemessen an anderen Stilepochen — keine große Architektur; nur wenige ihrer Bauwerke verdienen die Zuerkennung echter Monumentalität. Eher ist die dekorative Formensprache kleinteilig und die aus den Grundformen sprechende Baugesinnung bodenständig konservativ, also in die vertraute mittelalterliche Vergangenheit weisend und keineswegs umwälzend neu. Doch wahrscheinlich liegt hier der Schlüssel der Wirkung. Diese Architektur wurzelt in der Landschaft, in der sie steht. Sie ist volkstümlich, weil die Menschen, die sie schufen, die Steinmetzen, Steinhauer, Maurer und Zimmerleute, aus dem Volke kamen.

Die Weserrenaissance ist eben eine Volkskunst.

ANMERKUNGEN

[1] M. Sonnen: Die Weserrenaissance. Münster 1918/23.
[2] E. Frhr. von Kerckeringh zu Borg u. R. Klaphek: Alt-Westfalen — Die Bauentwicklung Westfalens seit der Renaissance. Stuttgart 1912, S. XVII.
[3] A. Borst: Lebensformen im Mittelalter. Frankfurt a. M. 1973, S. 225 f.
[4] J. Soenke: Jörg Unkair ... a. a. O., S. 27—62.
[5] ebenda S. 67 f. sowie ders.: Vom Neckar zur Weser. In „Mindener Heimatbl.", Jg. 1961 Nr. 1/3, S. 2—14.
[6] J. Südow: Zum Namen des Baumeisters Jörg Unkair: In „Mindener Heimatbl.", Jg. 1962 Nr. 9/12, S. 267.
[7] O. Gaul: Renaissancebaumeister in Lippe ... a. a. O., S. 6.
[8] H. Koepf: Die Baukunst der Spätgotik in Schwaben. Stuttgart 1958, S. 85 ff.
[9] J. Soenke: Vom Neckar zur Weser ... a. a. O. S. 12 f.
[10] P. Müller: Die „Welschen Gewels". In „Mindener Heimatbl.", Jg. 1961, Nr. 11/12, S. 121—139.
[11] H. u. A. Masuch: Das Rathaus von Stadthagen, ein Renaissancebau. „Schaumburger Studien", H. 7. Bückeburg 1964, S. 52 ff. „Die Herkunft der Halbkreisaufsätze".
[12] K. Maier: Die Wende in der Baukunst des 16. Jh. im Weserraum ... a. a. O., S. 283.
[13] E. Ruhmer: Der Meister der hallischen Dom-Skulpturen. In „Zeitschrift für Kunstgeschichte", Bd. 21, Jg. 1958, Heft 3.
[14] J. Soenke: Jörg Unkair ... a. a. O., S. 16 f.
[15] I. Roch: Die Baugeschichte der Mansfelder Schlösser mit ihren Befestigungsanlagen und die Stellung der Schloßbauten in der mitteldeutschen Renaissance. In „Burgen und Schlösser" Zeitschrift der Deutschen Burgenvereinigung e. V.) 1967/II, S. 45—50. Kurzbericht einer Phil. Diss., Halle 1966 (Maschschr.).
[16] A. Neukirch, Hamelner Renaissance ... a. a. O., S. 70—75, 93—96.
[17] O. Gaul: Schloß Brake und der Baumeister Hermann Wulff ... a. a. O., ders. Renaissancebaumeister in Lippe ... a. a. O., S. 12—17.
[18] O. Gaul: Schloß Brake ... a. a. O., S. 36—41.
[19] J. Soenke: Haus Hagemeyer — Ein Mindener Patrizierhaus der Renaissance. In „Mitteilungen des Mindener Geschichtsvereins", Jg. 41, 1969, S. 81—114.
[20] E. Forssmann: Säule und Ornament. Stockholm 1956, S. 135 ff.
[21] G. André: Beischlagwangen aus der ersten Hälfte des 16. Jh. an der Weser. In „Westfalen", 33. Bd. 1955, H. 2/3, S. 151—163.
[22] A. v. Martin: Soziologie der Renaissance. München 1974, 3. Aufl., S. 50 (1. Aufl. 1932).
[23] O. Gaul: Renaissance-Baumeister in Lippe ... a. a. O., S. 22—29.
[24] R. Stein: Bremer Barock und Rokoko. Bremen 1960, S. 60—74.
[25] H. Engel: Das Rathaus der Stadt Alfeld (Restaurierungsbericht/Denkmalspflegeamt Hannover)
[26] A. Neukirch: Hamelner Renaissance ... a. a. O., S. 89—91.
[27] K. Maier: Die Wende in der Baukunst des 16. Jh. im Weserraum ... a. a. O., S. 286 ff.
[28] G. Pauli: Renaissancebauten Bremens ... a. a. O., S. 1.
[29] J. Soenke: Triumph des Manierismus in Stadthagen ... a. a. O. S. 46—64.
[30] J. Soenke: Der Figurenzyklus der „Sieben Guten Helden" in Minden. In „Mitteilungen des Mindener Geschichtsvereins", Jg. 41, 1969, S. 109—114.
[31] F. A. J. Vermeulen, Handboek tot de Geschiedenis der Nederlandse Bouwkunst II. s'Gravenhage 1931, S. 341 f.
[32] J. Soenke: Haus Hagemeyer ... a. a. O., S. 26—29.
[33] L. Bruhns, Würzburger Bildhauer der Renaissance und des werdenden Barock 1540—1650. München 1923: Kap. Johann Robyn, S. 164 ff.
[34] J. Soenke: Johan van Rijswijck und Johan van Valckenburg — Die Befestigung deutscher Städte und Residenzen durch holländische Ingenieuroffiziere 1600—1625. In „Mitteilungen des Mindener Geschichtsvereins", Jg. 46, 1974, S. 7—39.
[35] J. Habich: Die künstlerische Gestaltung der Residenz Bückeburg ... a. a. O. S. 180 f.
[36] J. Soenke: Jörg Unkair ... a. a. O., S. 30—48.
[37] O. Gaul: Schloß Brake ... a. a. O., S. 63.
[38] H. u. A. Masuch: Das Rathaus von Stadthagen ... a. a. O., S. 21 ff.
[39] F. Pahmeier: Der Baumeister des Schlosses Varenholz. In „Lippische Mitteilungen", 29. Bd. 1960, S. 82—100.
[40] E. W. Mick: Die Weser. München 1962, S. 11 f.

1 Schelenburg, mittelalterlicher Wohnturm
▷
Schelenburg: medieval tower-house

2   Varenholz, Schloßhof mit dem mittelalterlichen Wohnturm ◁
    Varenholz Castle: courtyard with medieval tower-house

3   Sachsenhagen, mittelalterlicher Wohnturm ◁
    Sachsenhagen: medieval tower-house

4 Schloß Neuhaus, Treppenturmportal von 1526 (Jörg Unkair) ◁
Neuhaus Castle: doorway of spiral staircase tower (Jörg Unkair, 1526)

5 Schloß Neuhaus, Treppenturmportal mit Astwerkeinfassung von 1528 (Jörg Unkair) ◁
Neuhaus Castle: doorway of spiral staircase tower with branch decoration (Jörg Unkair, 1528?)

6 Schloß Neuhaus, Ansicht von Südosten, Eingangsflügel von Jörg Unkair △
Neuhaus Castle: view from south-east, main entrance (Jörg Unkair)

7   Schelenburg, Kragenbogenportal um 1530 (Jörg Unkair) △
    Schelenburg: doorway with console arch (Jörg Unkair, c. 1530)

8   Schelenburg, Portal des inneren Treppenturmes △
    Schelenburg: door of the inner staircase tower

9   Schelenburg, Renaissanceflügel Jörg Unkairs (von Nordosten) ▷
    Schelenburg: Renaissance wing from north-east (Jörg Unkair)

10 Schelenburg, Hofseite des Renaissanceflügels mit Haupteingang (bez. 1532) ◁
Schelenburg: courtyard-side of the Renaissance wing showing main-entrance (dated 1532)

11 Schelenburg, Treppenhaus mit innerem Treppenturm ▽
Schelenburg: stair-well with inner staircase tower

12 Schelenburg, alter Wohnturm und Renaissanceflügel Jörg Unkairs ▷
Schelenburg: old tower-house and Renaissance wing (Jörg Unkair)

13 Stadthagen, Schloß, Ansicht von Nordwesten ▽
Stadthagen Castle: view from north-west

14 Stadthagen, Schloß, Ansicht von Nordwesten, Nord- und Westflügel sowie Kavalierhaus ▷
Stadthagen Castle: view from north-west, north and west wings with Kavalierhaus

15 Stadthagen, Schloß, Portal des Treppenturms mit Meisterzeichen Jörg Unkairs (bez. 1536) ▽
Stadthagen Castle: doorway of the staircase tower with personal emblem of Jörg Unkair (dated 1536)

16 Stadthagen, Schloß, Portal des Treppenturms mit Wappentafel Adolf XI. von 1541 ▽
Stadthagen Castle: doorway of the staircase tower with coat of arms of Adolf VI. (1541)

17 Stadthagen, Schloß, altes Torhaus mit Wappenstein Otto IV. von 1544 ▷
Stadthagen Castle: old gate-house with coat of arms of Otto IV. (1544)

18 Stadthagen, Schloß, Küchendurchreiche (bez. 1537) mit Astwerkeinfassung und Initialen Jörg Unkairs ▽
    Stadthagen Castle: serving-hatch (dated 1537) with branch decoration and initials of Jörg Unkair

19 Stadthagen, Schloß, Portal mit Kandelabereinfassung ▽
    Stadthagen Castle: doorway with candelabra decoration

20 Detmold, Schloß, Spindel einer Wendeltreppe von 1551 ▷
    Detmold Castle: spiral staircase (1551)

21 Beischlagwangen
22 aus Stadthagen, jetzt auf der Schelenburg, Adam und Eva (links) und auferstandener Christus (rechts) ◁

bas-relief carvings (Beischlag) from Stadthagen, now on the Schelenburg, Adam and Eve (left) and the Resurrection (right)

23 Stadthagen, Schloß, Parkfront des Südflügels von Jörg Unkair (1534–38) △
    Stadthagen Castle: garden frontage of south wing (Jörg Unkair, 1534–38)

24 Minden i. W., Heimatmuseum, Simsonrelief von 1543 ▽
    Minden i. W., Heimatmuseum: Samson bas-relief (1543)

25 Stadthagen, Schloß, Kavalierhaus, Südgiebel ◁
Stadthagen Castle: Kavalierhaus, south gable

26 Stadthagen, Rathaus, Marktfront (1595/97) △
Stadthagen, Town Hall: market frontage (1595/97)

VON GOTTES GNADEN ADOLF GRAVE
ZV HOLSTEIN SCHAVENBVRG VND
STERENBERG HERE ZV GEMEN
ANNO D(N) 1·5·9·5

27 Stadthagen, Schloß, Portal des Nordflügels ◁
   Stadthagen Castle: doorway of north wing

28 Dringenberg, Burg, Auslucht der Südfront (um 1548) ◁
   Dringenberg Castle: bay window ("Auslucht") of south frontage (c. 1548)

29 Elmarshausen, Schloß, Zwerchhäuser und Treppenturm der Ostfront (um 1560) △
   Elmarshausen Castle: east frontage with roof-gables ("Zwerchhäuser") and staircase tower (c. 1560)

30 Petershagen a. d. Weser, Schloß, Ansicht von Osten ▽
Petershagen a. d. Weser, Castle: view from east

31 Petershagen a. d. Weser, Schloßhof mit Treppenturm von 1546 ▷
Petershagen a. d. Weser, Castle: courtyard with staircase tower (1546)

32 Petershagen a. d. Weser, Schloß, Wappenstein Bischof Franz II. am Treppenturm ◁
Petershagen a. d. Weser, Castle: coat of arms of Bishop Franz II. on staircase tower

33 Petershagen a. d. Weser, Schloß, Küchentür (1545) und Konsolen der Galerie von 1610 △
Petershagen a. d. Weser, Castle: kitchendoor (1545) and consoles of the gallery (1610)

34 Petershagen a. d. Weser, Schloß, Spindel der Wendeltreppe ▷
Petershagen a. d. Weser, Castle: spiral staircase

35 Detmold, Schloß, Eingangsfront mit Zwerchhäusern und Auslucht des Cord Tönnis (1555) ◁
Detmold Castle: entrance frontage with roof-gables and bay window (Cord Tönnis, 1555)

36 Detmold, Schloß, Eingangsfront und mittelalterlicher Rundturm ◁
Detmold Castle: entrance façade with medieval round tower

37 Detmold, Schloß, Zwerchhaus des Cord Tönnis ◁
Detmold Castle: roof-gable (Cord Tönnis)

38 Detmold, Schloß, Zwerchhaus des Cord Tönnis △
Detmold Castle: roof-gable (Cord Tönnis)

39 Detmold, Schloß, Trompetergang im Schloßhof (1557) ◁
    Detmold Castle: herald's gallery in courtyard (1557)

40 Detmold, Schloßhof, Portal des C. Tönnis (links, ca. 1555) und Portal J. Unkairs (1550) △
    Detmold Castle: courtyard with doorways by C. Tönnis (left, c. 1555) and J. Unkair (1550)

41 Bückeburg, Schloßhof, Galerie von 1565 ◁
    Bückeburg Castle: courtyard with gallery (1565)

42 Bückeburg, Schloß, Zwerchhäuser der Parkfront △
    Bückeburg Castle: roof-gables of garden frontage

43 Bückeburg, Schloß, Tugendbrunnen von 1552 (urspr. Stadthagen) ◁
Bückeburg Castle: well of the Seven Virtues (1552, originally at Stadthagen)

44 Rinteln, Ritterstr., „Archivhäuschen" des Münchhausenhofes ▷
Rinteln, Ritterstr.: "Archivhäuschen" at the Münchhausen family residence

45 Celle, Schloß, Eingangsfront ◁
    Celle Castle: entrance façade

46 Gifhorn, Kavalierhaus von 1540 ◁
    Gifhorn: Kavalierhaus (1540)

46a Gifhorn, Schloß, welscher Giebel des Torhauses um 1540 ◁
    Gifhorn Castle: Welsh gable of the gatehouse (c. 1540)

47 Rinteln, Rathaus ▽
    Rinteln: Town Hall

48 Horn, Mittelstraße 40, Giebel von 1579, Auslucht von 1563 ◁
   Horn, 40 Mittelstr.: gable (1579) and bay window (1563)

49 Bielefeld, von Spiegelscher Hof (Kreuzstraße 20) △
   Bielefeld, 20 Kreuzstr.: the v. Spiegel family residence

50 Friedewalde, ev. Kirche, Der verlorene Sohn, Relief vom Hause Himmelreich
Friedewalde, Protestant Church: relief of the Prodigal Son from Haus Himmelreich

51 Minden i. W., Marienkirche, Epitaph des Kriegsobersten Jürgen von Holle († 1576) ▷
Minden i. W., Marienkirche: epitaph of Colonel Jürgen v. Holle († 1576)

54 Ulenburg, Schloß, Stirngiebel (um 1580)
Ulenburg Castle: front gable (c. 1580)

55 Tatenhausen, Schloß, Stirngiebel der Parkfront
Tatenhausen Castle: main gable of garden frontage

52 Nienburg, Rathaus
(um 1585) ◁
*Nienburg: Town Hall
(c. 1585)*

53 Apelern, Münchhausenhof,
Torhaus ▷
*Apelern: gate-house of the
v. Münchhausen family
residence*

56 Hann.-Münden, Schloß, westliches Treppenhaus Hofseite (um 1565) ◁
Hann.-Münden, Castle: western staircase from the courtyard

57 Hann.-Münden, Schloßhof mit spätgotischem Treppenturm ▷
Hann.-Münden, Castle: courtyard with late Gothic staircase tower

58 Hann.-Münden, Schloß, westlicher Ziergiebel (um 1562) ▷
Hann.-Münden, Castle: ornamented western gable (c. 1562)

59 Blomberg, Burghof, Auslucht des Hermann Wulff von 1569 ▷
Blomberg, Castle, courtyard with bay window (Hermann Wulff, 1569)

60 Lemgo, Hexenbürgermeisterhaus, Giebel der Auslucht ◁
Lemgo, Hexenbürgermeisterhaus: gable of bay window

61 Lemgo, Rathausvorhalle, Meisterzeichen des Hermann Wulff neben dem Portal (bez. 1565) ▽
Lemgo: entrance porch of town hall, personal emblem of Hermann Wulff beside by doorway (dated 1556)

62 Lemgo, Hexenbürgermeisterhaus Gesamtansicht (1571) ▷
Lemgo, Hexenbürgermeisterhaus: overall view (1571)

63 Lemgo, Hexen-
bürgermeisterhaus,
Adam und Eva
über dem Portal △
*Lemgo, Hexen-
bürgermeisterhaus:
Adam and Eve
above doorway*

64 Brake,
Adam-und-Eva-Relief
im Schloßhof ▷
*Brake Castle:
relief of Adam and
Eve in courtyard*

65 Brake, Schloß,
Schaugiebel
und Turm
von 1585 ▷
*Brake Castle:
ornamental gable
and tower (1585)*

66 Lemgo, Mittelstr. 40/42 (Haus Kaiser), Giebel von 1574 ◁
Lemgo, 40/42, Mittelstr. (Haus Kaiser): gable (1574)

67 Lemgo, Mittelstr. 40/42, Erker von 1580
Lemgo, 40/42, Mittelstr.: oriel window (1580)

68 Lemgo, Haus Wippermann, Kramerstr. 5, spätgotischer Ziergiebel von 1576 ▷
Lemgo, Haus Wippermann, 5 Kramerstr.: late Gothic ornemented gable (1576)

69 Lemgo, Mittelstr. 58, Ziergiebel von 1559 ◁
Lemgo, 58 Mittelstr.: ornamented gable (1559)

70 Lemgo, Mittelstr. 56, Schaugiebel von 1556, rechts Auslucht der Ratsapotheke ▷
Lemgo, 56 Mittelstr.: ornamental gable (1556), Ratsapotheke (pharmacy) with bay window (right)

71 Lauenau, Schloß Eingangsfront (um 1568) ◁
Lauenau Castle: entrance frontage (c. 1568)

72 Hülsede, Schloß, Eingangsfront mit Torhaus (1560) ▷
Hülsede Castle: entrance frontage with gate-house (1560)

73 Hülsede, Galerie und Treppenturm im Schloßhof (um 1580) △
Hülsede Castle: courtyard with gallery and staircase tower (c. 1580)

74 Hülsede, Schloßhof, Arkaden des Torhauses ▷
Hülsede Castle: courtyard and gate-house arcades

75 Hehlen, Schloß, Weserfront (1579/84) ◁
Hehlen Castle: Weser façade (1579/84)

76 Hehlen, Schloßhof, Epitaph des Fritz v. d. Schulenburg ▷
Hehlen Castle: courtyard with epitaph of Fritz v. d. Schulenburg

80 Neustadt a. Rbg., Schloß, Portal des Mittelflügels (um 1575) ▷
Neustadt a. Rbg., Castle: doorway of the central wing (c. 1575)

77   Hehlen, Schloß, Eingangsfront ◁
     Hehlen Castle: entrance frontage

78   Hehlen, Schloßhof, Treppenturmportal ▽
     Hehlen Castle: door of staircase tower in courtyard

79   Hehlen, Schloß, Ansicht von Südosten ▷
     Hehlen Castle: view from south-east

81 Celle, Rathaus, Prunkgiebel von 1579 ◁
Celle, Town Hall: ornate gable (1579)

82 Hameln, Osterstr. 12, Haus des Ratsherrn Jost Rike von 1576 ▷
Hameln, 12 Osterstr.: house of Town councillor Jost Rike (1576)

83 Celle, Rathaus, Straßenfront
Celle, Town Hall: street frontage

84 Detmold, Lange Straße 19, Giebel von 1587 ▷
Detmold, 19 Lange Str.: gable (1587)

85 Stadthagen, Schloß, Prunkkamin mit dem Triumph der Elemente (bez. 1576) ◁
Stadthagen Castle: ornate fireplace and overmantel with the „Triumph of the Elements" (dated 1576)

86 Stadthagen, Schloß, Prunkkamin mit den Jahreszeiten ▷
Stadthagen Castle: ornate fireplace with „The Four Seasons"

87 Hameln, Bäckerstr. 16, Haus des Johann Rike von Cord Tönnis (1568/69) ◁
Hameln, 16 Bäckerstr.: house of Johann Rike (Cord Tönnis, 1568/69)

88 Hameln, Heimatmuseum, Osterstr. 9, Haus des Gerd Leist von Cord Tönnis (1585/89) ◁
Hameln, Heimatmuseum, 9 Osterstr.: house of Gerd Leist (Cord Tönnis, 1585/89)

89 Hameln, Osterstr. 9, Brüstungsfries der Auslucht △
Hameln, 9 Osterstr.: frieze of bay window

90 Hameln, Osterstr. 9, Lukretia in der Bekrönung der Auslucht ▷
Hameln, 9 Osterstr.: Lucretia in niche under pediment of bay window

91 Hameln, Osterstr. 12, Giebelbekrönung mit Neidkopf ◁
Hameln, 12 Osterstr.: "Neidkopf" under gable pediment

92 Hameln, Osterstraße 9, Giebelbekrönung mit Neidkopf ◁
Hameln, 9 Osterstr.: "Neidkopf" under gable pediment

93 Hameln, Stiftsherrnhaus (Osterstraße), Beischlagwangen ▷
Hameln, Osterstr., Stiftsherrnhaus: ornamented steps with bas-relief carvings (Beischlag)

94 Schwöbber, Schloß, Erker des Mittelflügels (Westfront) ◁
Schwöbber Castle: oriel window in central wing (west side)

95 Schwöbber, Schloß, Ansicht von Süden, Stirngiebel des Mitteltraktes von 1575 △
Schwöbber Castle: view from south, main gable of central block (1575)

96 Schwöbber, Schloß, Küchenkamin des Mitteltraktes von 1576 ▷
Schwöbber Castle: kitchen fireplace in central block (1576)

97 Schwöbber, Schloß, Prunkkamin mit Auferstehungs-Relief im Teichflügel ▷
Schwöbber Castle: ornate fireplace and overmantel with the "Resurrection" in pond side wing

98 Schwöbber, Schloß, Gesamtansicht von Osten ◁
Schwöbber Castle: overall view from east

99 Schwöbber, Schloß, Teichflügel (1602/04) ▽
Schwöbber Castle: pond-side wing (1602/04)

100 Barntrup, Schloß, Westgiebel und Eckturm (1584/88) ▷
Barntrup Castle: west gable and corner tower (1584/88)

101 Barntrup, Schloß,
Ansicht von Südwesten ◁
*Barntrup Castle:
view from south-west*

102 Barntrup, Schloß,
Eingangsfront ◁
*Barntrup Castle:
entrance frontage*

103 Barntrup, Schloß,
Fenster mit
Beschlagwerk-Einfassung ▷
*Barntrup Castle:
window with frame
moulding*

104 Barntrup, Schloß, Ansicht von Osten ◁
Barntrup Castle: view from east

105 Barntrup, Schloß, Weinschenk über dem Kellereingang △
Barntrup Castle: wine-bearer above the cellar door

106 Barntrup, Schloß, Portal des Treppenturms ◁
Barntrup Castle: doorway of staircase tower

107 Barntrup, Schloß, Auslucht der Eingangsfront ◁
Barntrup Castle: entrance frontage with bay window

108 Barntrup, Schloß, Nordfront ▽
Barntrup Castle: view from north

109 Hess.-Oldendorf, Schloß, Stirngiebel des Weserflügels △
Hess.-Oldendorf Castle: front gable of Weser wing

110 Hess.-Oldendorf, Schloß, Portal des Treppenturms (1585) ▷
Hess.-Oldendorf Castle: doorway of staircase tower (1585)

111 Hämelschenburg, Ansicht von Osten (1588/99) ▽
Hämelschenburg Castle: view from east (1588/99)

112 Hämelschenburg, Ansicht von Südwesten ▷
Hämelschenburg Castle: view from south-west

113 Hämelschenburg,
Brückentor von 1608 ◁
*Hämelschenburg Castle:
bridge with gateway (1608)*

114 Hämelschenburg,
Erker des Südflügels ▷
*Hämelschenburg Castle:
oriel window of south wing*

115 Hämelschenburg, Südflügel ◁
Hämelschenburg Castle: south wing

116 Hämelschenburg, Zwerchhaus des Nordflügels △
Hämelschenburg Castle: roof-gable of north wing

117 Hämelschenburg, Auslucht im Schloßhof ◁
Hämelschenburg Castle: bay window in courtyard

118 Hämelschenburg, Pilgerlaube im Schloßhof ▽
Hämelschenburg Castle: courtyard with pilgrims' hall

119 Hämelschenburg, Portal des rechten Treppenturms ▷
Hämelschenburg Castle: doorway of the right staircase tower

120 Hämelschenburg, Portal in der Hofseite des Südflügels ▷
Hämelschenburg Castle: doorway in the courtyard (south wing)

121 Hämelschenburg, Stirngiebel des Nordflügels ◁
Hämelschenburg Castle: front gable of north wing

122 Hämelschenburg, Reiter über der Marstalltür △
Hämelschenburg Castle: horseman above the door to the stables

123 Bremen, Stadtwaage von 1587 (Langenstr.) ◁
Bremen, Langenstr.: Stadtwaage (1587)

124 Herford, Neuer Markt 2, Ziergiebel (1590?) ▷
Herford 2 Neuer Markt: ornamented gable (1590?)

125 Minden i. W., Haus Hagemeyer im Scharn, Prunkgiebel von 1592 ◁
 Minden i. W., Haus Hagemeyer im Scharn: ornate gable (1592)

126 Minden i. W., Königstr. 2 (Haus Weber), Perserkönige im Brüstungsfries eines Erkers △
 Minden i. W., 2 Königstr. (Haus Weber): Persian Kings on frieze of oriel window

127 Minden i. W., Haus Hagemeyer im Scharn, Relief der sieben Helden △
 Minden i. W., Haus Hagemeyer im Scharn: relief of the "Seven Heroes"

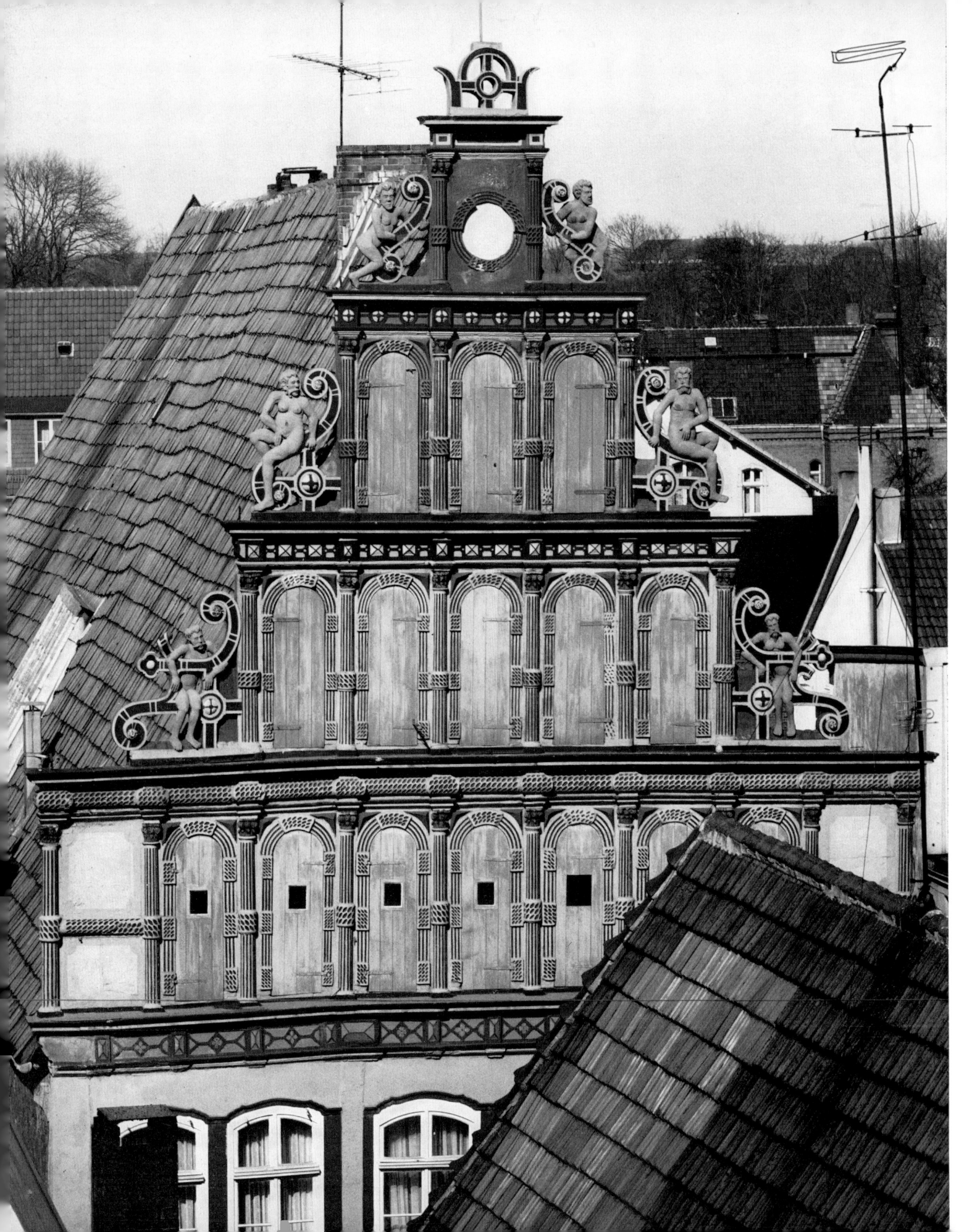

128 Minden i. W., Bäckerstraße 45 (Haus Hill),
Ziergiebel (um 1590) ◁
*Minden i. W., 2 Bäckerstr., (Haus Hill):
ornamented gable (c. 1590)*

129 Minden i. W., Haus Hagemeyer, Relief der sieben
Helden: Wittekind △
*Minden i. W., Haus Hagemeyer: relief of the "Seven
Heroes", Widukind*

130 Minden i. W., Haus Hagemeyer, Relief der sieben
Helden: Julius Caesar ◁
*Minden i. W., Haus Hagemeyer: relief of the "Seven
Heroes", Julius Caesar*

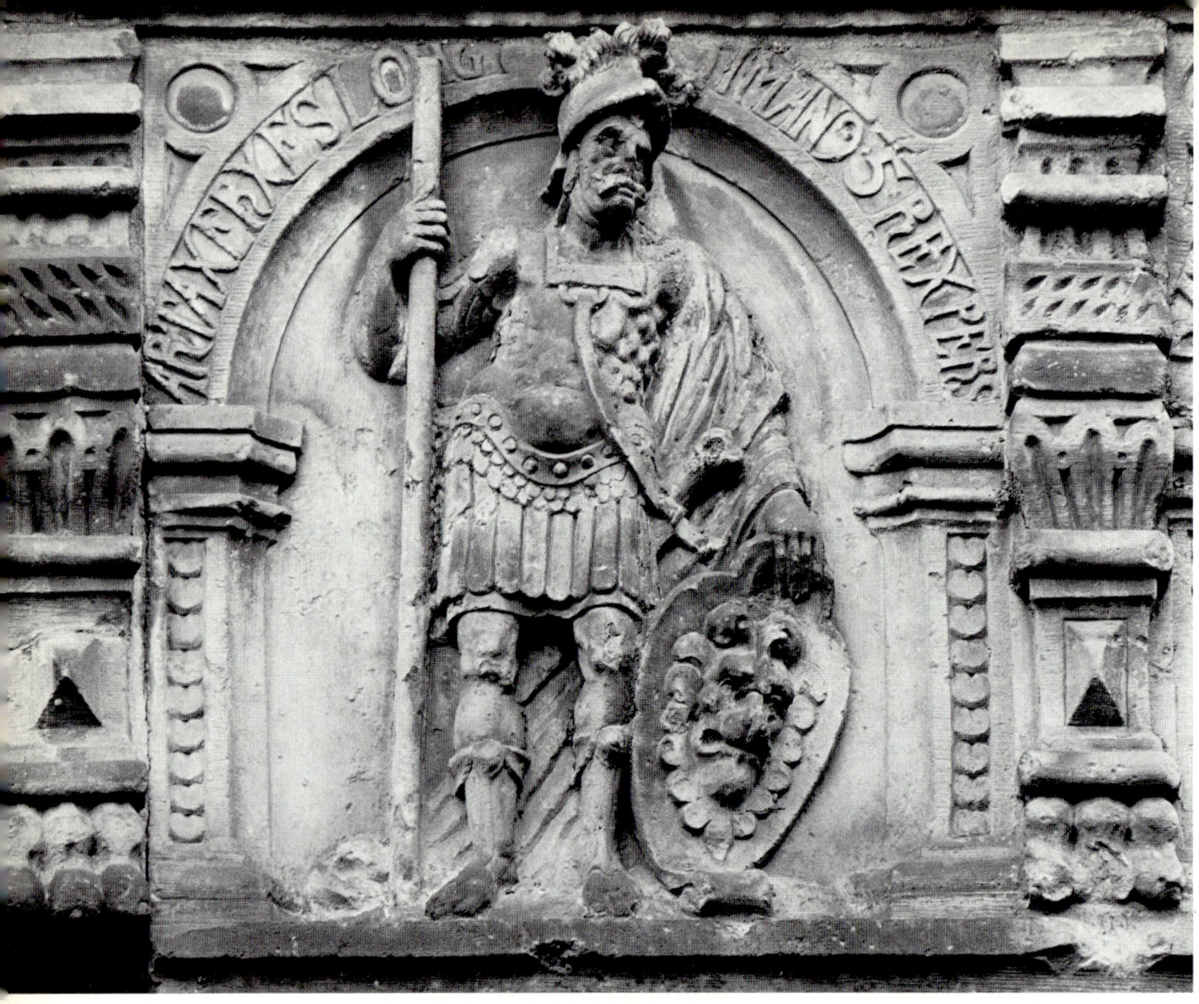
ARTAXERXES LONGI
MANUS 5 REX PERS

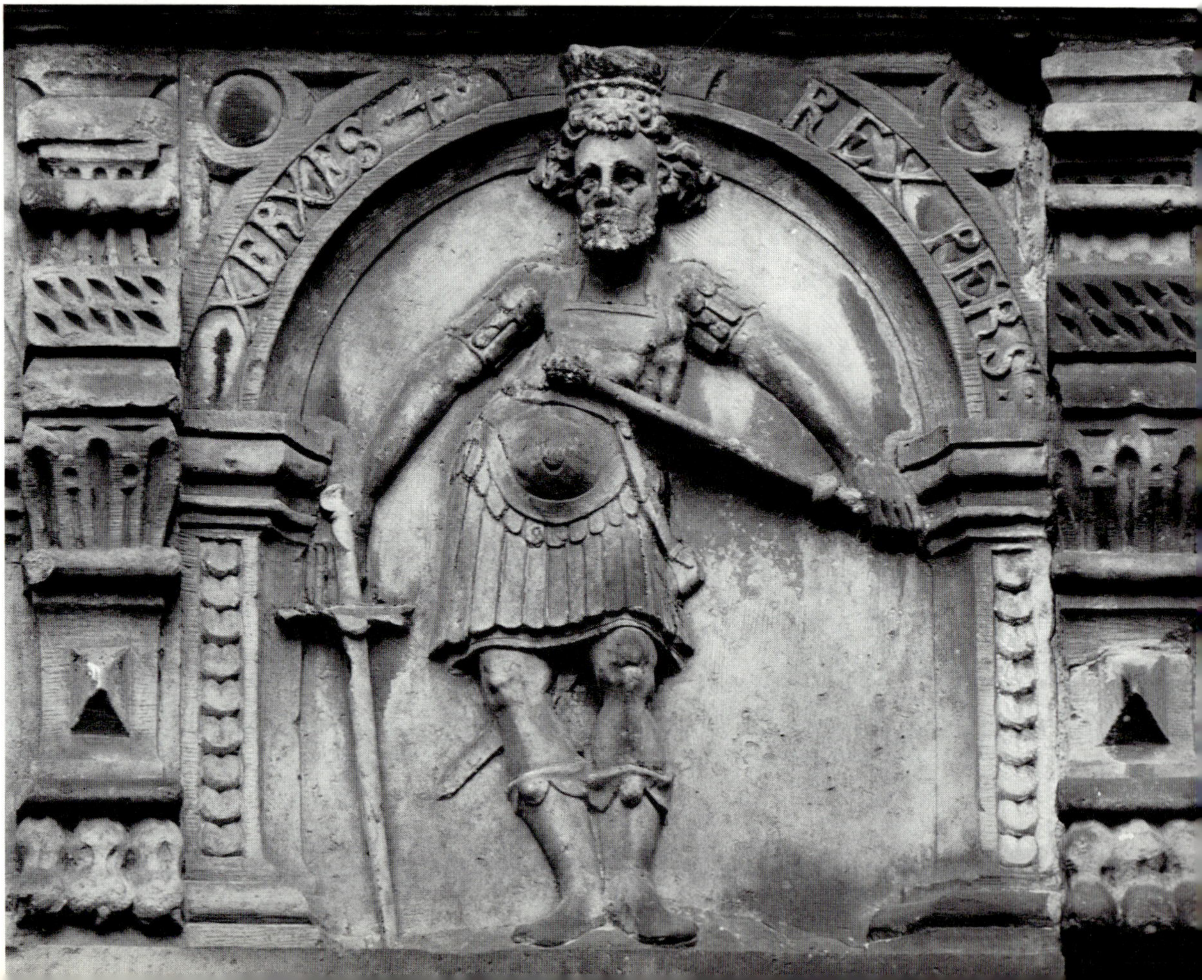
XERXES 4
REX PERS

134 Stadthagen, Rathaus, Auslucht des Nordgiebels von 1596 und 1612 ◁
Stadthagen, Town Hall: north gable with projection (1596 and 1612)

135 Stadthagen, Rathaus, Bekrönung eines Erkers an der Marktfront (1596) ▷
Stadthagen, Town Hall: crown of the oriel at the market frontage (1596)

131 Minden i. W., Königstr. 2 (Haus Weber), Erkerbrüstung, Perserkönige: Artaxerxes ◁
Minden i. W., 2 Königstr. (Haus Weber): Artaxerxes, Persian King on frieze of oriel window

132 Minden i. W., Königstr. 2 (Haus Weber), Erkerbrüstung, Perserkönige: Xerxes ◁
Minden i. W., 2 Königstr. (Haus Weber): Xerxes, Persian King on frieze of oriel window

133 Sachsenhagen, Schloß (sog. Amtshaus), Portal von 1595 ▽
Sachsenhagen Castle: (Amtshaus): doorway (1595)

136 Bad Salzuflen, Markt 5 (altes Bürgermeisterhaus 1590?) und Markt 7 ◁
Bad Salzuflen: 5 Markt (old Bürgermeisterhaus, 1590?) and 7 Markt

137 Bad Salzuflen, Rathaus (Giebel um 1580?) ▷
Bad Salzuflen, Town Hall: gable (c. 1580?)

138 Bad Salzuflen, Markt 5, Ziergiebel ▷
Bad Salzuflen, 5 Markt: ornamented gable

139 Gandersheim, Abtei, Südfassade bez. 1600 ◁
Gandersheim, Abbey: south façade (1600)

140 Varenholz, Schloß, Eingangsflügel mit Eckturm △
Varenholz Castle: entrance wing with corner tower

141 Varenholz, Schloß, Ansicht von Südosten (1591–1600) ▷
Varenholz Castle: view from south-east (1591–1600)

142 Varenholz, Bekrönung der Auslucht im Schloßhof (bez. 1599) ◁
Varenholz Castle: pediment of bay window in courtyard (dated 1599)

143 Varenholz, Schloßhof, Auslucht ▷
Varenholz Castle: courtyard with bay window

144 Varenholz, Brüstungsfriese der Auslucht mit Tugenden und Wappen ◁
Varenholz Castle: bay window with friezes of The Virtues and coat of arms

145 Varenholz, linker Treppenturm im Schloßhof ▷
Varenholz Castle: courtyard with left staircase tower

146 Varenholz, Schloßhof, Portal des rechten Treppenturms ▽
Varenholz Castle: doorway of right staircase tower in courtyard

147 Varenholz, Schloßhof, Portal des linken Treppenturms ▽
Varenholz Castle: doorway of left staircase tower in courtyard

148 Herford, Brunnen auf dem Neuen Markt von 1599 ▷
Herford, New Market: well 1599

149 Schweckhausen, Schloß, Ansicht von Süden △
Schweckhausen Castle: view from south

150 Wewelsburg, Ansicht von Westen (aus dem Almetal) ▷
Wewelsburg: view from west (from Alme valley)

151 Wewelsburg, Ecktürme von Südosten gesehen (1604/07) ◁
Wewelsburg: corner towers from south-east (1604/07)

152 Schloß Neuhaus, Nordwestseite (um 1590) ▷
Neuhaus Castle: north-west frontage (c. 1590)

154a Apelern, Mausoleum
Apelern, Mausoleum

153 Adelebsen, Schloß, Portal des Treppenturms von 1598 ◁
Adelebsen Castle: doorway of staircase tower (1598)

154 Alfeld a. d. L., Rathaus (1585)
Alfeld a. d. L.: Town Hall (1585)

155 Paderborn, Marienplatz 2
(Heisingsches Haus um 1600) ◁
*Paderborn, 2 Marienplatz:
Heisingsches Haus (c. 1600)*

156 Paderborn, Rathaus (1612/18) ▷
Paderborn: Town Hall (1612/18)

157 Thienhausen, Schloß, Schaugiebel (um 1610) ◁
Thienhausen Castle: ornamental gable (c. 1610)

158 Holtfeld, Schloß, Südgiebel (1599—1602) △
Holtfeld Castle: south gable (1599—1602)

159 Bevern, Schloß, Gesamtansicht von SW
Bevern Castle: overall view from south-west

160 Bevern, Schloßhof, Treppenturm und Küchenauslucht ◁
Bevern Castle: courtyard, staircase tower and bay window of the kitchen

161 Bevern, Schloßhof, Portal mit dem mythischen Königspaar ▽
Bevern Castle: door with mythical royal couple in courtyard

162 Bevern, Schloßhof, Portale ▷
Bevern Castle: doorways in courtyard

163 Wewelsburg, Prunkkamin mit Tugenden (bez. 1604) ▷
Wewelsburg: ornate fireplace with Virtues (dated 1604)

164 Stadthagen, Schloß, Kamin mit Triumphzug des Bacchus von 1604 ▷
Stadthagen Castle: fireplace with "The Triumph of Bacchus" (1604)

THEODORVS ADOLPHVS D G EPISCOPVS PADERBORNENSIS

THEODORVS DEI GRATIA EPISCOPVS PADERBORNENSIS ANNO 1604

165 Höxter, Rathaus, Fachwerkgiebel und Erker ◁
Höxter, Town Hall: half-timbered gable and oriel window

166 Höxter, Rathaus, Marktfront mit Treppenturm (1610/14) ◁
Höxter, Town Hall: market frontage with staircase tower (1610/14)

167 Blomberg, Rathaus von 1587 △
Blomberg: Town Hall (1587)

168 Hameln, Demptersches Haus (Am Markt 7) von 1607/08 ▷
Hameln, 7 Am Markt: Demptersches Haus (1607/08)

169 Wolfsburg, Luftaufnahme von Süden ▽
Wolfsburg Castle: aerial view from south

170 Wolfsburg, südlicher Stirngiebel des Ostflügels (um 1600) ▷
Wolfsburg Castle: southern front-gable of east wing (c. 1600)

171 Hameln, Hochzeitshaus, Ostgiebel (1610/17) ◁
Hameln, Hochzeitshaus: east gable (1610/17)

172 Hameln, Hochzeitshaus, mittleres Portal (Weinkeller) ▷
Hameln, Hochzeitshaus: former middle door (wine-cellar)

173 Hameln, Rattenfängerhaus (Osterstr.) von 1602/03 ◁
Hameln, Osterstr.: Pied Piper's House (1602/03)

174 Hameln, Hochzeitshaus, Hauptportal ▷
Hameln, Hochzeitshaus: main doorway

175 Polle, Portal des ehemaligen Amtshauses von 1656 △
Polle, doorway of the former Amtshaus (1656)

176 Haddenhausen, Schloß, Einfahrtstor und Schaugiebel ▷
Haddenhausen Castle: entrance gate and ornamental gable

177 Haddenhausen, Auslucht im Schloßhof (bez. 1613, Bekrönung später) ◁
Haddenhausen Castle: bay window in courtyard (dated 1613, subsequent pediment)

178 Wendlinghausen, Schloß, Westfront mit Treppenturm und Auslucht (1613/16) ▷
Wendlinghausen Castle: west frontage with staircase tower and bay window (1613/16)

183 Bremen, Rathaus, Gesamtansicht von Südwesten (1608/12) △
Bremen, Town Hall: overall view from south-west (1608/12)

184 Bremen, Rathaus, Mittelrisalit mit Fenstern der Güldenkammer (Ausschnitt) ▷
Bremen, Town Hall: central projection with windows of the "Güldenkammer" (Golden Hall)

185 Bremen, Rathaus, Mittelgiebel der Marktseite (bez. 1612) ▷
Bremen, Town Hall: central gable of the market frontage (1612)

181 Hann.-Münden, Rathaus, Hauptportal ◁
Hann.-Münden, Town Hall: main doorway

182 Hann.-Münden, Rathaus, Marktfront (1603/19) ▽
Hann.-Münden, Town Hall: market façade (1603/19)

179 Wendlinghausen, Schloß von Südosten ◁
Wendlinghausen Castle: view from south-east

180 Wendlinghausen, Schloß, Zwerchhaus der Ostfront △
Wendlinghausen Castle: roof-gable of east frontage

190 Lemgo, Rathaus, Gesamtansicht (15. Jh. – 1612) ▽
Lemgo, Town Hall: overall view (c. XV. – 1612)

191 Lemgo, Rathaus, Apothekenauslucht ▷
Lemgo, Town Hall: bay window of pharmacy

188 Bremen, Rathaus, westlicher Zwerchgiebel (bez. 1612) ◁
Bremen, Town Hall: western roof-gable (1612)

189 Lemgo, Rathaus, Ziergiebel der Apothekenauslucht (bez. 1612) △
Lemgo, Town Hall: bay window of pharmacy with ornamental gable (dated 1612)

186 Bremen, Rathaus, Bürgermeisterwappen und Teil des Relieffrieses über den Arkaden △

Bremen, Town Hall: arcades with relief-frieze and coat of arms of mayor

187 Bremen, Rathaus, Teil der Brüstung und des Relieffrieses über den Arkaden ▷

Bremen, Town Hall: part of relief-frieze above arcades

192 Lemgo, Rathaus, Vorbau an der Marktfront mit Doppelgiebel (1589) △
Lemgo, Town Hall: double-gabled projection on market frontage (1589)

193 Lemgo, Rathaus, Vorhalle (Mittelstraße) von 1565 und 1589 ▷
Lomgo, Town Hall: porch way in Mittelstr. (1565 and 1589)

194 Lemgo, Rathaus, Apothekenauslucht, Brüstungsfries mit Ärzten und Naturforschern △
Lemgo, Town Hall: bay window of pharmacy, frieze with doctors and scientists

195 Lemgo, Rathaus, Halbfiguren der Apothekenauslucht: Dioscorides und Aristoteles ▷
Lemgo, Town Hall: bust of Dioscorides and Aristoteles on frieze of pharmacy

196 Lemgo, Rathaus, Halbfiguren der Apothekenauslucht: Vesalius und Paracelsus ▽
Lemgo: Town Hall: bust of Vesalius and Paracelsus on frieze of pharmacy

197 Stadthagen, Markt 4, Ziergiebel ◁
Stadthagen, 4 Markt: ornamented gable

198 Bremen, Traufenseite des Gewerbehauses (Obernstr.), ehemaliges Krameramtshaus (1619/22) △
Bremen, Obernstr.: guttering on Trade Hall, formerly Krameramtshaus (Guild-Hall, 1619/22)

199 Bremen, Gewerbehaus (Obernstr.) Hauptportal ◁
Bremen, Trade Hall (Obernstr.): main doorway

200 Bremen, Essighaus, Portal und Ausluchten bez. 1618 △
Bremen, Essighaus: doorway with bay windows (1618)

201 Bückeburg, ev. Stadtkirche, Ansicht von Westen (1611/15) ▷
Bückeburg, ev. Stadtkirche: view from west (1611/15)

202 Bückeburg, ev. Stadtkirche, Blick in das Mittelschiff von Osten ▷
Bückeburg, ev. Stadtkirche: view of nave from east

203 Bückeburg, Schloß, Tür „gericht" im goldenen Saal ◁
Bückeburg Castle: "Türgericht" (ornate door) in the Golden Hall

204 Bückeburg, ev. Stadtkirche, Säulenkapitelle ▷
Bückeburg, ev. Stadtkirche: capitals

205 Schloß Baum, Steinportal einer massiven Theaterkulisse im Park (um 1615) ◁
Baum Castle: stone doorway of a massive stage-setting in the park (c. 1615)

206 Thedinghausen, Schloß, sog. Erbhof, von Südwesten (um 1620) ◁
Thedinghausen: Castle (Erbhof) from south-west (c. 1620)

207 Bückeburg, Schloß, Pavillon der Kammerkasse (um 1608) ◁
Bückeburg Castle: pavillon of the Kammerkasse (c. 1608)

208 Merlsheim, Schloß von Südosten (1665/67) △
Merlsheim Castle: view from south-east (1665/67)

209 Merlsheim, Schloß, Auslucht an der Ostfront ▷
Merlsheim Castle: bay window of east frontage

210 Merlsheim, Schloß von Nordosten ▷
Merlsheim Castle: view from north-east

211 Bielefeld, Alter Markt 3 (Bankhaus H. Lampe) von 1680 ▷
Bielefeld, 3 Alter Markt: Bankhaus H. Lampe (1680)

eingerahmt, die mit Rauten-Facetten und Buckeln besetzt sind. — Portal und Treppe neben dem Kellereingang 19. Jh. — Inneres 1879/80 durch Umbau verändert.
Lit.: O. Gaul, Renaissance-Baumeister in Lippe. a. a. O. S. 17—21.
A. Neukirch, Hamelner Renaissance. a. a. O. S. 88 und Anm. 66).

BEVERN (Kr. Holzminden)

Schloß Abb. 159—162, 277
(Eigentum der Gemeinde)

Prachtbau, errichtet 1603—1612 für Statius von Münchhausen (1555—1633, Sohn Hilmars d. Ä., vgl. Rinteln u. Schwöbber). Der Bauherr hatte Bevern 1590 erworben, verlor den Besitz aber schon 1619 infolge Verschuldung an die braunschweigischen Herzöge. Heute dient das Schloß vorwiegend zu Wohnzwecken und als Möbellager.
Baubeginn 1603 nach vollständiger Beseitigung der älteren Anlage. Das Pforthaus mit Treppenturm wurde schon vorher errichtet.
Baumeister von 1603 bis zu seinem Tode 1606 der Hamelner Johann Hundertossen, der 1592 vom Hamelner Rat als Baumeister zur Aufsicht der städtischen Bauten angenommen worden war und seit 1597 in Hameln auch ein Haus besaß. Während dieses ersten Bauabschnittes entstand wohl der Eingangsflügel (Abb. 159)

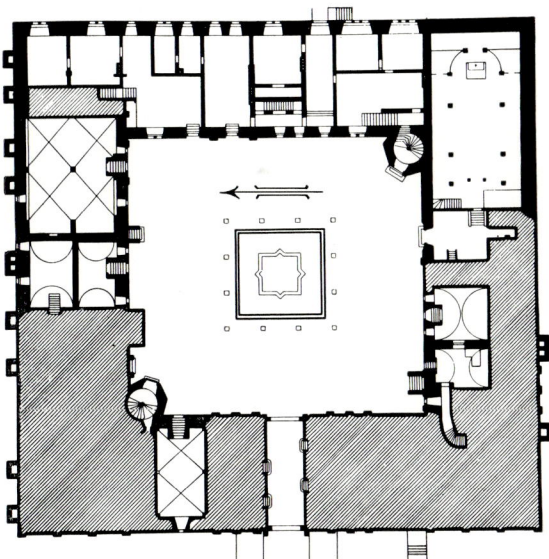

Schloß Bevern, Grundriß des Erdgeschosses

sowie der Nordtrakt mit Treppenturm und Auslucht (Abb. 160). Danach werden in den Baurechnungen (A. Neukirch, Renaissanceschlösser Niedersachsens, S. 199 ff.) die Steinhauer Jürgen und Erich aus Herford sowie der Maurermeister Heinrich aus Holzminden und außerdem Kräfte aus Einbeck und Alfeld herangezogen. Mächtige Vierflügelanlage (Seitenlänge außen 51 m) um quadratischen Hof, umgeben von breiter, heute ausgetrockneter Graft. Zugang durch den Westflügel. Vier stattliche Hauptgiebel, aber nur sechs Zwerchhäuser (statt 17 an der Hämelschenburg) beleben die großen Solling-Dächer. Im nördlichen und südlichen Binnenwinkel Treppentürme mit welschen Hauben.
Im Gegensatz zu den übrigen Außenseiten ist an der Eingangsfront (Abb. 159) die Lisenengliederung der Giebel und Zwerchhäuser über die ganze Fassade weitergeführt, so daß der Betonung der Horizontalgesimse ein vertikaler Gegenzug entspricht. Das wuchtige, rundbogige Portal der Durchfahrt wird von Säulen und hervorlugenden Wächterköpfen flankiert und wird ebenso wie das entsprechende Portal auf der Hofseite abwechselnd von Kerbschnittbossensteinen und Beschlagwerkquadern eingerahmt.
Das Bossensteinornament tritt auch in der Wandgliederung an den Außenfronten und im Hof sowie als Eckquaderung an den Treppentürmen in vielen Variationen auffallend in Erscheinung, jedoch nicht in Form der Rauhbänder. Darüber hinaus wird es hier insbesondere als Zierleiste an Fenstereinfassungen und Pfosten verwendet (ebenso am Herrenhaus in Bodenwerder), ja es taucht am Fachwerk der Hoffronten, das die steinerne architektonische Gliederung des Erdgeschosses durch pilasterartige Ständer weiterführt, in Holz auf.
Der Schloßhof ist 1974 farbig neugefaßt worden. Hierbei ist das Fachwerk — bis auf die Obergeschosse der Treppentürme — in „barocker" Weise in der Wandfarbe der Obergeschosse übertüncht worden, offenbar um diese Holzarchitektur in die Steinarchitektur einzubeziehen. Herausgehoben wurden durch die farbige Neufassung die reizvoll dekorierten Portale.
Die Eingangstür des Treppenturmes (Abb. 162) hat in ihrem rechtwinkligen Gewände ein Profil mit Konsolschnittornament und Konsolen unter dem Türsturz. Erwähnenswert das seltene Motiv der umlaufenden, plastischen Kette, die in der Weserrenaissance nur noch an einer Tür zum Rittersaal in Barntrup vorkommt. Das rundbogige Portal mit Kämpfergesims (rechts neben dem Treppenturm) ähnelt dem Portal des Eingangsflügels, hat jedoch eine reichverzierte Bekrönung und wird von Rankenwerk eingerahmt. Das Bauornament war nachweislich lebhaft bemalt.
Dieser nordwestliche Treppenturm mit massiven unteren und zwei vorragenden Fachwerkgeschossen ähnelt dem Turm des Rathauses zu Höxter von 1610 (Abb. 166). Vielleicht war diese Bevern-Eigenart auch Vorbild für das Demptersche Haus in Hameln von 1608 (Abb. 168). Ob das Fachwerk zum Plane des Baumeisters gehörte, ist

fraglich. Hundertossen starb 1606, als der Bau halb fertig war, und schon das Portal mit dem mythischen Königspaar (Abb. 161) hat, so meint A. Neukirch, wenig mit der Hamelner Renaissance gemein. Auffallend auch, abgesehen von dem Hauptportal, die sparsame Verwendung der Bossenquadern.

In diesem Zusammenhange muß jedoch das quadratische, in der Weserrenaissance einzigartige Postament mit Würfelornament sowie profiliertem Sockel und Kämpfer erwähnt werden, auf dem die Spindel des nordwestlichen Treppenturmes ruht. Es gleicht genau der Spindelbasis des Rathauses Alfeld (Abb. 212), das Johann Edler 1584—1586 errichtete. Da nach Neukirch Alfelder Bauleute auch in Bevern bezeugt sind, besteht immerhin die Möglichkeit, daß die Bauplastik des Schlosses B. von ihrer Hand stammt.

Ein Meisterzeichen, das wohl einer der Nachfolger des Johann Hundertossen in der Bekrönung des südlichen Treppenturmportals angebracht hat, stimmt mit dem des Johann von Mehle nicht überein.

Mit der schon beschriebenen farbigen Neufassung des Schloßhofes im Jahre 1974 ist die 1969 begonnene Außen-Restaurierung der großartigen Schloßanlage abgeschlossen worden. Der neue Anstrich der Außenfront hält sich etwa an den originalen Farbbefund. Für das Hauptportal wurden Farbwerte dort angegeben, wo sie historisch gesichert sind: am Portalbogen blau und gold.

Lit.: A. Neukirch, Hamelner Renaissance. a. a. O. S. 98 f., 101 ff.

BIELEFELD

1. Kreuzstraße 20 (sog. von Spiegelscher Hof, heute Standesamt) Abb. 49

Frührenaissancebau mit eigentümlichen mit Zierkugeln besetzten welschen Giebeln an den Schmalseiten. Sie zeichnen sich durch die Übergröße einer nahezu die gesamte Giebelbasis einnehmenden Radzinne nach Art des Jörg Unkair aus, die von zwei kleineren flankiert wird, während zwei weitere sie pyramidal bekrönen.

Lit.: P. Müller, Die „Welschen Gewels". In: „Mindener Heimatbl.", 33. Jg. 1961 Nr. 11/12, S. 121—139.

2. Grestenscher Hof (heute Gymnasium)

Ansehnlicher, jedoch stark veränderter Renaissancebau (etwa 1600). Die älteren Teile mit Erker und Treppenturm an der Nordseite. Auffallend der Gegensatz zwischen kräftigen Fenster- und Türeinrahmungen und flachen, zierlichen Palmettenfriesen.

3. Alter Markt 3 (heute Bankhaus Herman Lampe AG.) Abb. 211.

Erbaut 1680, trotzdem muß dieses schöne Giebelhaus noch der Weserrenaissance zugerechnet werden. Wenn sich auch in den Staffelfüllungen schon das Barock andeutet, die Gesamtkonzeption der Fassade, die Gliederung der Giebelfläche durch Gesimse ist Ausklang der Weserrenaissance.

BLOMBERG (Kr. Lippe)

1. Burg Abb. 59
(heute Burghotel, Eigentum des Landesverbandes Lippe, 1971—1974 restauriert)

Ursprünglich Residenz der Edelherren zur Lippe. Seit 1962 im Besitz der Stadt. Ältester Teil der zweigeschossigen Dreiflügelanlage ist der steinerne Saalbau von 1450 (370 qm Grundfläche). Der Mittelflügel entstand in zwei Bauabschnitten. Sein massives Erdgeschoß wurde 1562 unter Graf Bernhard VIII. († 1563) von dem Blomberger Baumeister Hans Rade erbaut. Erst 1569 errichtete dann Zimmermeister Nolte Wrampe das Obergeschoß aus Fachwerk, das der Schatelier-Meister Barthold Sander aus Horn mit den Renaissance-Schnitzereien schmückte. Von letzterem stammen auch die Schnitzereien am ehemaligen Pforthaus von 1572, dem heutigen Amtshaus vor der Burg.

Das Prunkstück der Mittelfront, die ganz in Werkstein ausgeführte doppelstöckige Auslucht (Abb. 59) schuf der Baumeister Hermann Wulff aus Lemgo. Er arbeitete außer an der Auslucht am Westgiebel des alten Saalbaus, an der Burgmauer und an einem Kamine mit 9 Knechten vom 14. 3. bis 14. 7. 1569. Hierfür erhielt er insgesamt 232 Taler. An der Auslucht sein Steinmetzzeichen und die Initialen H. W. mit Jahreszahl 1569 (S. 32).

Hermann Wulff verwendet an der Auslucht die auffallend strengen Formen der frühen „klassischen" Renaissance. Hier tauchen die rundbogigen Fenster zwischen kannelierten Pilastern mit korinthischen und ionischen Kapitellen, die uns am Trompetergang des Schlosses Detmold von 1557 (Abb. 39) begegnen, wieder auf. Dagegen verzichtet der Meister auf das Rollwerk, mit dem er 1565 die Lemgoer Ratslaube (Abb. 193) und 1571 Erker und Portal des Hexenbürgermeisterhauses (Abb. 62) schmückte. Dafür erscheinen an der Brüstung der Blomberger Auslucht wie an der Lemgoer Ratslaube (Abb. 61) und auch an der Auslucht des Hexenbürgermeisterhauses (Abb. 60) die hervorlugenden Büsten eines Mannes und einer Frau. Vermutlich handelt es sich bei dem Männerkopf um ein Porträt des Grafen Hermann Simon zur Lippe-Spiegelberg, des Vormundes des damals noch minderjährigen Grafen Simon VI.

Lit.: O. Gaul, Die Burg Blomberg. In „Unsere lippische Heimat", Heimatbeilage der „Lippischen Rundschau für die Kreise Detmold und Lemgo", Nr. 34, August 1964.
Vgl. auch O. Gaul, Renaissancebaumeister in Lippe. a. a. O. S. 12—17.

214 Borlinghausen, Schloß, Treppenturmportal
(bez. 1576)
*Borlinghausen Castle: doorway of staircase tower
(dated 1576)*

2. Rathaus Abb. 167
Unter Einbeziehung älterer Bauteile 1586/87 errichtet. Besonders schön das reichverzierte Obergeschoß aus Fachwerk über zwei massiven Geschossen mit unregelmäßiger Fensterverteilung. Eigentümlichkeit: Drei gleichgroße Giebel an der Traufenseite (Marktfront) z. T. Nachahmung von Steinarchitektur.

BODENWERDER (Kr. Holzminden)

Herrenhaus (heute städtisches Rathaus)

Das schlichte Gebäude, in dem der „Lügenbaron" Hieronymus von Münchhausen 1720 geboren und 1797 gestorben ist, wurde von Statius v. M. (1555—1633) etwa gleichzeitig mit dem Schloß Bevern um 1605 erbaut. Baumeister der Hamelner Johann Hundertossen. Das anspruchslose, zweigeschossige Herrenhaus mit hohem Giebel und Fachwerklängswänden im Obergeschoß hat als einzigen Schmuck Werksteinverzierungen an den Fenstereinrahmungen, die denen des Schlosses Bevern gleichen.

BORLINGHAUSEN (Kr. Höxter)

Schloß (Frhr. von Weichs) Abb. 214

Urkundlich erstmalig 1376 erwähnt. Seit dem 15. Jahrhundert im Besitz der Herrn von Spiegel. Über dem Portal des Treppenturms Inschrift: Werner Spiegel 1587 Catarina Kanne. Die Jahreszahl dürfte mit dem Beginn des Umbaues eines älteren Gebäudes unter Werner von Spiegel übereinstimmen. Der Nordgiebel muß dagegen später (etwa 1600) entstanden sein.
Der Umbau wurde von Meister Eigert Schennen aus Blomberg begonnen, aber infolge seines Todes nicht zu Ende geführt. Ihn löste Cort von Acken ab, „ein Steinhauwer und Maurer, vom Blomberge bürtigk". Brief vom 12. Februar 1593 des Bauherrn an den Lippischen Grafen Simon VI., worin Spiegel den C. v. A. empfiehlt.
Die zweigeschossige Zweiflügelanlage mit fünfeckigem Treppenturm im Binnenwinkel liegt, umgeben von breiten Gräften, auf einer Burginsel. An der Westfront des Südflügels Fenstereinrahmung mit spätgotischem Stabgitterwerk. Zwischen Erd- und Obergeschoß des Westflügels umlaufendes gotisches Gesims. An der nördlichen Stirnseite des Westflügels Renaissancegiebel, dessen Kontur auf eine Verwandtschaft mit dem Giebel des Schlosses Haddenhausen (Abb. 176) hindeutet, während das Beschlagwerkornament in den Staffelfüllungen denen des Hauses Holtfeld (Abb. 158) ähnelt. Der Ostgiebel von 1899 sowie der Südgiebel von 1898 auch die Südfront größtenteils erneuert.
Bemerkenswert das Portal des Treppenturmes von 1587, das von einem Dreiecksgiebel mit Wächterbüste und flankierenden, geflügelten Engelsköpfen, deren Flügel in Rollwerk auslaufen, bekrönt wird. Seine Leibungen sind mit Blattwerk verziert (Abb. 214).
Vgl. auch die Grabtafeln an der Ostwand der katholischen Dorfkirche (ursprünglicher Standort: Kirche in Löwen).
Lit.: H. Stöwer, Zwei Blomberger Baumeister der Weserrenaissance. In „Heimatland Lippe" 55. Jg. Nr. 1, Jan. 1962, S. 8 f.

215 Brake, Schloß, Ostgiebel des Nordflügels um 1587
Brake Castle: east gable of the north wing (c. 1587)

BOTHMER (Kr. Fallingbostel)

Herrenhaus (Hr. v. Bothmer)

Stammsitz der gleichnamigen Familie an der unteren Leine. Erbaut von Abt Conrad v. B. (1548—1617) für seinen jüngeren Bruder Lippold. Schlichter (größtenteils) Fachwerkbau mit Treppenturm aus Backstein mit Sandsteineckquadern. Treppenturmportal (bez. 1596) in Zierformen der Weserrenaissance mit Bossensteinen.

BRAKE (Kr. Lippe)

Wasserschloß Abb. 64, 65, 215, 271
(Eigentum des Kreises Lippe, Verwaltungsgebäude des Kreises)

Seit dem 13. Jh. im Besitz der Edelherren zur Lippe. Ursprünglich Vierflügelanlage. Der westliche Torflügel, von dem Baumeister Hermann Roleff 1603 errichtet, wurde 1820 abgetragen. Der 1666 fertiggestellte Ostflügel entstand unter Graf Casimir zur Lippe (1627—1700) in einer weiteren Bauperiode, während der man auch den schlichten Südflügel neugestaltete. Der Marstall vor dem Schloß wurde 1706/07 errichtet.

Der zweigeschossige, langgestreckte Nordflügel und der quadratische, sechsgeschossige Turm (Abb. 65) entstanden 1584—1592 unter Graf Simon VI. zur Lippe (1554—1613). Dieser Teil der Anlage, der heute noch das Gesicht des Schlosses bestimmt, ist das Werk des Baumeisters Hermann Wulff aus Lemgo, der vorher schon die Lemgoer Ratslaube (1565, Abb. 61, 193), die Auslucht der Blomberger Burg (1569, Abb. 59) und die Fassade des Hexenbürgermeisterhauses in Lemgo (1571, Abb. 62) geschaffen hatte. Der Bauakkord zwischen dem Grafen und Hermann Wulff ist nur im Entwurf und ohne Unterschriften und Jahreszahl erhalten. Danach sollte während des Baus der Meister „mit seinem Jungen" (Gehilfen) auf dem Schloß wohnen. Alles Baumaterial sowie die notwendigen Handlanger stellte der Bauherr. Besondere Preise wurden für die Mittelpfosten der Fenster, die Wendelsteintritte, die Karniesgesimse, die Portalrahmen, die „Kronamente" an den Giebeln, die Kragsteine zum Gange (Galerie an der Hofseite, und die Bossensteine, die kerbschnittartigen Zierquadern, die hier wie auch an dem etwa gleichzeitig erbauten Schloß Barntrup in dieser Form erstmalig auftauchen) sowie für Wappen und Bildwerke vereinbart.

Schon 1587 verlegte der Graf seine Residenz nach Brake. Demnach war das Gebäude zu dieser Zeit teilweise bewohnbar. Die Schlußabrechnung erfolgte mit Schreiben des Bauherrn vom 19. 4. 1592. Meister Wulff sollte danach „für eines und alles" 500 Taler erhalten. Der verhältnismäßig geringe Betrag stellt wahrscheinlich nur ein Architektenhonorar für den Entwurf und die Bauaufsicht dar. Die Jahreszahl 1591 am Turmportal zeigt wohl die Fertigstellung des Gesamtbaus an.

Über dem weiträumigen Keller- bzw. Sockelgeschoß (57,40/16,60 m) des Braker Nordflügels mit Kreuzgewölben und z. T. außergewöhnlich starken Pfeilern erheben sich zwei Obergeschosse. Im Erdgeschoß der Westseite liegt die Schloßkapelle, die mit ihrer Mittelsäule und ihren Gewölben noch erhalten, aber in kleinere Räume aufgeteilt ist. Auch die übrige ursprüngliche Aufteilung in Säle besteht nicht mehr. Einen Eindruck von der Größe dieser Räume gewinnt man zur Zeit in dem 1965 vorzüglich restaurierten Kellersaal, der den Mitarbeitern der Kreisverwaltung Lemgo als Gemeinschafts- und Festraum dient. Er ist durch eine Wendeltreppe mit dem Obergeschoß verbunden und hat an der Westseite einen großen Kamin. Da der ursprüngliche Kamin nur noch in Resten vorhanden war, wurde er durch einen Renaissancekamin des Schlosses Schwöbber ersetzt, der daher im Sturz das Wappen derer von Münchhausen zeigt. Leider sind auch die Zwerchhäuser des Nordflügels nicht mehr erhalten, ebenso ist auch sein

westlicher Schaugiebel nur im unteren Geschoß alt, doch wurde das obere getreu erneuert (Abb. 65). Der Ostgiebel mit seinen einfachen Formen scheint eine Reminiszenz Hermann Wulffs an die Kontur des Giebels seines Hexenbürgermeisterhauses zu sein (Abb. 215).
Die lange nördliche Fassade (57,40 m), die einst von fünf Zwerchhäusern mit Schweifgiebeln wirkungsvoll belebt wurde, wird durch ehemalige Toilettenerker gegliedert. Aber die eigentliche Fassadengliederung erzielt der Meister insbesondere an der Westfront sowie am Turm durch die kräftig plastischen Pilaster und Gebälke. An den Pilastern erscheinen die für die späte Weserrenaissance charakteristischen Bossensteine. Während aber Eberhard Wilkening am Schloß Barntrup eine ganze Serie von verschiedenen Ziermustern (Abb. 276) verwendet, bringt Hermann Wulff in Brake nur ein einziges Muster, eine stilisierte vierblättrige Blüte (Abb. 271) die nur gelegentlich zu einem Gittermuster vereinfacht wird. Merkwürdigerweise sind sämtliche Bossensteine im Gegensatz zu den übrigen weißen Werksteinen aus rotem Sandstein angefertigt. Diesen absichtlichen Farbwechsel an der Nord- und Westfront des Schlosses, ein im Grunde malerisches Motiv, kennt auch die italienische Frührenaissance und gleichfalls unsere frühmittelalterliche Architektur.

Die ganz in Werkstein erstellte Hoffront zeigt im Untergeschoß dorische, im Obergeschoß ionische Pilastergliederung, die sich mit den Kragsteinen der umlaufenden Galerie verzahnt. Über jedem Pilaster steht ein reich gegliederter und verzierter Kragstein und dazwischen ein weiterer, der auf einer Konsole ruht. Die Wand zwischen den Kragsteinen wird nochmals durch einen Triglyphenstreifen geteilt. Eine strenge und zugleich doch elegante Flächenaufteilung (Abb. 216). Erwähnenswert das Relief über einem zugesetzten, rundbogigen Portal auf der Hofseite (Abb. 64) mit einer Darstellung des Sündenfalls. Das gleiche Motiv erscheint auch über dem Portal des Hexenbürgermeisterhauses in Lemgo (Abb. 63). Die drei- und zweiteiligen Fenster haben, wie das gleichzeitig erbaute Schloß Barntrup, abgeschrägte Gewände und Pfosten, die rahmenartig mit Rauten und Randquadern besetzt sind. Die Hoffront wird vor allem beherrscht von der vorgekragten Galerie, deren Steinplatten auf mächtigen, reich profilierten und mit Beschlagwerk verzierten Konsolen ruhen. Die jetzige barocke Balustrade wurde erst 1961 hergestellt. Ursprünglich hatte der Gang ein eisernes Brüstungsgitter.

Der fast italienisch anmutende Braker Turm (Grundriß 10,80/12,80 m) ist mit seinen sechs Geschossen eine architektonische Meisterleistung: Konstruktive Verbindung von Treppenturm mit zwei Wendeltreppen, Wohngemächern des Grafen, Altan und ehemals krönendem Dachumgang. Die oberen, freien Geschosse sind gegen das jeweils untere zurückgezogen. An der Hofseite bekrönt eine Galerie einen Risalit, der den unteren Turmgeschossen vorgelagert ist. Im Turm sind zwei Räume erhalten, die Conradt Rotermundt 1586 mit Stuckarbeiten schmückte. Das Turmportal mit flankierenden dorischen Säulen und großer Wappenbekrönung (bez. 1591) zeigt an sich eine wohlproportionierte Durchbildung, ist aber offensichtlich nachträglich etwas unglücklich der übrigen Architektur hinzugefügt und vermutlich auch nicht in Brake gearbeitet worden. Die Wappen Lippes und Schaumburgs werden flankiert von römischen Kriegern. Auffallend der gesprengte, schon barocke Giebel mit der ovalen Öffnung.

Lit.: O. Gaul, Renaissancebaumeister in Lippe. a. a. O. S. 12—17.

O. Gaul, Schloß Brake und der Baumeister Hermann Wulff. Lemgo 1967.

Schloß Brake und die Weserrenaissance im Landkreis Lemgo. — Ausstellung des Landkreises Lemgo im Schloß Brake 16. — 24. 9. 1967. Katalog (187 Seiten Dokumente und Bildmaterial).

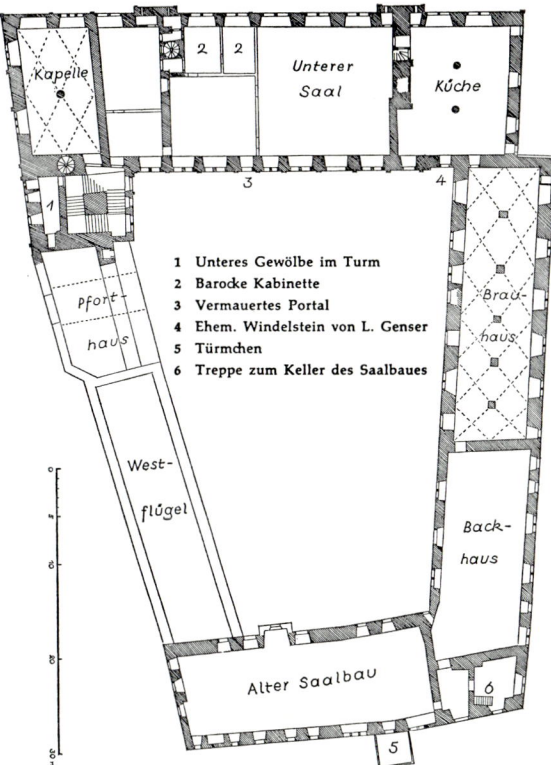

Schloß Brake, Grundriß des Erdgeschosses

1 Unteres Gewölbe im Turm
2 Barocke Kabinette
3 Vermauertes Portal
4 Ehem. Windelstein von L. Genser
5 Türmchen
6 Treppe zum Keller des Saalbaues

216 Brake, Schloß, Nordflügel, Fassadengliederung der Hofseite (ca. 1585)
Brake Castle: north wing façade structure from the courtyard (c. 1585)

BRAKEL (Kr. Höxter)

Rathaus Abb. 254

Schlichter, zweigeschossiger Bau des 15. Jh. mit Vierpässen in den Giebelstaffeln. Restauriert 1963, dabei wurde im nördlichen Giebelfeld ein 10 m hohes Maßwerkfenster freigelegt. Das Portal von 1573 ist mit Bossensteinen verziert, die ein geometrisches, von einem Bande eingefaßtes Rautengittermuster zeigen. Frühestes Beispiel dieses für die späte Weserrenaissance charakteristischen Portaltyps (Abb. 254. Vgl. Beitrag über die Kerbschnitt-Bossensteine S. 299 ff.).

BREMEN

1. Rathaus Abb. 183—188, 217, 279, 280

Der Baukörper des alten, gotischen Rathauses blieb bei den Umbauten des 16. Jh., von denen noch Innenportale zeugen, und auch bei der großen Umgestaltung Anfang des 17. Jh. erhalten. An ihn erinnern die drei Maßwerkfenster im Obergeschoß der Schmalseiten, deren breite Renaissancefenster im Untergeschoß 1551 eingefügt wurden (Abb. 183). 1595 wurden auch die schmalen gotischen Fenster der Marktfront durch breitere mit waagerechten Stürzen sowie Dreieck- oder Segmentbekrönungen ersetzt. Anlaß hierfür könnte die 1594 umgestaltete Fassade des gegenüberliegenden Schütting gewesen sein, zumal hier wie dort des Rates Steinhauermeister Lüder von Bentheim am Werke war.

Bei dem Umbau 1608—1612 wurde die jetzige freihängende und stützenlose Flachdecke eingezogen, die an dem vierstöckigen Dachstuhl aufgehängt ist. Das dadurch bedingte gewaltige Walmdach wurde durch den viergeschossigen, in Obelisken und Figuren ausklingenden Giebel (Abb. 185) der Auslucht (Güldenkammer) und zwei flankierende Zwerchhäuser (Abb. 188) gegliedert. Vorbild für den Mittelrisalit der Güldenkammer mag das Rathaus Antwerpen von Cornelis Floris (1563—1567) gewesen sein. Der mittelalterliche Zinnenkranz wurde durch eine umlaufende Traufen-Balustrade ersetzt, der die zum Markt hin geöffnete, fast italienisch anmutende Laubengalerie im Erdgeschoß entspricht. Für alle Bauteile des Renaissance-Umbaus, insbesondere für die Bauplastik, wurde Obernkirchner Sandstein (sog. Bremerstein) verwendet.

Baumeister dieses Kleinods der deutschen Renaissance-Baukunst soll nach herkömmlicher Auffassung Lüder von Bentheim, „eines ehrbaren Rates Steinhauer", gewesen sein. Sicherlich war er führend am Rathausbau beteiligt, z. B. Lieferant sämtlicher Steinhauerarbeiten, gleichzeitig war er aber auch Steinhändler. Die wenigen Eintragungen im Rhederbuch des Rates aus den Jahren 1610—1612 besagen lediglich, daß der Meister Geld für „Grawesten und arbeidslohn to dem rathuse" erhielt. Nur einmal, September 1611, heißt es „up des Ehrbaren Raths arbeidt am Rathuse 516 Mark 25½ Grote". Daraus, und weil kein Akkord mit dem Rat überliefert, schloß H. Mänz (1900), Lüder von Bentheim habe nur den unbearbeiteten Obernkirchner Sandstein geliefert. Hierfür spricht, daß sich die großartige Gesamtkonzeption des Rathausumbaus mit der Bremer Stadtwaage von 1587 (Abb. 123) und mit dem 1944 zerstörten Kornhause von 1590, welche beide auch Lüder von Bentheim zugeschrieben werden, kaum vergleichen läßt. Mänz schreibt das Bauwerk wegen der stilistischen Verwandtschaft mit dem Leidener Rathause von 1595, dessen angeblichem

Baumeister Lieven de Key zu, der 1602/04 die Haarlemer Fleischhalle errichtete. Tatsächlich wurde aber nach einer Besprechung mit Lieven de Key und Lüder von Bentheim in Leiden am 7. Juni 1595 mit diesem ein Vertrag abgeschlossen, in dem ihm die gesamten Steinhauerarbeiten zur Umgestaltung des Leidener Rathauses in gutem Bückeburger Stein „nach der Patron" (Muster) übertragen wurden. R. Stein folgert daraus, daß es sich nur um die Patron Lüders gehandelt haben könnte. Das ist jedoch keinesfalls erwiesen, auch wenn Lüder von Bentheim den Vertrag nachweislich erfüllt hat (vgl. auch die Baugeschichte des Rathauses Stadthagen und von Schloß Varenholz). Andererseits läßt sich die Zuschreibung des Bremer Rathauses an Lieven de Key weder mit Archivalien noch stilistisch einwandfrei begründen. Immerhin sei in diesem Zusammenhange auf die 128 Reliefquadern hingewiesen, die hier erstmalig in der Weserrenaissance und gleichzeitig an der Marienkirche in Wolfenbüttel (Abb. 279—282) an die Stelle der vertieft gearbeiteten Kerbschnittbossensteine treten. Erstaunlich ist die Vielzahl der auf schmalsten Raum humorvoll dargestellten Themen (Blumen, Tiere, Menschen, Landschaften, Gebäude, Werkstatt- und Jagdszenen), die sich in amüsanter Folge abwechseln und nur von wenigen Beschauern wahrgenommen werden. Doch solche figurativen Zierquadern erscheinen 1602/03 am Sockel der Fleischhalle des Lieven de Key in Haarlem sowie an der Rundsburger Poort von 1603 in Leiden (jetziger Standort in der Lakenhal).

Es fällt überhaupt schwer, Bauwerke dieser Zeit uneingeschränkt nur einem zuzuschreiben, da jeder Künstler oder Handwerker und auch Bauherr aus der Vielzahl der damaligen Vorlagen- und Architekturbücher die Ornamente, Figuren und architektonischen Formen nach seiner „Invention" zu einem Kunstwerk kombinieren konnte, wenn sie dem Zwecke angemessen waren.

Dafür ist das Bremer Rathaus, dessen figürlich-plastischer Dekor sich nachweislich an graphische Vorlagen niederländischer Stecher anlehnt, geradezu ein Musterbeispiel mit seiner Fülle von Details und allegorischen Programmen. Den Baumeistern stand wahrscheinlich der damals bedeutendste Mann des Bremer Rates und große Humanist, der Bürgermeister Hinrich Krefting († August 1611), als spiritus rector zur Seite, nach dessen „Invention" vielleicht noch jener Mynherr Heronimo van der Elste arbeitete, der „vor etliche stucke, so he tho des rathuses gebuwete abgereten hadde" zwei doppelte Dukaten erhielt (Rhederbuch 27. 3. 1612). Ein großer Teil der Bauplastik, vor allem im Fries und in den Bogenzwickeln, stammt von der Hand des Bremer Bildhauers Johann Prange, der nachmals am Oldenburger Schloß tätig war.

Der Bremer Rat hatte im übrigen schon vor dem Rathausumbau einen holländischen Fachmann für seine Bauvorhaben herangezogen, nämlich den Generalfortifikationsmeister „beider Staaten Holland" Johan van Rijswijck, der 1601 nachweislich 27 Tage vermutlich wegen der damals begonnenen Stadtbefestigungen in Bremen weilte und „vor seine Arbeidt, so he ahn der Stadt Gebawte gewandt", 100 Reichstaler erhielt. Außerdem bezahlte der Rat seinen Mitarbeiter und seine gesamten Spesen (vgl. W. Lührs: Die Anfänge der Bremer Neustadt. In „Jahrbuch der Wittheit zu Bremen", Bd. XVII, 1973. S. 7—50). 1603 erhielt er nochmals 288 Mk. Welchen Einfluß er über die fortifikatorische Planung hinaus auf die anderen Bauvorhaben der Stadt genommen hat, läßt sich nur vermuten.

Lüder von Bentheim ist etwa 60jährig 1613 gestorben. Das Unternehmen hat sein Sohn, der Theologe und Gymnasiallehrer Johannes v. B. († 1653) fortgeführt. Er erscheint noch bis 1616 mit großen Beträgen im Rhederbuche, mit „Grawestein tom Rathuse up rekenung" für 687 Mark letztmalig 1614. Bis zu diesem Zeitpunkt ist also am Rathause gearbeitet worden. Wahrscheinlich an der Brüstung über den Arkaden (Abb. 187), die ja schon Ohrmuschel- und Teigkringelornament aufweist. Möglicherweise war hier schon Meister Ernst Crossmann aus Lemgo am Werke (s. auch Gewerbehaus). Wesentlich erscheint auch der innige Zusammenhang mit den Fassaden und Ausluchten der übrigen Weserrenaissance (Cord Tönnis). Vor allem sei auf die verblüffende Übereinstimmung auch im Detail hingewiesen: Man vergleiche die Erkerbekrönungen des Rathauses Stadthagen (Abb. 135) mit den Staffelfüllungen des Mittelgiebels (Abb. 217). Bei der Umgestaltung des Rathauses ab 1608 wurden die Standbilder des Kaisers und der Kurfürsten beiderseits um ein Feld nach außen gerückt, dadurch wurden die drei mittleren Achsen der Arkaden frei, um in ihren Bereich den Risalit der Güldenkammer aufnehmen zu können. Die ihn tragenden Säulen erhielten einen größeren Durchmesser als die übrigen toskanischen Säulen der Arkade. Die Halbkreisarchivolten (Abb. 184) zeigen an der Stirnseite das Pfeifenmotiv, das in verschiedenen Variationen an den Gesimsen wiederkehrt, und Schlußsteine mit Menschen- oder Löwenköpfen. Über den Säulen Pilaster, im Bereich der Güldenkammer von Konsolen getragene Wappen der 1611 regierenden vier Bürgermeister. Durch diese Pilaster und Wappen entstanden Zwickel über den Archivolten, die mit allegorischen Darstellungen gefüllt sind: Die Nacht und der Tag, das Männliche und das Weibliche, die Zeit sowie die Stände und Tugenden. Darüber Bildfriese mit Tritonen und Nereiden. Im Bereich der Güldenkammer über die Laster triumphierende Tugenden sowie in den Mittelfeldern die Evangelisten.

Abb. 186 zeigt das Wappen des Bürgermeisters Diedrich Hoyer, in den Bogenzwickeln links die befreite Kirche und rechts Brema mit dem Schlüssel auf einem Delphin reitend. Darüber im Fries die Evangelisten Lucas und Johannes (links) und die Tugenden Duldsamkeit und Schönheit (rechts). Abb. 187 zeigt in den Bogenzwickeln die Tugenden Liebe (links) und Gerechtigkeit (rechts), darüber im Bildfries fischschwänzige Fabelwesen, Tritonen und Nereiden.

Die vier Konsolen mit herausschauenden Büsten tragen toskanische (unten) und ionische (oben) Säulen, die in zwei Geschossen (Abb. 184) die Fenster der Güldenkammer begleiten und mit Hilfe von schlanken ionischen Mittelsäulen die ornamentierten Stürze und Brüstungen tragen. Dieses Stützsystem, verbunden mit verkröpften Gebälken, ähnelt dem des Hauses Hagemeyer in Minden (Abb. 125). Die flachen Pfeilerpilaster hinter den Hauptsäulen haben Quadern mit kleinfigurigen, nur aus der Nähe erkennbaren Reliefdarstellungen, die mit glatten Quadern abwechseln. In den Brüstungsfeldern des Obergeschosses finden wir Reliefs der Sinne und der „freien Künste" und Wissenschaften und über seinen Fenstern Reliefdarstellungen der vier Elemente und wiederum der geistlichen und weltlichen Tugenden.

Über dem Hauptgesims wurde den Giebeln und dem Dach eine Balustrade vorgesetzt, die jeweils über den Hauptkonsolen durch Zierpilaster mit aufgesetzten Obelisken auf Kugelpostamenten unterteilt wird. An den beiden Marktecken trat an Stelle des gotischen Türmchens (Nordwestecke) eine Ecklösung der Balustrade mit Kreisgrundriß. Sowohl diese wie auch die Ecken des Güldenkammerrisalits werden durch Statuen römischer Krieger mit Schwert und Schild betont. Die beiden äußeren wurden 1864/65 vom Bildhauer Diedrich Kropp neugestaltet. Über der Güldenkammer, jedoch zurückgesetzt, erhebt sich der dreigeschossige mittlere Staffelgiebel (Abb. 185). Er ist mit der Balustrade durch seitliche Sprengbögen verbunden. Seine beiden Untergeschosse haben vier Fensterachsen, die sich im dritten auf zwei vermindern. Im zweiten Geschoß treten an Stelle der Rechteckfenster ovale in Rollwerkkartuschen. In den drei Stockwerken werden die Fenster von gepaarten ionischen Säulen eingefaßt. Die äußeren Säulenpaare werden von Statuen (Tugenden) auf Postamenten bekrönt. Im unteren der beiden bekrönenden Felder, die von einfachen Säulen eingerahmt werden, das von Löwen gehaltene Stadtwappen. Darunter die Jahreszahl 1612. Über der Segmentverdachung steht wiederum ein römischer Krieger mit Lanze und Windfahne.

Die Zwerchhäuser (Abb. 188) erheben sich unmittelbar aus der Balustrade und sind gleichgestaltet bis auf Einzelheiten der vier Hermenpilaster, welche die drei Fenster einrahmen und die bekrönenden Statuen (links Fides, rechts Caritas). Auf ihren Sims-Enden stehen Obelisken. Die Sturzfelder ihrer Fenster sind mit Roll- und Beschlagwerkkartuschen verziert. Rollwerkvoluten, auf denen Puttos sitzen und aus denen Genien wachsen, flankieren ihre Untergeschosse. In ihren Ädikulabekrönungen Rollwerkkartuschen mit der Jahreszahl 1612.
Lit.: R. Stein, Romanische, gotische und Renaissance-Baukunst in Bremen. Bremen 1962, S. 539—675. H. Mänz, Das Rathaus. In „Bremen und seine Bauten". Bremen 1900, S. 134 f.

2. Schütting (heute Handelskammer)

Das Haus der Kaufleute. Ursprünglich neunachsige Anlage von Johann Buscheneer aus Antwerpen (1536—1538). Der Nordost-Giebel von Carsten Husmann (1565). Der kleine Mittelgiebel und die Balustrade an der Marktfront von 1594, angeblich auch von Lüder von Bentheim. Das Portal eine Veränderung von 1895. Der Schütting repräsentiert gegenüber dem Rathaus stilistisch die flandrische Richtung.

3. Gewerbehaus (ehemaliges Krameramtshaus, Obernstraße) Abb. 198, 199

Der Bau des „Kost- und Hochzeitshauses" (so genannt im Bauregister, das in einer Abschrift des 18. Jh. erhalten ist) der Wandschneider-Sozietät geht auf eine Stiftung des Tuchkaufmanns, Rats- und Stalherrn Diedrich Dieckhoff († 1624) von 1606 zurück und wurde 1619—1622 unter der Leitung von drei von der Gilde verordneten „Bawmeistern" (darunter der Stifter) errichtet.

Ursprünglich zwei selbständige Häuser, die im rechten Winkel aneinandergebaut und im Inneren miteinander verbunden waren. Jedes hatte jedoch seinen eigenen Eingang. Das Hauptportal (Abb. 199) befand sich bis 1862 in der Achse des breiten Giebels, der das Satteldach des Westostbaues an der Stirnseite abschloß. Der Nordsüdbau erhielt ein Zwerchhaus auf der Traufenseite und an der Schmalseite ebenfalls einen Prunkgiebel, der später durch ein höheres Gebäude verdeckt und nach der Zerstörung von 1944 beim Wiederaufbau 1955 durch geborgene Teile von zwei anderen Bremer Giebeln ersetzt wurde.

1685 trat die Wandschneider-Gilde ihr Amts- und Hochzeitshaus an die Kramerzunft ab. Hinfort hieß es „Krameramtshaus". Seit 1863 diente es als Sitz der Gewerbekammer. 1944 wurde dann das „Gewerbehaus" fast völlig zerstört. Nur die Umfassungsmauern des südlichen Erdgeschosses einschließlich des Hauptportals (Abb. 199) blieben mit dem darüber befindlichen Doppelfries erhalten. Es konnten jedoch genügend Teile der Relieffriese und der beiden Vordergiebel geborgen werden, um den ursprünglichen Zustand rekonstruieren zu können.

Der Bau wurde 1619 zunächst dem Meister Johann Nacke übertragen, der aber schon Anfang 1620 starb. Eigentlicher Schöpfer der prunkvollen Fassade einschließlich

217 Bremen, Rathaus, Staffelfüllung des Mittelgiebels von 1612
Bremen, Town Hall: ornamented part of the centralgable (1612)

der Doppelgiebel und des Portals war Ernst Crossmann aus Lemgo. Nacke wurde 1618 Meister und hat die Amtslade seiner Zunft 1619 verwaltet. Wahrscheinlich hat er als Bildhauer unter Lüder von Bentheim am Rathaus mitgearbeitet. Er kam mit dem Bau des Hochzeitshauses der Wandschneider-Gilde bis zum Obergeschoß, in dem er noch die Gewände der drei rechten Saalfenster vollenden konnte, die deshalb keine Bekrönungen haben.

Ernst Crossmann kam aus Lemgo. Dort ist sein Großvater Ludolf C. 1560—1600 als Steinhauer und Steinbruchbesitzer nachweisbar. Sein Vater Georg C. heiratete als Geselle in Rostock Margarethe Stockmann aus Antwerpen. 1586 zurückgekehrt schuf er in Lemgo u. a. das Laubenobergeschoß des Rathauses (1589, Abb. 193) sowie den großen Taufstein in der Marienkirche (1592). Seine größte Bauaufgabe war das Rathaus in Hann. Münden (1603/05, Abb. 182), bei dessen Vollendung sein Sohn eine „besondere Ergötzlichkeit" erhielt. Wahrscheinlich stammt die figürliche Bauplastik am Rathauserker von der Hand des jungen Ernst Crossmann. Nach dem Tode seines Vaters 1612 ging er nach Bremen, um sich dort „ehelich zu setzen und in das Steinmetzgeramt befreien" zu lassen. In des Rates Rhederbuch erscheint der Name des jungen Meisters 1614, 1618 und 1621 mit städtischen Aufträgen. 1615 verwaltete er die Amtslade seiner Zunft und 1618 wurde er Handwerksvorsteher der Stein- und Bildhauer. Als solcher wurde er 1619 wegen Ungehorsams gegen den Rat verhaftet. Am 1. 3. 1620 schloß er mit der Sozietät der Wandschneider einen Akkord, an dem unfertigen Hochzeitshause die Ausführung von zwei Giebeln für 2578 Mark zu übernehmen. Später wurde sein Auftrag um 1200 Mark (vermutlich für den dritten Giebel) erweitert.

Der Unterbau des Hauses wird noch ganz im Sinne der Renaissance von zwei durchlaufenden Relieffriesen horizontal mit metopenartigen Feldern zwischen Konsolen gegliedert (Abb. 198). Ihre allegorischen Motive und Ornamente sind offensichtlich noch von dem Rathausumbau (1608—1612) angeregt. Renaissanceformen zeigt auch das Hauptportal (Abb. 199) mit den flankierenden korinthischen Säulen auf hohen Sockeln. Zwei Löwen halten auf dem Hauptgesims in einer Rosenkartusche eine Schalenwaage. Die Archivolte wird von fünf maskenbesetzten Steinen durchbrochen. Engel mit Blasinstrumenten füllen die Bogenzwickel, wie auch an den Portalgewänden Musikinstrumente den festlichen Zweck des Hauses versinnbildlichen. Die drei qualitätsvollen barockbewegten Figuren der Justitia und des Herkules (Originale) sowie der Minerva (genaue Nachbildung des bei der Zerstörung 1944 mehrfach geborstenen Originals) stammen fraglos von Ernst Crossmann, der auch die untergegangenen Figuren an dem breiten Merkurgiebel (11,60 m) und an dem schmaleren Zwerchhaus (6,70 m) mit der Venus schuf.

An diesen Giebeln ist der Stilwandel, den der junge Baumeister vollzieht, deutlich zu erkennen. Ihr Dekor zeigt schon den extravaganten Ohrmuschel- und Knorpelstil, der die Wendung zum Frühbarock andeutet. Zwar sind die Giebel noch durch Gesimse geschoßweise geteilt, die an ihren Enden hohe, schlanke Obelisken tragen. Aber die Geschosse sind nicht mehr einfach übereinander geschichtet, sondern durch eine sie übergreifende Komposition zu einer Einheit geworden. Die Voluten verschieben sich gleichzeitig seitlich und nach vorn, und die Fenster des rechten Giebels sind nicht mehr übereinander, sondern auf Luke gestellt. „Es entstand hier schon in solcher Frühe, noch ehe in Frankreich, Flandern oder in den Niederlanden der dort auf Palladio fußende klassische Barock gefunden war, ausgesprochen deutscher, rokokohafter Barock, dessen Ziel es war, die Baumassen aufzulösen, sie in den Himmel verflüchtigen zu lassen. Diese Tendenz war in Bremen nicht verwunderlich, in der Heimat der Weserrenaissance, die mit ihren Obelisken in den Giebelsilhouetten an die gotische Tradition

der Fialen angeknüpft hatte, die ähnliches erstrebte." (R. Stein.)
Der Baumeister und Bildhauer Ernst Crossmann, dem auch das untergegangene Essighaus zugeschrieben wird, ist bald nach Vollendung des Hochzeitshauses der Wandschneider 1622 gestorben.
Lit.: R. Stein, Bremer Barock und Rokoko. Bremen 1960, S. 60—74. O. Gaul, Renaissancebaumeister in Lippe. a. a. O. S. 27—29.

4. Stadtwaage (heute „Sparkasse in Bremen", Langenstraße) Abb. 123

Das bis auf die Umfassungsmauern des Erdgeschosses im letzten Weltkriege zerstörte Gebäude, das seit 1927 Sitz des Bremer Rundfunks war, wurde 1959—1961 getreu, jedoch mit neuer Rückfront und Innenaufteilung, wiederaufgebaut.
Errichtet 1586—1588 als Neubau an Stelle eines älteren Waagehauses. Die Vorplanung und obere Bauleitung lag, wie sich aus einer Kaufbestätigung von Dezember 1586 ergibt, in den Händen der Ratsherrn Gerdt Weßel und Ehler Esich (das gleiche Verfahren wie beim Neubau des Rathauses Stadthagen 1595/97). Aus drei Buchungen von 1587/88 im Bremer Rhederbuch geht hervor, daß Meister Lüder von Bentheim für Steinlieferungen und Arbeit „tom Wagehuse" insgesamt 1519 Taler erhielt. Vermutlich betreffen weitere Beträge, die dem Meister gleichzeitig gezahlt wurden, ebenfalls den Bau der Stadtwaage. Offenbar hat L. v. B. die Werksteine fertig bearbeitet geliefert. Ob er aber auch den Riß zu dem Gebäude angefertigt hat, wissen wir nicht. Der stilkritische Vergleich mit dem 1944 untergegangenen Bremer Kornhause spricht für die Möglichkeit, daß beide Gebäude von einer Hand stammen. Das Kornhaus wird wiederum wegen einer entsprechenden Eintragung über Steinlieferungen für diesen Bau im Rhederbuche L. v. B. zugeschrieben.
Der Grundriß der Stadtwaage ist trapezförmig (Breite an der Langen Straße 12,75 m, Tiefe 20,16 m, hintere Breite 16,56 m). Vor der Zerstörung 1944 hatte sie an der Rückseite noch einen dreigeschossigen Querbau.
Die Schauseite des sechsstöckigen Backsteinbaus wird durch glatte Werksteinbänder und durch Horizontalfriese (im untersten Datierung: Anno 1587) mit Triglyphen, Metopen, Rosetten und Engelsköpfen unter den Gesimsen gegliedert. Auch die Eckquadern zeigen das Kerbschnittmuster, und die beiden, nicht gleichgroßen, rundbogigen Portale sind ebenfalls mit den für die Weserrenaissance typischen Bossensteinen gerahmt. Ferner sind die kannelierten Doppelpilaster an den Staffeln des Volutengiebels mit Bossenquadern besetzt (vgl. Barntrup). Trotzdem ist der niederländische Einfluß nicht zu verkennen: die Muscheln über den Fensterstürzen sowie die horizontale Schichtung durch Werksteinbänder. Die ganze Fassade ist nach rechts verschoben und wird daher von einer schrägen Stützmauer abgefangen.
Lit.: R. Stein, Romanische, gotische und Renaissance-Baukunst in Bremen, Bremen 1962. S. 504—516.

5. Langenstraße 13, Essighaus Abb. 200

Das hochgiebelige Haus mit seinen fünf Stockwerken wurde 1944 völlig zerstört. Doch konnten wenigstens sein Portal und die Erdgeschosse der beiden streng symmetrisch angeordneten Ausluchten wiederhergestellt werden. Diese Ausluchten von 1618 gehören zu den frühesten, die sich in Bremen nachweisen lassen, während sie im Gebiet der Oberweser bereits um 1570 an Bürgerhäusern auftauchen, z. B. Hameln, Bäckerstraße 16, von 1568/69 (Abb. 87) und Lemgo Hexenbürgermeisterhaus von 1571 (Abb. 62).
O. Gaul vermutet, daß Ernst Crossmann der Baumeister des Essighauses war, weil an seinen unteren Geschossen gewisse Crossmann-Motive (besonders des Rathauses Hann. Münden) vorkommen.
Lit.: O. Gaul, Renaissance-Baumeister in Lippe. a. a. O. S. 27 ff.

6. Böttcherstraße 6, Roseliushaus Abb. 218

Erbaut 1588 (datierende Inschrift im Gesims des Portals) für den Ratsherrn Jacob von Bobart (1530—1600). Sein Wappen und das seiner Frau, geb. Esich, in den Bogenzwickeln der Archivolte. Aus der vor 1921 erfolgten Umgestaltung des Hauses sind nur noch Teile unverändert geblieben, wozu die bossierten Eckquadern und das Portal gehören. Die Bossenquadern der seitlichen Pilaster und der Archivolte des Portals wechseln mit Beschlagwerkornamenten ab. Es gab in Bremen, abgesehen von diesem und den drei Portalen der Stadtwaage (Abb. 123), weitere sechs Bossensteinportale: 1. Martinistraße 47 von 1602, 2. Langenstraße 121 von 1627, 3. Schlachte 5, 4. Schlachte 20, 5. Bürgermeister-Smidt-Straße 55/57 (bez. 1627, heute am Hause Schnoor Nr. 38) und 6. Markt 9. Die Häuser 1, 3 und 4 gingen 1944 verloren, 2 bereits 1908 (Abb. bei R. Stein a. a. O.).

BÜCKEBURG (Kr. Schaumburg-Lippe)
Wichtigste neuere Literatur: Johannes Habich: Die künstlerische Gestaltung der Residenz Bückeburg durch Fürst Ernst 1601—1622. In „Schaumburger Studien" XXVI, Bückeburg 1969, 71 Abb. in Beiheft.

1. Evangelische Stadtkirche Abb. 201, 202, 204

Einer der wenigen (neben der Marienkirche in Wolfenbüttel) protestantischen Großbauten, der nach der großen Kirchenbaupause der Reformation noch vor dem 30jährigen Kriege als eine Synthese von Gotik, Renaissance und Frühbarock errichtet wurde.

Bauherr Graf (bzw. Fürst) Ernst zu Holstein-Schaumburg. Sein Name in den Anfangsbuchstaben der großen Inschrift „Exemplum Religionis Non Structurae" enthalten. Bauzeit 1611–1615, Inschrift am Hauptportal 1613. Der Baumeister ist nicht bekannt, jedoch dürfte der Hildesheimer Hans Wolf, der seit 1609 dauernd im Dienste des Grafen stand und wegen der Sandsteinbrüche in Obernkirchen wohnte, wohl maßgeblich beteiligt sein. An sämtlichen Bauteilen des Gotteshauses, ausgenommen die Fassade, sind zahlreiche Steinmetzzeichen

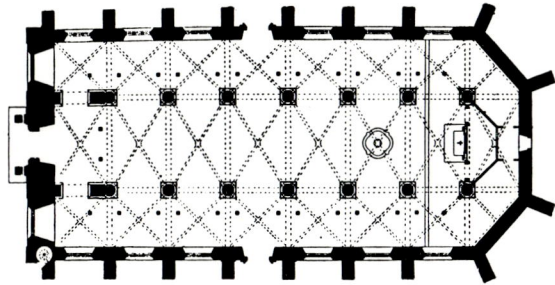

Bückeburg, Grundriß der ev. Stadtkirche

festzustellen. Das deutet darauf hin, daß sie nicht von einheimischen Kräften erbaut wurde. Da die Giebelfassade 1966 wegen Renovierungsarbeiten vollständig eingerüstet war, konnte sie bei dieser Gelegenheit auf Steinmetzzeichen hin genau untersucht werden. H. Masuch hat sämtliche an der Kirche vorkommenden Steinmetzzeichen veröffentlicht und zum Ausgangspunkt seiner These gemacht, daß die Stadtkirche bereits 1563/70 unter Otto IV. errichtet wurde. Graf Ernst habe lediglich später die Fassade hinzugefügt. D. Brosius widerlegt diese Theorie anhand archivalischer und zeitgenössischer Quellen. Es bleibt also bei der Bauzeit 1611–1615. Das Beispiel zeigt, daß Steinmetzzeichen nur mit äußerster Vorsicht als historische Quellen herangezogen werden dürfen.

Eine schlichte, dreischiffige Hallenkirche (Gesamtlänge 45 m) in gotischer Konstruktion ohne Abtrennung des Chorraumes mit dreiseitigem Abschluß in voller Breite. Hochgotische Kreuzrippengewölbe stützen sich auf 14 runde Renaissancepfeiler mit kräftigen korinthischen Kapitellen (Abb. 202, 204). An den Langseiten werden die Gewölbe mit gotischen Strebepfeilern abgefangen. Rundbogige Fenster zeigen frühgotisches Maßwerk, auf das die Renaissance oft zurückgreift. Die umlaufenden, hölzernen Emporen halten so weit Abstand von den Säulen, daß der Hallencharakter nicht gestört wird. In der Gesamtwirkung also ein Renaissanceraum, wenngleich die Ausstattung dem frühbarocken Repräsentationsstil des Bauherrn entspricht: Vor allem die großartige Orgel des Josias Compenius von 1615 (1962 durch Brand schwer beschädigt) auf der Ost-Empore. Ihr entspricht die Fürstenloge vor der Westwand (Abb. 202). Die reich geschnitzte Kanzel stammt vielleicht von Jonas Wolf. Kostbarstes Stück ist das Bronzetaufbecken von Adrian de Vries, 1613 in Auftrag gegeben, bez. 1615.

Die Westfront des turmlosen (Mittelturm ursprünglich geplant), steilgiebligen Gotteshauses bildet im Stadtbild eine großartige Dominante an der Abzweigung der Hauptstraße (Abb. 201). Die Fassade richtet sich in ihrer Gliederung nach dem Kircheninnern, doch steigert sie sich vom schlichten Sockel über Pilaster, Prunkgiebel bis zu der bekrönenden Galerie ins Monumentale. Ihr manieristischer Grundcharakter ist unverkennbar, ebenso die gotische Vertikaltendenz, welche die Strebepfeiler-Pilaster durch Skulptierung stark betont und über die Gesimse und sogar über die Galerie mit Obelisken (Fialen) emporstreben läßt. Auch der schwere frühbarocke Giebelaufbau über dem Hauptportal und die Kreisfenster können diese Tendenz nicht abschwächen. Nach J. Habich liegt der einzigartigen Schauseite ein übliches Renaissance-Altar-Schema zugrunde. Die starke plastische Gruppe der beiden Genien mit dem Wappen des Fürsten scheint nach neuesten Beobachtungen nachträglich eingefügt zu sein.

Lit.: H. Thümmler, Bückeburg. (Große Baudenkmäler Heft 138.) München 1953. S. 12 ff.
H. Masuch. Die Grafen Otto IV. und Ernst von Schaumburg als Bauherrn der Stadtkirche zu Bückeburg. In „Schaumburg-Lippische Mitteilungen" Heft 18 1968, S. 43–46. Ebenda D. Brosius: Die Bauzeit der Stadtkirche zu Bückeburg. Heft 19 1968, S. 13–17.
L. O. Larsson, Adrian de Vries. Wien–München 1967 („Arbeiten für Fürst Ernst von Schaumburg" S. 76–90.).

3. Schloß Abb. 41–43, 203, 207
(Eigentum des Fürstenhauses)

Von der mittelalterlichen Wasserburg der Grafen zu Holstein-Schaumburg bis auf den Bergfried, den jetzigen Mittelturm des Hauptgebäudes, nichts mehr vorhanden. Der Turm (vgl. Grundriß 12,20/14,20 m, Mauerstärke 3 m) bildete ehedem die Nordostecke des Schlosses. Der Nordanbau von 1894/98 wiederholt nur den Barockflügel (1732) links vom Turm. Den am wenigsten verfälschten Eindruck der ursprünglichen Schloßanlage, die 1560–1563 unter Graf Otto IV. von Schaumburg-Holstein (1517–1576) entstand, gewinnt man im Innenhof (Abb. 41) und von der Parkseite (Abb. 42). Baumeister: Heinrich Schrader aus Stadthagen (vermutlich ein Steinmetz Jörg Unkairs). Am Bau beteiligt auch der Unkairschüler Jakob Kölling. Die Halbkreisaufsätze (welsche Giebel) der hohen Zwerchhäuser an der Außenfront (Abb. 42, vom Schloßpark aus gesehen) deuten auf diesen Zusammenhang hin.

Von der Renaissance-Vierflügelanlage ist nur der an den Turm anschließende Nordflügel (Außenfront 30,50 m) mit der Schloßkapelle im Erdgeschoß und dem „Goldenen Saal" im Obergeschoß sowie der schmale Westflügel (Außenfront 29,50 m) mit dem Ende des 17. Jh. aufgestockten, polygonalen Treppenturm erhalten. Beide Flügel sind an der Hofseite durch eine umlaufende, offene Galerie (Abb. 41), die der des Schlosses Hülsede sehr ähnelt (Abb. 73), miteinander verbunden. Sie wurde im 19. Jh. auch auf den barocken Ostflügel ausgedehnt. Ihre Kragsteine, die noch spätgotische Merkmale aufweisen, werden durch Lisenen ein Stück an der Wand heruntergeführt und ruhen auf Konsolen. Über jedem Kragstein steht ein Hermenpilaster, um den sich das Gesims jeweils kröpft. Zwischen den Hermenpilastern werden je drei flache Muschelnischen (in Hülsede sind es nur zwei) zusammengefaßt. Die Portale haben noch spätgotische Stabgitterwerk-Einfassungen. Die Zwerchhäuser an der Außenfront werden von welschen Giebeln, den Halbkreisaufsätzen Jörg Unkairs bekrönt, die jedoch nicht mit Kugeln besetzt sind, sondern über den Randlisenen auf den Staffelenden Obelisken tragen (kryptogotischer Rückgriff auf Fialen mit Kreuzblumen). Die Zwerchhäuser auf der Hofseite haben Staffelfüllungen mit Volutenbändern.

Vor der Eingangsfront Tugendbrunnen des Grafen Otto IV. von 1552 (Abb. 43), der bis 1921 im Schloßhof zu Stadthagen günstiger und zu ebener Erde stand. Ein Schalenbrunnen, bei dem die Brunnensäule in der Mitte der gebuckelten, von sechs Säulen getragenen Schale steht. Die allegorischen Figuren sind in zwei Absätzen um den tektonischen Mittelpunkt, die Säule, gruppiert: am unteren sechseckigen Schaft in Nischen und darüber als vollplastische Figuren abwechselnd mit den Wappen des Grafen und seiner ersten Gemahlin, Maria von Pommern († 1554). Die Brunnensäule wird bekrönt von einer Justitia. Unter einer Putte zwischen den Figuren der Spes und Caritas die Initialen des Bildhauers I. R. (Johann Robyn?). Der untere Teil des Tugendbrunnens ähnelt auffallend dem romanischen Brunnen (um 1230) in der ehemaligen Prämonstratenserabtei in Bendorf-Sayn.

Durchgreifende Umgestaltung der Residenz 1601–1608 unter Graf Ernst (1569–1622). Er stellte das Renaissanceschloß in den Rahmen einer größeren Anlage, in die er Teile der Stadt (Marktplatz) einbezog. So entstand die reizvolle Baugruppe (Abb. 207) am Schloßeingang: das pompöse Schloßtor mit Triumphbogen, vorgerückten Säulen zu beiden Seiten und der rätselhaften, hermaphroditisch wirkenden Figur der Invidia als Bekrönung, die J. Habich als die Staat und Kultur bedrohende Untugend deutet, die von den Greifen, als den Wächtern des Tores, angegriffen wird. Rechter Hand, in die Straße vorgerückt, der ganz mit Beschlagwerkornament übersponnene Pavillon der Kammerkasse. Zur Linken die Hofkammer mit bizarrem Volutengiebel und Arkaden im Erdgeschoß. Während das frühbarocke Portal der monumentalen Fassade der Stadtkirche verwandt ist, entsprechen die flankierenden Gebäude ganz und gar der Tradition der Weserrenaissance: Kerbschnitt-Bossensteine an der oberen Pilastergliederung des Pavillons.

Graf Ernst ließ ferner die Schloßkapelle mit manieristisch-bizarrer Bemalung (restauriert 1886) sowie mit einer Holzdekoration versehen. Die Ausstattung übertönt die gotische Architektur des Raumes. Die technisch vollkommenen, vergoldeten und bemalten Schnitzereien, Musterbeispiele des Manierismus, schufen die Brüder Ebert d. J., Jonas und Hans Wolf, Söhne des Hans Wolf aus Hildesheim.

Bemerkenswert der Altartisch von Ebert Wolf, der aus zwei lebensgroßen, die Tischplatte tragenden Engelsjünglingen gebildet wird. Jonas Wolf werden die ornamentalen Schnitzereien zugeschrieben, für die er wahrscheinlich Stiche des Wendel Dietterlin als Vorlagen benutzt hat.

Ein weiterer Triumph des Manierismus bietet sich in dem einzigen Schloßraum, der die Ausstattung des Grafen Ernst bewahrt hat, im „Goldenen Saal": Eine Götterpforte (Abb. 203), verwandt den Gartenportalen in Schloß Baum (Abb. 205). Das von Figuren und Ornament strotzende „Türgericht" bildet den pompösen Rahmen für eine verhältnismäßig bescheidene Tür. Dargestellt sind auf der Türfüllung im Relief die Göttin Minerva, an den

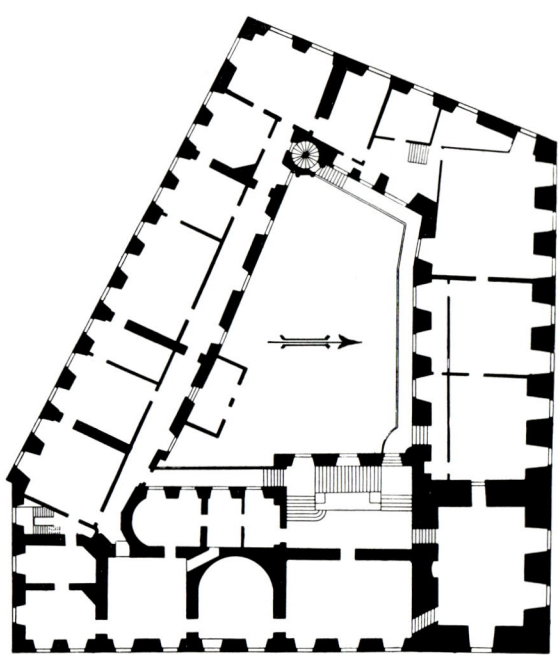

Schloß Bückeburg, Grundriß des Obergeschosses

Seiten als lebensgroße, vollplastische Figuren Mars und Venus und in der Bekrönung in halber Größe Merkur (nach Giovanni da Bologna), der die Züge des Grafen trägt, dahinter im Relief Juno und Ceres, außerdem Putten und Panisken. Die plastischen Arbeiten werden wieder Ebert Wolf d. J. und seinem Bruder Jonas zugeschrieben.

Lit.: R. Bruck, Ernst zu Schaumburg, ein kunstfördernder Fürst des 17. Jh., Berlin 1917.
J. Prinz, Das Bückeburger Schloß. In „Heimatbl." Beilage zur „Schaumburg-Lippischen Landes Ztg." 1930 Nr. 1—3.
H. Thümmler, Bückeburg. (Große Baudenkmäler, H. 138) München 1953.

2. Jetenburger Kapelle

Errichtet 1570 unter Graf Otto IV. an Stelle einer romanischen Kirche. Baumeister Jakob Kölling (Meisterzeichen und Initialen an spätgotischen Vorhangbogen der Südseite). Im Innern mehrere Renaissance-Epitaphien und Taufstein von 1577. Bemerkenswert: Epitaph des Vogtes Melchior Steven von dem flämischen Bildhauer Arend Robin von 1575 (bez. A. R.).
Lit.: J. Prinz, Die Grabdenkmäler der Jetenburger Kapelle bei Bückeburg als familiengeschichtliche Quelle. Marktschellenberg 1939.

CELLE (Kr. Celle)

1. Schloß Abb. 45
(Eigentum des Landes Niedersachsen)

Zur Zeit beherbergt die ehemalige Residenz der Herzöge von Braunschweig-Lüneburg Diensträume des Oberlandesgerichts sowie Ausstellungsräume, die Hofkapelle und das ständig bespielte Barocktheater: kultureller Mittelpunkt Celles.
Umbau der alten Burg 1533—1558 unter Herzog Ernst dem Bekenner (1497—1546) und dessen ältestem Sohne Franz Otto († 1559) in frühen Renaissanceformen. Aus dieser Zeit stammt die Außenfassade des östlichen Eingangsflügels (Abb. 45). Während dieser Bauperiode wurden wohl auch die vier Ecktürme, die im Kern (ebenso wie die kreuzgewölbten Hallen im Keller- und Erdgeschoß des Nordflügels) noch mittelalterlich sind, polygonal umgestaltet.
Der Eingangsflügel erhielt 1839 die neuen Portale und das auf der Hofseite vorspringende Treppenhaus mit Kuppel. Die Außen- und Innenfassaden der drei anderen Flügel sind 1660—1680 von dem Venezianer Bedogni entworfen.
Baumeister: Frederic Soltesburg (Salzburg), der bis 1533 in Stadthagen nachweisbar ist (Zusammenhang mit Jörg Unkair möglich). Ab 1553 Michael Clare, Baumeister des Schlosses Gifhorn, der vorher schon mit seinem Sohne am Schloß Schwerin und am Fürstenhof zu Wismar tätig war.
Vierflügelbau mit vier polygonalen Ecktürmen um großen, fast rechteckigen Innenhof. Ursprünglicher Charakter einer Wasserburg noch erkennbar. Die unregelmäßig verteilten Fenster des dreigeschossigen Ostflügels (Abb. 45) haben zum Teil noch Stabgitterwerk-Einfassungen. Über dem Hauptgesims zinnenartig aneinandergereihte, zierliche Zwerchhäuser mit welschen Giebeln. An das größere Mittelzwerchhaus mit Staffelgiebel lehnt sich ein runder Erkerturm an. Aus dieser Bauperiode besonders erwähnenswert die Portraitmedaillons an der obersten Brüstung des Kapellenturmes (links), die den Medaillons am Torhaus des Gifhorner Schlosses sehr ähnlich sind. Unter Herzog Wilhelm (1535—1592) Umgestaltung der Schloßkapelle im Südostturm 1565—1580 (mit gotischen Fenstern und Kreuzrippengewölbe von 1485). Steinerne Renaissance-Emporen mit bemalten Reliefs. Bemerkenswert: im Hintergrund der Altarseitenflügel mit den Stifterbildnissen das Celler und Gifhorner Schloß.
Lit.: P. Müller, Die „Welschen Gewels", a. a. O. S. 133.
H. D. Schäfer, Anmerkungen zur Baugeschichte des Schweriner Schlosses. In „Das Carolinum" 28. Jg. (Göttingen 1962) Nr. 36, S. 84 ff.

2. Rathaus Abb. 81, 83

Renaissance-Neubau wohl ab 1560 an Stelle eines alten Rathauses unter Einbeziehung gotischer Teile (im Ratskeller und an der Nordseite des ersten Stockes erhalten). Baumeister zunächst der Ratsmauermeister Frederic Soltesburg, der bis 1553 am Schloß gearbeitet hatte, später bis 1579 Ratsmauermeister Jakob Rieß. 1577 wurden Hamelner Bauleute berufen, um den Bau nach Norden mit einem Prunkgiebel nach Hamelner Art zu vollenden (Abb. 81). Sie haben wohl auch das linke Zwerchhaus an der Traufenseite geschaffen.
Zweigeschossiger, langgestreckter Backsteinbau, Werksteine aus Obernkirchner Sandstein. An der Ostfront, d. h. Traufenseite (Abb. 83), drei Zwerchhäuser: das mittlere von 1562 bekrönt mit welschen Giebeln, ähnlich denen an der Ostfront des Schlosses, das rechte von 1565 mit darunter befindlichem Erker zeigt im Giebel das Bremer Löwentatzen-Motiv. An der unteren Erkerbrüstung zwei Medaillons-Reliefs, angeblich Kaiser Maximilian und Gemahlin darstellend, oder handelt es sich nur um das mythische Königspaar (vgl. Bevern Abb. 161). Der dreigeschossige Volutengiebel an der nördlichen Stirnseite (bez. 1579, Abb. 81) ist dem Giebel des Hamelner Hauses Osterstraße 12 (Abb. 82, Haus des Ratsherrn Jost Rike von 1576) sehr ähnlich. Vielleicht war in Celle der gleiche Baumeister am Werke. Besonderheit des Rathausgiebels: die ungewöhnliche Kombination

des Hamelner Giebeltyps (mit Pilastergliederung) mit dem Beschlagwerk-Flächenornament, das für die Lipperrenaissance, aber auch für den Hamelner Meister Cord Tönnis charakteristisch ist. Merkwürdigerweise tauchen hier auch neben den Außenfenstern des unteren Giebelgeschosses die facettierten Bossensteine (jedoch mit stumpfer Spitze) wieder auf, die Cord Tönnis am Hamelner Rattenkrug von 1568/69 erstmalig verwendet. Die dreifache Arkade der Gerichtslaube von 1599 an der Ostfront mit toskanischen Säulen und Wappensteinen Herzog Wilhelms und seiner Gemahlin in den Bogenzwickeln von 1576 (Abb. 83).

Lit.: A. Neukirch, Hamelner Renaissance. a. a. O. S. 75.
O. Gaul, Die steinernden Ziergiebel des 16. Jh. in Ostwestfalen und Lippe. a. a. O. S. 214.

DETMOLD (Kr. Lippe)

1. Schloß Abb. 20, 35—40, 218
(Eigentum des Fürstenhauses)

Älteste Burganlage etwa 1350. Seit 1511 Residenz der Grafen zur Lippe. Baubeginn des heutigen Schlosses 1548 unter Graf Bernhard VIII. Inschrift mit seinem Namen und Jahreszahl 1550 im Sturz eines zugesetzten, dreiteiligen Fensters (Hofseite des Südflügels). Baumeister der Schwabe Jörg Unkair. Am Eckdienst des linken Treppenturmes des Eingangsflügels Jahreszahl 1551 mit großem Meisterzeichen Jörg Unkairs, am rechten 1550. Der Bau wurde nach dem Tode Jörg Unkairs (1553 in Detmold) von dem Hamelner Baumeister Cord Tönnis vollendet. Sein Meisterzeichen an der Auslucht der Eingangsfront. Während Jörg Unkair in Detmold sein letztes Bauwerk schuf (vgl. Schloß Neuhaus, Schelenburg, Stadthagen und Petershagen), beginnt hier die Laufbahn des Cord Tönnis (vgl. Rinteln, Hameln, Schwöbber und Stadthagen).

Die Anregung, den Detmolder Schloßbau Jörg Unkair anzuvertrauen, kam wahrscheinlich von seinem früheren Auftraggeber (vgl. Stadthagen), Graf Adolf von Schaumburg (seit 1546 Erzbischof von Köln), der Vormund des Bauherrn gewesen war.

Jörg Unkair entwarf die große, regelmäßige Vierflügelanlage (Hofgröße 45,50 x 20 m) mit Treppentürmen in den Binnenwinkeln und Zugang durch den Ostflügel. Er konnte aber bis zu seinem Tode 1553 nur ausführen: Teile des NW-Flügels einschließlich des entsprechenden Abschnittes der Eingangsfront sowie Teile des SO-Flügels und den nördlichen und östlichen Treppenturm.

Auch in Detmold hatte der Meister ältere Bauteile in die eigene Vierflügelkonzeption einzubeziehen: den mächtigen runden Eckturm von 1470 (Haube Anfang 17. Jh., Abb. 36) und vermutlich ein mittelalterliches Steinwerk

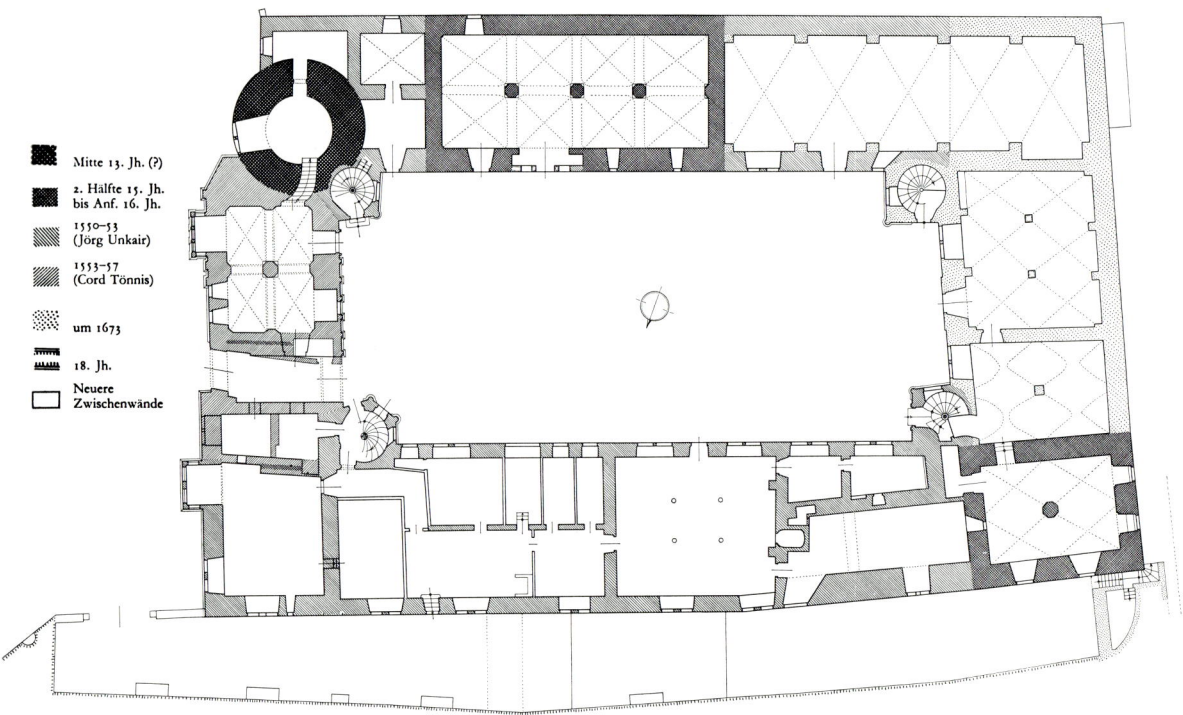

in der Nordwestecke. Wie er dieses Problem mit sicherem Gefühl löste, ist die eigentliche Leistung des alten Baumeisters.

Im übrigen kehren die charakteristischen, zum Teil noch spätgotischen Formen Jörg Unkairs auch hier wieder. Auch die Detmolder Treppentürme haben runde Eckdienste und mit Ausnahme des nordöstlichen einen quadratischen Grundriß. Die zumeist gekuppelten Fenster sind mit Stabgitterwerk eingefaßt, und sogar der Eichbaum mit den abgehackten Ästen taucht diesmal an der Treppenspindel des nordöstlichen Wendelsteins (Abb. 20) auf. Aber auch seine „welschen Giebel" fehlen nicht (Eingangsfront rechts Abb. 36). Sie bekrönen einen ausluchtartigen Seitenrisalit, einen Gebäudeteil, den Jörg Unkair nur noch an der Schelenburg (Abb. 12) anbringt. Dagegen fehlen die für ihn typischen Zwerchhäuser in Detmold, vermutlich weil der Meister vor Vollendung des Eingangsflügels starb. Eine Türeinrahmung im Erdgeschoß des Eingangsflügels (bez. 1551) ist bezeichnend für den Übergang vom spätgotischen Formenschatz Jörg Unkairs zu den neuen Ornamenten der Renaissance (Abb. 218).

Den unfertigen Eingangsflügel vollendete ab 1553 Cord Tönnis, der anscheinend nicht aus der Werkstatt Jörg Unkairs kam. Jedenfalls erscheint sein Zeichen an keinem der Unkair-Bauten. Aber er hat dessen Gesellen einschließlich Meisterknecht übernommen, wie die Steinmetzzeichen beweisen. Allerdings befindet sich unter ihnen ein geschickter Steinmetz (wahrscheinlich der Meisterknecht Johann Munster, der schon ab 1546 in Petershagen am Werke war), dessen Zeichen nur wenig von dem des Cord Tönnis abweicht. Mit dieser Marke ist alles wichtige Bauornament aus der Bauperiode des Cord Tönnis bezeichnet: z. B. das Kragbogenportal an der Hofseite des Eingangsflügels (Abb. 40).

Von ihm stammen die viergeschossige Auslucht (Abb. 35) und vier Zwerchhäuser des Eingangsflügels, zwei an der Außenfront (Abb. 37, 38) und zwei an der Hofseite (Abb. 39). Bemerkenswert, wie C. Tönnis hier schon den welschen Giebel zur Volute abwandelt. Der junge Meister vollzieht die Wendung zu den eindeutigen Formen der Frührenaissance: Akanthusblätter mit Blattmasken (Abb. 40 über dem linken Portal) und Balustermotive als Ornamente sowie Pilastergliederung an der Außenfront (Abb. 35). Deutlich lassen auch seine Portale diesen Wandel erkennen (Abb. 40 rechts typische Stabgitterwerkeinfassung Jörg Unkairs, rechts Kragbogenportal des Cord Tönnis mit dem Portrait des Bauherrn).

Den schönen Steingang zwischen den Wendelsteinen Jörg Unkairs an der malerischen Hofseite des Eingangsflügels (Abb. 39) schuf ein dritter, wahrscheinlich niederländischer Meister. Er hat seine gekreuzten Initialen I. R. neben der Jahreszahl 1557 in der Mitte des Gebälks an

218 Detmold, Schloß, Türeinrahmung von 1551
Detmold Castle: door framing (1551)

seinem Werk angebracht. Ist er identisch mit dem Meister I. R., der den Tugendbrunnen (Abb. 43) in Bückeburg (ursprünglich Stadthagen) schuf oder mit Johann Robyn, der die Erkerbekrönungen von 1596 am Rathaus Stadthagen (Abb. 135) anfertigte? Wir wissen es nicht. Der „Trompeter"-Gang zeigt die klare Architektur der „klassischen" italienischen Frührenaissance in harmonischer Durchgliederung bei äußerst sparsamer Verwendung von Ornament. In der Brüstung Reliefs einer Justitia und mehrerer Wappen sowie links das Brustbild einer Frau. Auch an der Eingangsfront links neben dem Durchfahrtsportal ragt vollplastisch eine

Frauenbüste hervor, die offensichtlich rechts eine männliche Entsprechung hatte. Im Inneren des Ganges gotisches Rippengewölbe, in einer Nische bezeichnet mit 1555. Die an ihm vorkommenden Steinmetzzeichen sind die gleichen wie an den anderen Gebäudeteilen.
Lit.: J. Soenke, Jörg Unkair. Baumeister u. Bildhauer der frühen Weserrenaissance. a. a. O. S. 62–68.
Bau- und Kunstdenkmäler von Westfalen. Bd. 48/I: Stadt Detmold. Bearbeitet von O. Gaul, mit geschichtlichen Einleitungen von E. Kittel, Münster 1968 (Fürstliches Residenzschloß S. 124–199).

2. Bürgerhaus Lange Straße 19 Abb. 84

Haus des Detmolder Bürgermeisters Johann Schmerrimen. Renaissancefassade von 1587 mit Volutengiebel sowie zwei flankierenden Ausluchten. Der dreigeschossige Giebel wird eingefaßt von geschweiften Bändern in bewegtem Umriß. Geschoßgliederung durch Gesimse. Über dem untersten Gesims Kartusche mit Engelskopf und Jahreszahl 1587. In der Giebelspitze kreisrunde Öffnung und Löwenkopf. Die beiden steilen Erkergiebel sind dem Hauptgiebel entsprechend geschweift. Baumeister könnte nach den Zierformen Georg Crossmann aus Lemgo gewesen sein (vgl. Rathaus Lemgo Abb. 192, 193). Das Ganze ist vor allem im Erdgeschoß, aber auch in den Giebelflächen modernisiert.
Lit.: Bau- und Kunstdenkmäler von Westfalen. Bd. 48/I, a. a. O. S. 406 ff.

DRINGENBERG (Stadt Bad Driburg, Kr. Höxter)

Burg Abb. 28
(Eigentum der Stadt Bad Driburg,
Sitz der Bezirksverwaltungsstelle Dringenberg)

Die Anfang des 14. Jh. von den Paderborner Bischöfen angelegte Feste wurde 1488 von Bischof Simon III. zur Lippe verstärkt (das Torhaus aus dieser Bauperiode). Unter Bischof Rembert von Kerßenbrock erfolgt ab 1547 der Ausbau des Süd- und Westflügels.
Unregelmäßige Zweiflügelanlage mit Treppenturm im Binnenwinkel und 16 m breitem Burggraben (Zwinger) an der Süd- und Ostfront, über den eine Steinbrücke zum Torhaus führt. Der Innenhof wird an der Nord- und Ostseite durch eine starke Wehrmauer mit Rundturm an der Nordspitze eingeschlossen.
Aus dem Bauabschnitt von 1547, den man an dem Mauerrücksprung unter den Fenstern des Obergeschosses noch erkennen kann, stammt die Auslucht an der Außenfront des Südflügels (Abb. 28), die in den Burggraben vorspringt und bis zum Dach heraufreicht, aber nur im Obergeschoß Stabgitterfenster und spätgotisches Ornament sowie Wappen in der Brüstung aufweist. Sie wird von einem großen welschen Giebel bekrönt. Auch an der Hoffront deuten zahlreiche Stabgitterwerkfenster und ähnliche Architekturreste auf den Ausbau von 1547/48 hin. Über dem rundbogigen Stabgitterwerkportal (im Stile Jörg Unkairs) des Treppenturms Wappenstein des Bischofs Rembert mit Jahreszahl 1548 und Inschrift. Ein Meisterzeichen fehlt. Jedoch kehren Steinmetzzeichen von mehreren Gesellen von Schloß Neuhaus an den Werksteinen wieder.
Lit.: Bau- und Kunstdenkmäler von Westfalen. Bd. 44, Kreis Warburg. Münster 1939. S. 112–121.

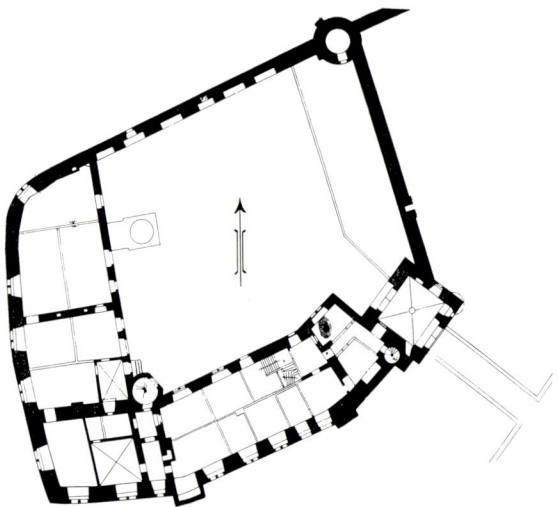

Burg Dringenberg, Grundriß des Erdgeschosses

ELMARSHAUSEN (Stadt Wolfhagen, Kr. Kassel)

Schloß (Hr. von der Malsburg) Abb. 29

Nach dem Aussterben der von Gudenberg 1534 wird Feldmarschall Hermann von der Malsburg mit E. belehnt. Seitdem im Besitz der Familie. Ab 1540 vollständiger Umbau der mittelalterlichen Anlage. Hiervon nur noch der Südflügel erhalten. Nach dem Tode Hermanns (1557) von seinem Sohne Christoph fortgeführt und vollendet. Abschluß durch Errichtung des Nordost- und Nordflügels 1563 (Bauinschrift). Baumeister unbekannt.
Hermann v. d. M. war der eigentliche Bauherr des Schlosses. Schon 1515 hatte er das Gut erworben. Er war Hof- und Feldmarschall des Landgrafen Philipp von Hessen und Generalfeldmarschall Herzog Ulrichs von Württemberg, der bei Philipp Zuflucht gefunden hatte, nachdem er 1519 vom Schwäbischen Bund vertrieben worden war. Hermann v. d. M. hatte ihm dann durch den Sieg bei Lauffen sein Land zurückgewonnen. Im gleichen Jahr

wurde er dafür mit einer Dotation belohnt, so daß er finanziell in der Lage war zu bauen.

G. Ganßauge hält den schwäbischen Baumeister Jörg Unkair, der 1524–1553 mehrere Schloßbauten (Neuhaus, Schelenburg, Stadthagen, Petershagen und Detmold) errichtete, auch aus stilkritischen Gründen für den möglichen Erbauer. Immerhin ist Meister Jürgen von Tübingen seinem Landesherrn nach dem Abbruch der Bauarbeiten am Hohentübingen 1519 nach Norden gefolgt, und da er nach Stadthagen, d. h. um 1540 bis zum Baubeginn in Petershagen 1544 unseres Wissens an keinem anderen Bauvorhaben beteiligt war, hat diese Theorie viel für sich, obwohl sein Meisterzeichen in Elmarshausen nicht gefunden wurde. Dagegen kehren Steinmetzzeichen von Schloß Neuhaus wieder.

Die Schloßanlage umschließt einen etwa quadratischen Hof und ist selbst von einer breiten Graft umgeben, die jedoch nur an der Eingangsfront wassergefüllt ist. Die ursprünglich vorhandenen Halbkreisaufsätze (welsche Giebel) sind nur noch über dem Nordteil der Ostfront und am Nordgiebel des Wohnbaus sowie über dem nördlichen Treppengiebel des Ostgiebels erhalten, die übrigen wurden durch Dreiecksgiebel ersetzt. Abb. 29 zeigt die beiden erhaltenen Zwerchhäuser mit dem Treppenturm und die Auslucht sowie die Rückseite des Treppengiebels, die sämtlich von welschen Giebeln bekrönt sind. Die Zwerchhäuser stehen so dicht nebeneinander, daß sie das Dach vollständig verdecken.

Lit.: Die Bau- und Kunstdenkmäler im Regierungsbezirk Kassel. 1. Bd. Kreis Wolfhagen. Bearbeitet von G. Ganßauge, W. Kramm, W. Medding. Kassel 1937. Elmarshausen S. 222–227.

G. Ganßauge, Das Schloß Elmarshausen. In „Hessische Heimat" 16. Jg. 1966 Heft 1, S. 4–10.

EIMBECKHAUSEN (Kr. Hameln-Pyrmont)

Schloß

Zwischen 1610 und 1618 ließ Claus vom Haus das heute bis zur Unkenntlichkeit entstellte Gebäude errichten. Die Details sind aber größtenteils, wenn auch oft an anderen Gebäuden (so eine alte Giebelkrönung auf einem Neubau des Gutshofes) erhalten: vor allem das Portal mit erlesensten Zierformen und flankierenden Säulen, das innerhalb des Bereiches der Weserrenaissance kaum Verwandtes hat. Die Fenster haben feingliedrige Eck- und Pfostensäulchen, ähnlich denen des Schlosses Thienhausen und des Rathauses Paderborn. Das gleiche gilt für die beiden eleganten Ausluchten mit Beschlagwerkdekor. Das Zierquaderornament fehlt völlig, dafür erscheint hier häufig das Schuppenmotiv.

Bemerkenswert für die resignierende Einstellung des gebildeten Bauherrn der stoische Vers über dem Portal: „Omnia mutantur vicibus nascentia certis, nec quicquam stabile est, quod queat diu." (Es wandelt selbstbestimmt sich alles, was geboren — nichts kann beständig bleiben, nichts auf lange Zeit.)

FRIEDEWALDE (Kr. Minden-Lübbecke)

Abb. 50

An der Außenfront der neugotischen Backsteinkirche mehrere Reliefs und Grabsteine des untergegangenen Hauses Himmelreich, das sich der kaiserliche Kriegsoberst Jürgen von Holle († 1576, vgl. sein Epitaph in der Marienkirche zu Minden, Abb. 51) 1550–1560 errichten ließ. Bemerkenswert: drei Reliefs mit Darstellungen der Geschichte vom verlorenen Sohn (wahrscheinlich von einer Erkerbrüstung). Der unbekannte Bildhauer benutzte eine Stichfolge des Hans Sebaldus Beham von 1540, die der Bauherr vielleicht 1548, als er nach dem Ende des Schmalkaldischen Krieges als Kommandant in der eroberten Reichsstadt Frankfurt stationiert war, von dem dort lebenden Kleinmeister H. S. B. († 1550) erworben hatte. Abb. 50 zeigt den verlorenen Sohn bei den Schweinen und oben links seine Heimkehr.

Lit.: J. Soenke, Der verlorene Sohn vom Hause Himmelreich. In „Mindener Heimatbl.", 32. Jg. 1960 Nr. 7/8, S. 80–92.

G. Angermann, Der Oberst Georg von Holle 1514–1576. Ein Beitrag zur Geschichte des 16. Jahrhunderts. Mindener Beiträge 12. Minden 1966.

FÜRSTENBERG (Kr. Holzminden)
Schloß Abb. 219
(Eigentümerin: Braunschweig-Stiftung)

Am Rande des hier steil zur Weser abfallenden Sollings um 1350 als braunschweigische Grenzfeste gegen die Stadt Höxter und die Abtei Corvey errichtet. 1545 durch die Hessen zerstört. Unter Heinrich Julius (1589 bis 1613) wohl durch Paul Francke aus Wolfenbüttel zu einem Renaissanceschloß umgebaut. Trotz Demolierung während des 30jährigen Krieges bei Merian (1654) noch eine stattliche Anlage. Davon heute noch der dreigeschossige Torbau mit reichverziertem Volutengiebel erhalten, aber leider durch spätere Zubauten so verdeckt, daß kaum der Ziergiebel noch sichtbar ist. Wir bringen deshalb eine Zeichnung (Abb. 219) aus „Renaissanceschlösser Niedersachsens" (Fig. 186).

Herzog Karl Georg I. von Braunschweig gründete hier 1747 eine Porzellanmanufaktur, die nach Meißen die älteste noch bestehende Deutschlands ist: Fürstenberg, ehemalige Herzogliche Braunschweigische Porzellanmanufaktur.

219 Schloß Fürstenberg, Torbau (Zeichnung aus „Renaissanceschlösser Niedersachsens")

Fürstenberg Castle: Gate-house (Drawing from "Renaissanceschlösser Niedersachsens")

GANDERSHEIM (Kr. Gandersheim)

1. Abtei Abb. 139
(Eigentum des Kreises, Sitz der Kreisverwaltung)

Neubau des Renaissanceflügels nordöstlich des Münsters 1599/1600 unter der ev. Äbtissin Anna Erika v. Waldeck (1589—1611) durch den Lemgoer Baumeister Henrich Overkotte (oder Ovekate). Es ist der einzige Bau, der diesem Meister ohne Zweifel zugeschrieben werden kann. Bauinschriften mit Meisterzeichen am Südgiebel: M henrich ovekate 1600. Wahrscheinlich hatte er aber auch ein Bürgerhaus mit sehr ähnlichem Giebel in Herford am alten Markt 8 (vgl. M. Sonnen, Die Weserrenaissance, a. a. O. Abb. 143, abgebrochen 1898) kurz vorher 1598 für Franz Barkhausen erbaut, das die Gandersheimer Äbtissin, die gleichzeitig Dekanissin in Herford war, gesehen haben mag und sie bewog, Overkotte mit dem Neubau der Gandersheimer Abtei zu betrauen.

Die südliche Stirnseite des Renaissanceflügels zeigt eine repräsentative Front mit hohem Ziergiebel und zwei reich geschmückten Ausluchten. Sämtliche Gliederungen aus rotem Sandstein. Wenn auch die Gestaltung der Giebelfläche, insbesondere die der Fenster nach der Renovation von 1900 nicht mehr die ursprüngliche sein dürfte, so sind doch die Formen des Giebelumrisses nebst den Staffelfüllungen erhalten geblieben. Die Bekrönung der obersten Staffel trägt auf einem Sockel (bez. MHO und Meisterzeichen Overkottes) eine Christusfigur mit Weltkugel. Die Konturen des Staffelgiebels werden durch Lisenen mit Beschlagwerkornament betont. In den Stufen sitzen kielbogige Bänder mit Voluteneinrollungen und leicht hervorspringenden Auswüchsen sowie gequetschter Muschelfüllungen. Die Übereinstimmung mit den Giebelformen des „Alten Bürgermeisterhauses" in Bad Salzuflen, Markt 5 (Abb. 138), fällt auf; vielleicht stammt auch dieser Giebel von Henrich Overkotte. Dem Gandersheimer Giebel verwandt sind außerdem die Giebel der Häuser Horn, Mittelstraße 40 (Abb. 48) sowie Lemgo, Mittelstraße 64.

Zwei dreiachsige, zweigeschossige Ausluchten bestimmen die repräsentative Wirkung der Schauseite des Hauses, zumal diese Risalite sehr eigenwillig vor die Front gestellt sind; die breitere, rechte Auslucht ist sogar neben das Gebäude gerückt. Beide wiederholen in ihren Bekrönungen das Thema des Ziergiebels und werden durch ionisierende, kannelierte Pilaster gegliedert. In den Fensterbrüstungen Wappen des Stiftes und der Bauherrin. Häufigstes Ornament feingliedriges Beschlagwerk. In den Giebelbekrönungen außerdem Fruchtgehänge.

An der östlichen Traufenseite des Renaissanceflügels im Hof polygonaler Treppenturm, dessen rundbogiges, von kannelierten Pilastern eingefaßtes Portal von einem

ungewöhnlich hohem Reliefaufbau mit dem Wappen der Bauherrin mit flankierenden Tugenden und von einer Rollwerkkartusche mit lat. Inschrift bekrönt wird.
Lit.: O. Gaul, Renaissancebaumeister in Lippe. a. a. O. S. 33 ff. O. Gaul, Herforder Steingiebel des 16. Jh. und ihre Meister. a. a. O. S. 9 f.

2. Rathaus

Nach einem großen Brande von 1580 erfolgte ein Rathausneubau unter Einbeziehung der profanierten Mauritiuskirche, deren Westturm alles überragt. Westlich des Kirchturmes, der zum Hausmannsturm wurde, entstand als vollständiger Neubau ein zweigeschossiger Renaissancebau mit einer Auslucht und einem Tor, das als Einfahrt zur Ratswaage diente. Im Innern des Westbaus ein Kamin mit Jahreszahl 1588.
Der gotische Chor wurde soweit umbaut, daß er mit dem Kirchenschiff fluchtete. Aus der Ummantelung springen zwei dreiteilige, zierlich feingliedrige Erker hervor. An der Nordfront ein fein skulptiertes Säulenportal.
Die Einzelformen, vor allem die häufige Verwendung von Rollwerkkartuschen, deuten auf Beziehungen zum Rathaus Alfeld hin, das 1584/86 von Johann von Mehle (Edeler) errichtet wurde, der auch am Rathaus Gandersheim nachweisbar ist.

GIFHORN (Kr. Gifhorn)

1. Schloß Abb. 46a
(Eigentum des Landkreises, Sitz der Kreisverwaltung, Museum)

Errichtet für Herzog Franz von Braunschweig-Lüneburg, der sich von seinem Bruder Ernst d. Bekenner nach vorheriger gemeinsamer Regierung 1539 mit G. abfinden ließ.
Baubeginn nicht sicher: vor 1540. Vollendet 1581. Baumeister Michael Clare und Sohn, die vorher schon am Schloß Schwerin und am Fürstenhof in Wismar sowie ab 1553 auch am Schloß Celle tätig waren. Von den ursprünglichen Befestigungsanlagen der Wasserburg ist nur wenig erhalten. Geblieben sind, wenn auch teilweise verändert, außer dem vierstöckigen Ostflügel („Ablagerhaus"), die Schloßkapelle (bez. 1547) mit Freitreppe und mehrgeschossigem Giebel in frühen Renaissanceformen und das Kommandantenhaus. Bemerkenswert das mächtige Torhaus mit den großen welschen Giebeln und Backsteinmaßwerk (Abb. 46a). An seiner Hofseite spätgotischer Wappenstein des Bauherrn sowie Porträtmedaillons ähnlich denen am Schloß Celle.

2. Kavalier-Haus (Hauptstraße 3) Abb. 46

Fachwerkhaus mit steinerner Fassade an der Straßenfront und zweistöckiger Auslucht (rechts). Erbaut 1540 wohl von demselben Baumeister Michael Clare. Die Fenster sind flachbogig geschlossen und weisen Stabwerkeinfassungen auf. Der mehrgeschossige Giebel wird von Halb- und Viertelkreisaufsätzen (welschen Giebeln) bekrönt.
Lit.: P. Müller, Die „Welschen Gewels", a. a. O. S. 133.

GREVENBURG (Kr. Höxter)

Wasserburg (Frhr. von Oeynhausen) Abb. 220

1536 als Vorwerk von Arndt v. Oeynhausen errichtet. Bau des Schlosses 1566–1579. Herrenhaus mit rechteckiger Hofanlage. Massives Torhaus mit achteckigem, fünfgeschossigem Treppenturm von 1536 an der Hofseite vermutlich der älteste Teil. Portal des Treppenturms mit Stabgitterwerk-Einfassung. Neidkopf an der Giebelspitze des Torhauses. Zwei weitere, reich verzierte Portale im Hof mit Jahreszahlen 1572 (Abb. 220) und 1573 sowie ein Bossensteinportal (Abb. 257). Seitenflügel in Fachwerk mit geschnitzten Balkenköpfen und Schwellen.

GROHNDE (Kr. Hameln-Pyrmont)

Schloß (staatliche Domäne)

1559 ausgebaut (vgl. Kellereingang im Hof mit Jahreszahl) durch den mindischen Ritter und kaiserlichen Kriegsobersten Jürgen von Holle (vgl. Friedewalde). Dreigeschossiger, sehr schlichter Bau mit ungewöhnlich hohem Torhaus.

HADDENHAUSEN (Stadt Minden, Kr. Minden-Lübbecke)

Wasserschloß (Frhr. von dem Bussche) Abb. 176, 177, 263

Neubau der alten Burg des Johann von Münchhausen († 1535) nach der Zerstörung durch die Mindener (1530). Hiervon erhalten Kamin im Küchenkeller mit Wappen am Sturz und Jahreszahl 1540.
Völlige Neugestaltung 1613–1616 durch Hilmar d. J. von Münchhausen (1558–1617) für seine Tochter Lucia († 1631). Sein Schwiegersohn Johann von dem Bussche (1570–1624) zahlte für den heruntergewirtschafteten Besitz 37 000 Taler. An der Auslucht des Wohnflügels Jahreszahl 1616 (Abb. 177).

220 Grevenburg, Portal im Schloß (bez. 1572)
Grevenburg: doorway in courtyard (1572)

Baumeister vermutlich Eberhard Wilkening aus Hameln, der unter dem gleichen Bauherrn auch den Teichflügel des Schlosses Schwöbber (Abb. 99) 1602 und wahrscheinlich auch das Schloß Wendlinghausen 1613—1616 erbaute (Abb. 178, 179). Haddenhausen und Wendlinghausen sind die spätesten Werke der Wilkeningschen Weserrenaissance, die mit Schloß Barntrup (Abb. 100 bis 108) begann.

Zweigeschossige Zweiflügelanlage (vielleicht nach dem Vorbilde des Münchhausenschlosses Hess. Oldendorf) mit polygonalem Treppenturm im Binnenwinkel auf großer Burginsel, umgeben von breiten Gräften und mit Zugang über steinerne Brücke von Osten her. Der linke Wohnflügel (44/13,75 m) hat eine eingeschossige Auslucht und einen Haupteingang mit Freitreppe, im rechten Flügel (26,50/14,80 m) gab es über Stallungen einen Rittersaal, der leider um 1930 in einen doppelten Kornboden umgewandelt wurde, wodurch u. a. ein Prunkkamin angeschnitten werden mußte. Die Kaminbekrönung mit Auferstehungsrelief (bez. 1622, vgl. Sonnen S. 103 Abb. 118) wurde abgenommen, ist jedoch noch vorhanden.

Die Schaugiebel (Abb. 176) an den Stirnseiten der Flügel sind als Staffelgiebel mit Volutenfüllungen ausgebildet. Zwischen dem Obergeschoß und der ersten Giebelstaffelung ist eine Attika eingeschoben. Die Giebelfläche wird nur durch Gesimse mit Zahnschnittleiste und durch zwei Bänder mit flachem Ornament sowie durch Fenster gegliedert. An den Ecken der Staffeln ragen Männerköpfe aus der Mauerstärke, die den Bartmannsmasken der Hämelschenburg nah verwandt sind, jedoch ist die Giebelkontur in Haddenhausen weniger bizarr. Im Gegensatz zu Wendlinghausen und den anderen Wilkeningschloßbauten fehlen in Haddenhausen die Zwerchhäuser.

Die Fenster, die teilweise gekuppelt sind, haben im Sturz und zu zwei Drittel der Gewände eine schlichte Hohlkehle als Profil. Das umlaufende Gesims zwischen den Stockwerken hat an der Unterkante Zahnschnittornament.

Das wirkungsvoll vor das Ganze gestellte Einfahrtstor (Abb. 176) erinnert an das wenig ältere der Hämelschenburg (Abb. 113) und ist mit Kerbschnittbossenquadern sowie mit Beschlagwerkornament und Rosetten an den Bogensteinen und am Gesimsband verziert. Aus seinem Schlußstein lugt ein Wächterkopf hervor. Dem rundbogigen Triumphtore ist außerdem eine gerade geschlossene Schlupfpforte für Fußgänger angefügt. Der Haupteingang des Wohnflügels zeigt ähnlich wie das Einfahrtstor abwechselnd Kerbschnittbossensteine und Rosetten (Abb. 263). Die rundbogige Tür mit Kämpfergesims ist an den Gewänden schlicht profiliert. Das Treppenturmportal ist gerade geschlossen und hat Volutenkonsolen unter dem Sturz. Seine Gewände sind mit Eier- und Perlstab sowie mit einer Zahnschnittleiste verziert. Das bekrönende Gesims über dem mit einem Flachornament geschmückten Sturz trägt einen Aufbau, der die Wappen des Erbauerehepaares und in einer Kartusche dessen Wahlspruch enthält.

Die Steinpfosten der Auslucht (Abb. 177) sind mit ionischen Halbsäulen versehen. Die Ausluchtbrüstung wird von Flachornament und einem Rauhband von Kerbschnittbossen übersponnen, nur für drei Rollwerkkartuschen ist Platz ausgespart. Das obere abschließende Gesims wird ebenfalls durch ein beschlagwerkartiges Flachrelief mit Rosetten und umlaufendem Eierstab verziert. Das Satteldach der Auslucht wird durch einen pompösen Giebelaufbau verdeckt (im Schwesterschloß Wendlinghausen fehlt der sonst ganz ähnlichen Auslucht diese Bekrönung; Abb. 178). Diese Bekrönung ist wohl das einzige Beispiel des Ohrmuschel- bzw. Knorpelstils in der ausgehenden Architektur der Weserrenaissance. Es sei jedoch auf die stilistische Verwandtschaft der Bekrönung mit Mindener Epitaphien in der Martinikirche hingewiesen: 1. Bullaeus-Epitaph (datiert 1615) von Adam Stenelt aus Osnabrück, 2. Sieffers-Epitaph (datiert 1620) von dem Meister Alexander aus Bielefeld. Nur mit Mühe kann der Beschauer das Konglomerat von Figuren, Ornamenten und Hermen entwirren. Die Figur in der Ädikula stellt die heilige Lucia dar, die bekrönende Gestalt ist als Christophorus zu deuten.

Lit.: O. Gaul, Renaissancebaumeister in Lippe. a. a. O. S. 17—21.

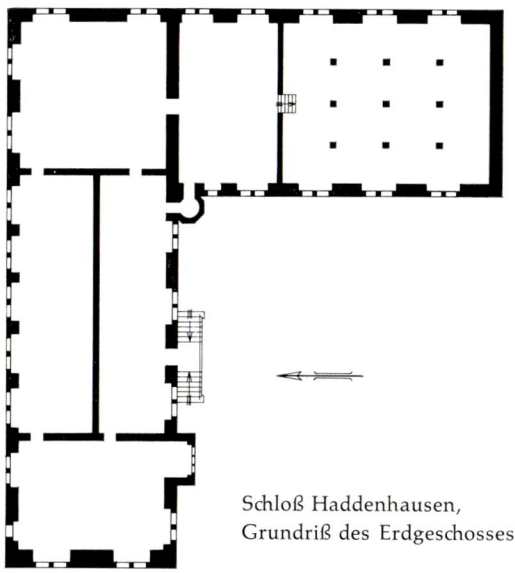

Schloß Haddenhausen, Grundriß des Erdgeschosses

HAMELN (Kr. Hameln-Pyrmont)

Abb. 82, 87—93, 168, 171—174, 221, 247, 249

1. Stiftsherrnhaus (Osterstraße) Abb. 88, 93

Der Name entstand durch irrtümliche Deutung der Bildwerke an der Hauptfront als katholische Heilige und weil man einem Laien solche Häufung derartiger Bildmotive nicht zutraute, sondern eben Stiftsherren. Vermutlich erbaut von dem Ratsherrn Friedrich Poppendieck 1556—1958 (Bildnis des Bauherrn als Junker I. Reihe, 3. Bild). Das Fachwerk-Traufenhaus besaß ursprünglich vier Stockwerke, im übrigen scheint die Fassade in ihrer ursprünglichen Form erhalten. Parallele: Knochenhauer-Amtshaus von 1529 in Hildesheim. Die Schnitzereien, die sich an den schrägen Konsolen, den sogenannten Knaggen, befinden, bilden das Kernstück des Bildschmuckes (Gottvater, Christus, Apostel, David, Simson, Kain und Abel und antike Planetengottheiten) und kennzeichnen das Baudenkmal auch von der Wahl der Motive her als ein Werk der Renaissance, ein Zeugnis für das Eindringen humanistischen Ideengutes. Die jetzige Anordnung entspricht wahrscheinlich nicht der ursprünglichen Bildfolge. 1969 wurde die farbige Fassung, insbesondere des Bildschmuckes, sorgfältig erneuert.

Vor der Haustür Beischlag mit zwei Beischlagwangen (Abb. 93) mit Halbkreisaufsätzen (welschen Giebeln) als Bekrönung und Darstellungen von Tugenden: Justitia und Fides.

Es sei hier auf weitere Hamelner Beischlagwange am Hause Fischpfortenstraße 20 mit einer Darstellung des Sündenfalles von 1550 hingewiesen (Abb. 223).

Lit.: H. Spanuth, 400 Jahre Stiftsherrnhaus. Hameln 1958.

G. André, Beischlagwangen aus der ersten Hälfte des 16. Jh. an der Weser. In „Westfalen" 33. Bd. 1956 H. 2/3 S. 151—163.

2. Bäckerstraße 16 (heute Rattenkrug) Abb. 87, 242

Haus des Patriziers Johann Rike. Erbaut 1568—1569 von Cord Tönnis, dem Baumeister, der die entscheidenden Impulse für die Hochblüte der Baukunst der Weserrenaissance gegeben hat (vgl. Detmold, Rinteln, Schwöbber, Hameln/Osterstraße 9 und Stadthagen/Rathaus). Sein Steinmetzzeichen in der Bogenspitze des Portals (S. 11) sowie am linken, unteren Ausluchtpfeiler und der Einfassung eines Südfensters im Hof mit der Jahreszahl 1556.

Der Umbau des alten gotischen Steinhauses erfolgte schon seit 1556, wobei vor allem die Innenaufteilung „modernisiert" wurde. Das neue Haus stellte für die damalige Zeit ein Novum dar und machte Schule. Neu war schon die Geschoßgliederung: Über der Einfahrt wurde ein Zwischengeschoß mit zwei Wohnräumen eingeschoben, hinter dem sich jedoch noch ein hoher Dielenraum befand. Abwendung vom Großraumwohnen des Mittelalters (noch erhaltenes Musterbeispiel hierfür Haus Papenmarkt 2 in Minden von 1547), Hinwendung zum Stubenwohnen.

Cord Tönnis schuf eine ganz neue, strenge Fassade mit steilem Stufengiebel und damals neuartigen Voluten (s-förmige Volutenbänder mit ruhiger Kontur), welche die welschen Giebel (Halbkreisaufsätze Jörg Unkairs) ablösten. Die Steile des gotischen Giebels wird durch das scheinbare Sockelgeschoß — gleichsam als Attika — mit

255

221 Hameln, Fischpfortenstraße, Beischlagwange mit Sündenfallrelief (bez. 1550)

Hameln, 20 Fischpfortenstraße: the "Fall of Man"-reliefs from "Beischlag" (dated 1550)

angedeuteter Ädikula an jeder Ecke und durch Gesimse, vor allem durch das Hauptgesims mit großer Antiqua-Inschrift (niederdeutscher Bibeltext) gemildert.

Eine weitere Neuerung im Bürgerhausbau war die hohe schmale, zweigeschossige Auslucht, die, links vor das Haus gerückt, die Gesamtfassade im kleinen noch einmal wiederholt. Die Auslucht wird erst möglich durch das neue Wohnbedürfnis, speziell durch Verlagerung der Stube von einem „Saal"-Anbau am hinteren Ende des Hauses nach vorn, an die Straßenfront. Die nach allen Seiten durchfensterte Auslucht gab der Stube helles Licht und den Bewohnern volle Straßenübersicht sowie ständigen Kontakt mit dem Gemeindeleben.

Die Auslucht des Hauses Bäckerstraße 16 ist eines der frühesten Beispiele ihrer Art im Weserraum, und Cord Tönnis hat damit eines der Merkmale der Weserrenaissance geschaffen. An der Hausecke neben der Auslucht eine Besonderheit (Abb. 242): zwei facettierte Eckquadern, die sicherlich einst auf der anderen Hausseite ihre Pendants hatten, bis sie 1781 dem Toranbau zum Opfer fielen. Ihre vier Facettenflächen steigen aus glattem Sockel auf und sind durch grobe Dreieckseinhiebe aufgerauht. Es handelt sich bei diesen Bossensteinen des Cord Tönnis ebenfalls um eines der frühesten Beispiele des für die späte Weserrenaissance typischen Ornaments. Das spätgotische, spitzbogige Portal mit Kämpferstück über den Leibungen wird von zwei Wappenhäusern nach holländischer Manier flankiert.

Lit.: U. Feige-Blohm, Cord Tönnis und seine Rustica-Quadern. Der Rattenkrug und das Leisthaus, Schicksale zweier Hamelner Patrizierhäuser. In „Deister- und Weserzeitung" 22. 3. 1969.

3. Osterstraße 12 Abb. 82, 91

Haus des Ratsherrn Jost Rike. 1576 vollendet. Baumeister unbekannt. Der Rollwerkgiebel zeigt bereits beschlagwerkartige Volutenbänder mit Kugelverzierung und Obelisken. Die Enden der Voluten krümmen sich sichelförmig frei nach außen. Die Giebelfläche wird durch rechtwinkliges Wandstreifenmuster (Lisenen) gegliedert. Oben vollplastisch hervorlugender Neidkopf in rautenförmigem Loch (holländisches Motiv, Abb. 91). Das Portal flankiert von zwei schlichten Auslucht. Giebel sehr ähnlich dem Prunkgiebel des Celler Rathauses von 1577 (Abb. 81).

4. Osterstraße 9 (Heimatmuseum) Abb. 88—89, 90, 92

Haus des Kaufmanns Gerd Leist. Erbaut 1585—1589. Baumeister Cord Tönnis, am Kamin der „Lucht" (Saal) sein Meisterzeichen sowie seine Initialen. Bruchsteinbau mit Sandsteingliederungen und verputzten Wandflächen. 1973 farbig neu gefaßt (Farbtafel gegenüber der Titelseite). Über schlichtem Speichergeschoß bizarr ausgezackter

Volutengiebel. In den Staffeln bewegte Komposition von Voluten, Facetten, Knäufen, Roll- und Beschlagwerk sowie hohe Obeliskos, mit denen die Säulengliederung der Giebelfläche ausklingt.

Die Halbsäulen stehen — der antikischen Ordnung zuwiderlaufend — zwischen den Gebälkstreifen auf Luke (ebenso am Hexenbürgermeisterhaus in Lemgo Abb. 62). Die Gesimse bzw. Gebälke zwischen den Stockwerken haben an der Unterkante Zahnschnittornament. Die Angelpunkte darunter werden durch Löwenköpfe und Bartmannsmasken betont. Unter der Giebelkrönung ragt aus einer runden Öffnung des Beschlagwerkes ein vollplastischer Neidkopf hervor (Abb. 92, ähnlich Osterstraße 12 Abb. 91). Die breite, zweigeschossige Auslucht gliedert sich durch die Gesimse der übrigen Fassade ein. Die Eleganz ihrer Einzelformen, der ionischen und korinthischen Säulen mit fein ornamentierten Trommeln, der Fruchtschnüre, Löwenköpfe und beschwingten Voluten wirkt nicht aufdringlich. Ein Gegengewicht bildet das große, rundbogige Portal, dessen Umrahmung nicht die ursprüngliche ist, und das breite dreiteilige Fenster mit Säuleneinfassung und Unterteilung. Auffallend: Die sparsame Verwendung von Kerbschnittbossenquadern.

In der Giebelnische der Ausluchtbekrönung steht unter einer Hängemuschel, eingerahmt von freistehenden Säulen, die einen Dreiecksgiebel tragen, eine vollplastische Lucretia (Abb. 90, Vorlage vermutlich ein Stich des Kleinmeisters Hans Sebaldus Beham). Der humanistisch gebildete Bauherr — sein Schwiegervater war der Schaumburger Kanzler Johann Gogreve — hat die antike Gestalt anscheinend bewußt und demonstrativ als Allegorie bürgerlich-republikanischer Tugend vor sein Haus gestellt und die manieristisch-pathetische Figur den Reliefs der Kardinaltugenden (Abb. 89, v. l. n. r. Glaube, Hoffnung, Liebe, Gerechtigkeit, Geduld, Klugheit) im Brüstungsfries der Auslucht zugeordnet.

5. Rattenfängerhaus, Ecke Oster- und Bungelosenstraße Abb. 173, 249
(Gaststätte)

Erst in neuerer Zeit wegen einer Inschrift vom Kinderauszug „Rattenfängerhaus" genannt. Erbaut 1602/03 für den Ratsherrn Hermann Arendes. Baumeister unbekannt. A. Neukirch möchte das Haus dem Johann Hundertossen (vgl. Bevern), O. Gaul dagegen Eberhard Wilkening (vgl. Barntrup) zuschreiben.
Dreigeschossiges Bürgerhaus mit fast quadratischem Grundriß. Die innere Aufteilung, u. a. 5 × 8 m großer Saal, deutet auf bewußte Repräsentation hin, desgleichen die Schmuckfülle der Fassade. Die gesamte Front wird von der Fülle kleinteiliger Zierformen des Spätstils der Weserrenaissance überwuchert, worunter die eigentliche Gliederung der Fassade fast verschwindet. Durchlaufende Bänder mit kerbschnittartigen Bossenquaderverzierungen wechseln sich mit glatten Schichten ab, während die Vertikale durch eine Pilastergliederung, die sich jedoch nicht bis in die Giebelfläche fortsetzt, betont wird. Über den Pilasterkapitellen, die in jedem Stockwerk einer anderen Ordnung angehören, ragen jeweils Bartmannsbüsten hervor, welche denen der Hämelschenburg genau gleichen. Man beachte, wie überlegt bei aller Asymmetrie die Lisenen angeordnet sind, links die Auslucht umrahmend, rechts eine Art Risalit bildend.

Von dem klassizistischen Einschlag des Cord Tönnis ist vor allem in dem Volutengiebel nichts mehr zu spüren. Der Giebelumriß ähnelt dem Giebeltyp von Schloß Bevern (Semikolon-Auswüchse). Das würde für Neukirchs Zuweisung an Hundertossen sprechen.

Die Auslucht hat offensichtlich die des Leisthauses (Osterstraße 9) zum Vorbild, doch wirkt sie schlanker und hat keine Giebelbekrönung. In ihrer Brüstung erscheinen Wappen wie an den Ausluchten der Adelsschlösser. Das Rundbogenportal mit abwechselnd reliefierten und kerbschnittbossierten Quadern gehört zu den für die späte Weserrenaissance typischen Bossensteinportalen, es unterscheidet sich jedoch in manchem von dem Portaltyp des Dempterschen und des Hochzeitshauses (Abb. 174, 247, 249). Am Rattenfängerhaus sind im übrigen die vier verschiedenen Bossensteinmuster festzustellen, die auch am Schloß Bevern wiederkehren. Dagegen wiederholt sich in den Rauhbändern des Dempterschen und des Hochzeitshauses stereotyp nur ein und dasselbe Muster.

6. Am Markt 7 (sog. Demptersches Haus) Abb. 168, 247

Erbaut für den Bürgermeister Tobias von Deventer oder Dempter 1607/08. Baumeister unbekannt. A. Neukirch möchte auch dieses Haus dem Johann Hundertossen zuschreiben, während O. Gaul wiederum Eberhard Wilkening für den Architekten hält.
Zwei Stockwerke in Haustein mit Zierquaderbändern, die sich mit glatten Streifen abwechseln. Rundbogenportal, darüber Wappenpaar. Das dritte Geschoß und der Giebel in reichgeschnitztem Fachwerk. Aber auch, wenn ursprünglich Stein und Holz farbig bemalt waren, so harmonisieren Unter- und Oberbau nicht miteinander, zumal die elegante Auslucht mit ihrer bizarren Bekrönung das Uneinheitliche der Fassade noch verstärkt. Vorbild könnte die Kombination von Fachwerk und massivem Steinbau im Schloßhofe Bevern (Abb. 160) gewesen sein. Nischenfigur der Auslucht neueste Zutat.

7. Hochzeitshaus Abb. 171, 172, 174

Festsaalbau, den die städtische Selbstverwaltung 1610 bis 1617 für die Bürgerschaft errichtete. O. Gaul hält,

257

wiederum mit Recht, Eberhard Wilkening für den Baumeister. Rechteckiger Bau, Straßenfront 43 m lang, 15 m tief, 11 m hoch bis zum Dachansatz. Hohe Volutengiebel an den Stirnseiten. Im Dachaufbau der südlichen Traufenseite drei stattliche Zwerchhäuser, die offensichtlich denen der Hämelschenburg nachgeahmt sind (Abb. 115). Auch an den mächtigen Stirngiebeln wiederholen sich wie dort Doppelvoluten. Im Erdgeschoß befanden sich einst die Ratswaage, eine Apotheke und die Weinschenke. Entsprechende Inschriften und Embleme über den markanten Portalen der Südfront (Abb. 174 Rundbogenportal, Abb. 172 die kleineren, zugesetzten von Säulen flankiert). Im Hauptgeschoß darüber ein riesiger Festsaal und im dritten Geschoß die Rüstkammer des städtischen Wehrwesens.

Die architektonische Gestaltung betont Massigkeit und Gewicht des gewaltigen dreistöckigen Baublocks und vor allem die Horizontale. Diese Horizontalgliederung wird erzielt durch die endlos umlaufenden Quaderverzierungen, die mit glatten Bändern abwechseln, nur wenig unterbrochen durch den Fries über dem Erdgeschoß (Abb. 172) und zwei obere Gesimse. Völliges Fehlen von Vertikalgliederung. Die Fenster sind schmucklos in die Wand eingeschnitten, wie überhaupt die (bewußte?) geringe Plastik aller Formen auffällt. Das Ganze wirkt durch machtvolle Geschlossenheit und dadurch, wie das große Haus vor die Flucht der Bürgerhäuser frei in den Straßenraum vortritt. Der Eindruck des Einheitlichen wird noch dadurch verstärkt, daß in den Rauhbändern lediglich ein Bossensteinmuster verwendet wird, das nur geringfügig in sich variiert (gewollte Störungen?). Es handelt sich um das gleiche Muster, mit dem auch die Wände des Südflügels der Hämelschenburg gestaltet sind.

Lit.: A. Neukirch, Hamelner Renaissance. Vom Schicksal einer niedersächsischen Stadtkultur. Hameln 1950.
O. Gaul, Renaissancebaumeister in Lippe. In „Mitteilungen aus der lippischen Geschichte und Landeskunde". 23. Bd. 1954, Kap. „Cord Tönnis", S. 9—11, und Kap. „Eberhard Wilkening", S. 17—21.

HÄMELSCHENBURG (Kr. Hameln-Pyrmont)

Schloß (Hr. von Klencke) Abb. 111—122
Hauptwerk der Weserrenaissance, jetzt Museum

Nach Vernichtung einer älteren Burg durch Feuersbrunst (1544) setzte der Wiederaufbau mit Wirtschaftgebäuden (1556) und der Schloßkapelle (1563) ein. Ludolf Klencke ließ unmittelbar über der Emmer den heute noch vorhandenen Wirtschaftshof errichten, der durch je ein großes Steingebäude an der Ost- und Westseite und durch verbindende Mauern abgeschlossen wurde. Ab 1588 erbaute Jürgen von Klencke (1551—1609) den jetzigen imposanten Herrensitz nach großzügigem Gesamtplan. (Der Name hat sich aus der Ortsbezeichnung Hermersen über Hermersenburg zu Hämelschenburg gewandelt.)

Bauregister sind nicht vorhanden, desgleichen ist der Baumeister nicht überliefert. A. Neukirch möchte den ersten Bauabschnitt (1588—1592) wegen der gleichen klassizistischen Formen wie am Leisthause Hameln (Abb. 88) Cord Tönnis, den zweiten mit dem Süd- und Mittelflügel (1597—1599) dem Johann Hundertossen zuschreiben. Dem widerspricht O. Gaul, der Tönnis einen solchen Stilwandel nicht zutraut und Eberhard Wilkening für den Vollender hält, weil der Barntruper Formschatz (Abb. 100—108) von der Hämelschenburg übernommen wird und sich dort im Laufe der Bauzeit (bis 1602) zu den Formen wandelt, wie die zeitlich folgenden Bauten, das Rattenfängerhaus (Abb. 173), Haddenhausen (Abb. 176) und Wendlinghausen (Abb. 179) sowie das Hochzeitshaus (Abb. 171) zeigen.

An den genannten Bauwerken fehlen jegliche Steinmetzzeichen. Wenn man auch dieses „Manko" nicht als Beweis für ein und denselben Baumeister ansehen kann, so stützt es doch das Ergebnis der stilkritischen Analyse O. Gauls.

Einen entscheidenden Stilwandel, der nur durch Baumeisterwechsel zu erklären wäre, kann auch G. Kiesow nicht feststellen. Er führt die verschiedenartige Ausstattung der drei Flügel auf ihre unterschiedliche Funktion zurück: Im zweigeschossigen Nordflügel befand sich unten die Gerichtsstube, oben der Rittersaal, im langgestreckten Mittelbau links die Küche, rechts der Pferdestall und darüber Lagerräume. Der dreigeschossige Südflügel diente als reiner Wohntrakt. Man hat also nach wohldurchdachtem Plan gebaut, zumal es zwischen den Flügeln keine Trennwände gibt. Demnach hätte also der unbekannte Meister unter dem Einfluß des Hamelner Leisthauses begonnen und während des Baus seinen eigenen Stil entwickelt und nach Vollendung des Schlosses auch das Hochzeitshaus in Hameln geschaffen.

Die Höhenburg am Berghange über dem Emmertal, umgeben von hohen Wällen außer an der Abhangseite, ist eine Dreiflügelanlage (Außenfronten 32,60/61,40/ 34,20 m) mit zwei achteckigen Treppentürmen, die das Dach überragen, in den Binnenwinkeln. Die Gesamtkonzeption stellt die beiden Seitenflügel im Gegensatz zu Schloß Schwöbber (Abb. 98) beherrschend gegenüber und betont den mittleren Stall- und Küchenflügel weniger. Das hochragende Gebäude hebt sich vor dem Hintergrunde des dunklen Bergwaldes leuchtend ab und spiegelt sich malerisch im Wasser der Graft vor der offenen Hofseite. Von hier führt auch der Zugang zum Schloßhof mit fester Brücke und monumentalem, an römische Triumphbögen erinnerndem Tor (Abb. 113), das Ludolf v. K. wirkungsvoll schräg vor die Burg stellen ließ (1608).

Die Hoffassade des Nordflügels, der 1588—1592 errichtet wurde, ist architektonisch mit ionischen und korinthischen Säulen gegliedert. Horizontalbänder und Maskendekor (Abb. 116) wirken der vertikalen Tendenz entgegen. Viele Einzelformen weisen hier auf das Hamelner Haus des Gerd Leist, Osterstraße 9 (Abb. 88), hin, das Cord Tönnis erbaute. Der Giebel des Nordflügels (Abb. 121) kann aber seine Verwandtschaft mit den Giebeln des Barntruper Schlosses (Abb. 100, 104) trotz der Obelisken nicht verleugnen. Die eingeschossige, dreiteilige Auslucht am Mittelflügel (Abb. 117) befand sich ursprünglich an der Hoffront des Nordflügels (siehe Grundriß).

A. Neukirch hält sie für eine Verkündungslaube der hohen und niederen Gerichtsbarkeit, die der Bauherr

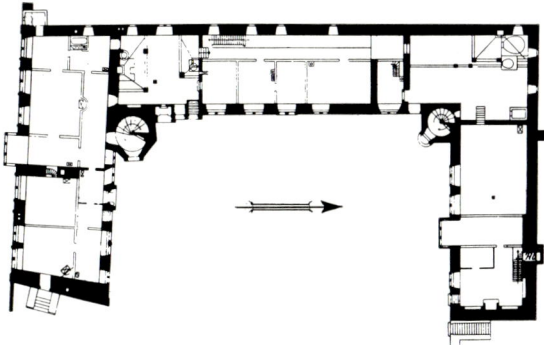

Hämelschenburg, Grundriß des Erdgeschosses

ausübte. Daher auch die behelmten Maskenköpfe an den Brüstungsecken. In ihren Einzelformen stimmen sie auffallend mit denen der Auslucht des Hamelner Leisthauses (Osterstraße 9, Abb. 89) überein.

Der südliche Hauptflügel wurde 1597 begonnen und 1599 beendet (Abb. 113, 115). Seine dreigeschossige Schauseite ist 61 m lang und üppig dekoriert mit abwechselnd glatten und bossierten Quaderstreifen, wodurch die Längenwirkung noch verstärkt wird, während die Giebel der vier dichtgereihten Zwerchhäuser die Höhe betonen. Hierzu kontrastieren die weit hervorragenden, kupfernen Wasserspeier. Der Erker im Erdgeschoß der Straßenfront (Abb. 114) betont die Mitte, zu der die Achsen der gekuppelten Fenster symmetrisch angeordnet sind.

Seine Steinpfosten sind mit ionischen Halbsäulen versehen, deren Schäfte von Kerbschnittquadern unterbrochen werden. Die Brüstung des Erkers ist mit Kartuschen und reichem Ornamentschmuck gefüllt, und seine Gesimse werden von Zahnschnittleisten belebt.

Am Ostgiebel des Südflügels ragen freiplastische Bartmannsbüsten wie gotische Wasserspeier über den Pilastern an der Wand. Sie kehren noch origineller an der Fassade des Rattenfängerhauses in Hameln wieder.

Die Türen werden von einer vollständigen Säulenädikula eingerahmt. Bei den Treppenturmportalen (Abb. 119) tragen korinthische Rundsäulen den bekrönenden Aufbau, der in seinem friesartigen Unterteil die Wappen des Erbauerpaares und im Giebeldreieck das Brustbild Gottvaters zeigt. Die Türumrahmungen sind reich profiliert. Eckkonsolen füllen die Gewände unter dem Sturz. Im Giebelfeld des Eingangs zum Mittelflügel sind ein Reiter sowie zwei Köpfe reliefiert, darunter ist zu lesen: „diesen Stall muß der meiden, wer mehr den vier Pferde will reiden" (Abb. 122). Die sogenannte Pilgerlaube im Schloßhof (Abb. 118) besitzt ebenfalls eine Ädikulaarchitektur mit geradem Gebälk. Die Tür des Südflügels (Abb. 120) hat in den Gewänden Nischen mit Muschelbekrönung mit Sitzkonsolen. Die Verwandtschaft der „Türgerüste" mit den Barntruper Portalen ist nicht zu verkennen.

An der Hämelschenburg erscheint der für die späte Weserrenaissance so charakteristische Bossenstein, der mit seiner kerbschnittartigen Musterung und als wesentliches Ornament zuerst an den Schlössern Barntrup und Brake (beide erbaut ab 1584) auftaucht, nicht nur als eine von vielen Zierformen wieder, vielmehr setzt der Baumeister den Bossenstein hier als Mittel zur gleichmäßigen Flächengestaltung und Gliederung ein: Durch Reihung der Zierquadern zu Rauhbändern, die sich mit glatten Streifen abwechseln — am Südflügel werden sie sogar über die Säulen und die Pilastergliederung hinweggeführt — erreicht er nicht nur eine malerische Wirkung, sondern auch die Betonung der Horizontale. Der Meister verwendet (möglicherweise deshalb) nur ein Bossensteinmuster, das gleiche Muster, mit dem er dann am Hamelner Hochzeitshaus das Prinzip der Bossensteinbänder als Stilmittel am konsequentesten verwirklichen wird.

Lit.: A. Neukirch, Hameler Renaissance. a. a. O. S. 94 bis 96 und 98—100. O. Gaul, Renaissancebaumeister in Lippe. a. a. O. S. 17—21. G. Kiesow, Schloß Hämelschenburg. München 1966. Große Baudenkmäler, Heft 202.

HANN. MÜNDEN (Kr. Göttingen)

1. Schloß (heute Amtsgericht, Heimatmuseum und Behördenhaus) Abb. 56—58, 223, 243

Von 1498—1584 ständige Residenz des Fürstentums Calenberg-Göttingen. Die mittelalterliche Burg wurde schon unter Herzog Erich I. (1470—1540) um 1500 schloßartig umgebaut. Von dieser älteren Anlage nur der Treppenturm (Abb. 57) mit spätgotischem Stabgitterwerkportal im Winkel zum Ostflügel und Teile der ehemaligen Schloßkapelle (bez. 1501) sicher zu datieren. Seit

1460 war die Burg auch in die Stadtbefestigung einbezogen.

Bauherr Herzog Erich II. von Braunschweig-Calenberg (1528—1584), der einen großen Teil seines Lebens in Antwerpen, Brüssel und auf seinen nordholländischen Besitzungen verbrachte sowie Reisen nach Spanien, Frankreich und Italien unternahm. Nach einem Brande von 1561, durch den der teilweise aus Fachwerk bestehende Nordflügel des Schlosses zerstört wurde, entstand die heutige Anlage vermutlich in zwei Bauabschnitten, die etwa durch die Jahreszahlen 1562 und 1574 an den

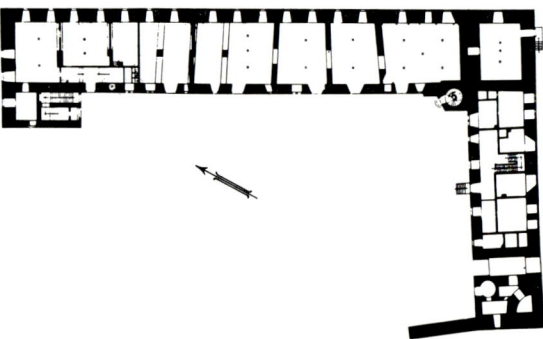

Schloß Hann. Münden, Grundriß des Erdgeschosses

Kaminen im heutigen Heimatmuseum angedeutet werden. Im Frühjahr 1562 wirbt Erich II. niederländische Bauleute an und schickt sie nach Uslar, wo er schon seit 1559 baute, und Münden. Gleichzeitig läßt er 40 deutsche Steinhauer sowie einen Meister für Bildhauerarbeiten einstellen (Brief aus Woerden/Nordholland vom 25. 4. 1562). Etwa 1565 dürfte der Nordflügel mit dem neuartigen Ziergiebel vollendet gewesen sein. 1572 sandte der Bauherr wieder „einen großen Haufen Werkleute, Zimmer- und Mauerleute, Maler und Steinhauer" nach Münden. Anscheinend war dieser Bauabschnitt vor allem der Ausgestaltung des Schloßinneren gewidmet. Die noch erhaltenen Wandmalereien sind von 1572 datiert. Der Baumeister ist nicht bekannt.

Viergeschossiger, langgestreckter Bau längs des Werraufers (Nordtrakt, Außenfront 98 m lang) mit einem Ostflügel (heute Amtsgericht), der 1788 teilweise neu errichtet wurde, und einem sehr kurzen Westflügel. Hohe Kreuzpfostenfenster (in der Weserrenaissance selten) beherrschen, die Horizontale betonend, die Werrafront des Nordflügels (16achsig) und dessen westliche Giebelseite (Abb. 58). Eine Gesimsgliederung fehlt. Das hohe Satteldach wird durch zweigeschossige Lukarnen (Dacherker) mit Dreiecks- bzw. Segmentgiebeln nach französischem Vorbild belebt (vgl. auch Abb. 57: Dacherker auf der Hofseite).

Bemerkenswert: Zwei Schornsteine aus Backstein mit Werkstein-Lisenen und bossierten, umlaufenden Bändern. Solche Dachkamine sind auch an den Loireschlössern der Bauperiode Ludwig XII. und Franz I. zu beobachten, jedoch fehlen dort die Bossensteine. Die beiden Schornsteine unterscheiden sich in der Art der Bossierung. Der Kamin über dem Treppenhaus (Westflügel) ist mit tiefen, groben Einschlägen unregelmäßig aufgerauht (Abb. 243), ähnlich wie die Bossensteinbänder Hermann Wulffs am Sockel der Lemgoer Rathauslaube von 1565 (Abb. 244). Die Bossensteine des Schornsteins auf dem Werraflügel haben eine glatte Umrahmung und sind feiner bossiert.

Dem großen Ziergiebel mit dem Wappen des Bauherrn, das leider wegen der starken Schwärzung der Werksteine nicht zu erkennen ist, kommt deswegen hervorragende Bedeutung zu, weil seine Form im Weserraum keine Vorläufer hat. Er zeigt zum ersten Male die Auflösung der strengen Kontur des Staffelgiebels in volutenartige Gebilde. In Traufenhöhe ruht er auf einem Gesims aus Architrav, Fries und Kranzgesims. Gesimse gliedern auch das Giebelfeld. Auf den Staffelenden des oberen Geschosses stehen Obelisken, ebenso auf den unteren Stufenfüllungen. Ein Dreiecksgiebel mit bekrönender Justitiafigur schließt den Giebel ab. Figuren (Tugenden) stehen auch auf den Ecken des mittleren Gesimses. Bemerkenswert sind auch die beiden schmalen, das Kreuzpfostenfenster des unteren Giebelgeschosses flankierenden Fenster mit ihren klassischen Ädikula-Einfassungen. Vergleichbares finden wir innerhalb der Weserrenaissance nur in Uslar (vgl. Abb. 247) und Bremen (Abb. 183). Merkwürdigerweise weichen die Giebelfenster von der Mittelachse des Giebelfeldes nach rechts ab. Sie sind nach den Fensterachsen der Gesamtfront ausgerichtet. Der kurze Westflügel (Abb. 56) hat in jedem Stockwerk nur einen Wohnraum und ist eigentlich nur ein Treppenhaus. In zwei geraden Läufen mit Podesten führt die Treppe von Geschoß zu Geschoß. Die Podeste ruhen auf gewölbten, die Läufe auf ansteigenden Tonnen. Die rundbogigen Fensteröffnungen verzieren ädikulaartige Einfassungen der toskanischen, dorischen und ionischen Ordnung mit Dreiecksgiebeln. Auch an der Stirnseite des Westflügels drei gerade geschlossene Fenster mit klassischen Ädikulaeinfassungen und Aufsatzbekrönungen. Sämtliche Fensterrahmungen sind bis zur Geschoßsohle herabgeführt. B. Niemeyer (Renaissanceschlösser Niedersachsens, a. a. O. S. 88) vermutet, daß es sich bei den Fenstern der Stirnseite in Wirklichkeit um Türeinrahmungen handelt, da hier der Flügel weitergebaut werden sollte (Abb. 225). Tatsächlich ähneln diese „Fenster" zwei Türen im Werraflügel (aus dem Römergemach und „Weißen Roß" zum Treppenturm). Wie dem auch sei, wesentlich ist dieser frühe Versuch, das Lieblingskind der deutschen Renaissance, den Treppenturm durch eine neue, bequemere Konstruktion zu ersetzen. Man vermißt jedoch eine durchgehende, zusammenhängende Gliederung der Treppenhaus-Fassade, denn jedes Stockwerk bildet an der Front eine optische Einheit für sich. Handelt es sich hier um Unzulängliches, oder werden die Angaben alter Schloßbeschreibungen bestätigt, die von Laufgalerien vor den Geschossen berichten? Zusammenfassend kann aber gesagt werden: In Münden und zuvor noch in Uslar wurden die klassischen Formen der Schule von Fontainebleau hierzulande zuerst gezeigt: Hier liegt eine der Wurzeln der späteren Weserrenaissance.

1969 wurde die in Deutschland heute einzigartige Renaissance-Ausmalung im „Gemach zum weißen Roß", einem saalartigen Raum im Obergeschoß, restauriert. Gegenstand der Sekkomalereien, die wahrscheinlich um 1565 von Holländern ausgeführt wurden, ist ein alttestamentarischer Figurenzyklus: Samson, Abigael, David, Gideon, Calef, Josua, Abraham, Judith, Esther, Judas Makkabäus. Die sieben Helden des A. T. stehen statuenartig in den Nischen einer Scheinarchitektur, die Frauen als Halbfiguren in Rollwerkrahmen.

Lit.: K. Maier, Die Wende in der Baukunst des 16. Jh. im Weserraum, a. a. O. S. 289—293. K. Maier, Die Dekorationsformen der Renaissancearchitektur im Wesergebiet und ihre Entwicklung bis etwa 1575, a. a. O. S. 69—80.

222 Uslar, Fenstergiebel
Uslar Castleruins: part of a window (c. 1560)

2. Rathaus Abb. 181, 182

Kernstück ein großer, rechteckiger, gotischer Saalbau, dessen Staffelgiebel an der Südseite noch zu erkennen sind und der mit seinen Umfassungsmauern erhalten blieb. An seine Ostseite wurden ein weiterer Trakt und an die Westseite zwei Flügel mit ausgespartem Hof angefügt. Großzügiger Um- und Erweiterungsbau 1603 bis 1619. Die Marktfront (Abb. 182) gestaltete der Baumeister Georg Crossmann aus Lemgo in den Jahren 1603—1609, nachdem der Mündener Steinhauermeister Friedrich Weitmann die Arbeit nach kurzer Zeit aufgegeben und der Rat vergebens mit dem Göttinger Meister Simon Högel verhandelt hatte. Anstelle von nur zwei ursprünglich vorgesehenen Giebeln entwarf Crossmann die Lösung mit den drei Zwerchhäusern und setzte vor die Schauseite eine doppelgeschossige Auslucht (bez. 1604, Abb. 182). Außerdem belebte er den an sich schlichten Bau durch das prächtige Portal mit Stadtwappen (darüber Meisterzeichen Georg Crossmanns bez. 1605) sowie Altan (Abb. 181).

Für den Riß sowie für die Steinmetzarbeiten an Giebeln und Auslucht erhielt C. 200, für die Verzierung am

223 Hann. Münden, Schloß, Fenster des Treppenhauses um 1572
Hann. Münden Castle: window of the staircase (c. 1572)

Hauptportal 220 und für die noch heute erhaltenen Kamine (einer im oberen „Hochzeits"-Saal bez. 1605) 112 Taler. Zweimal wurde er mit seinen Gesellen bewirtet. Bei solcher Gelegenheit erhält ein Sohn des Meisters eine „besondere Ergötzlichkeit". Dieser Sohn dürfte der spätere Meister Ernst Crossmann gewesen sein, der in Bremen um 1620 das heutige Gewerbehaus (Abb. 198) errichtete.

Die drei Zwerchhäuser an der Marktfront (Abb. 182) sind in den unteren Geschossen mit durchbrochenem Beschlagwerk sowie mit einem durchgehenden Gesims aneinandergekoppelt, so daß ihre Untergeschosse scheinbar ein viertes Geschoß des Hauses bilden. Sie haben Giebel mit Beschlagwerkvoluten und Obelisken auf den vorkragenden Gesimsen der Staffelenden. Alle werden von Figuren bekrönt. Parallel zur Nordfassade, fast verdeckt von den Zwerchhäusern, liegt das riesige Satteldach, in das alle übrigen Dächer einschneiden. Das prunkvolle Mittelportal (Abb. 181), dem ein Altan mit zwei Treppenläufen vorgelagert ist, wird von flankierenden ionischen Doppelsäulen, die ein schweres Gebälk mit Ädikulaaufsatz und hohe Obelisken tragen, sowie von Beschlagwerkvoluten eingerahmt. Unter dem Gebälk kehren die gedrechselten Knäufe wieder (Ziermotiv von Holzdecken übernommen), denen wir schon an einem anderen Crossmann-Bau, an der Lemgoer Rathausvorhalle (Abb. 61, 192), begegneten. Die Archivolte der rundbogigen Türöffnung setzt sich aus Keilsteinen mit Diamantornament und solchen, die an der Stirnseite Löwenmasken zeigen, zusammen. Der Schlußstein ragt mit einem großen Löwenkopf hervor. An den Innenseiten der Leibungen allegorische Figuren in Muschelnischen.

Durch das Portal wird die Gebäudemitte und der dahinterliegende Saalbau mit zwei Sälen in beiden Hauptgeschossen hervorgehoben. Rechts daneben hat Georg Crossmann die zweigeschossige, vierachsige, schlanke Auslucht gestellt, die zusammen mit der Fenstergliederung wohlabgewogene Proportionen an der an sich asymmetrischen Fassade schafft. Die Auslucht, die in ihrer Giebelbekrönung das Thema der Zwerchhausgiebel wiederholt, hat über einen hohen Sockel ein sehr hohes Untergeschoß mit niedriger Brüstung. An den Hermenpfeilern des Obergeschosses fällt eine Veränderung gegenüber der Bauplastik früherer Crossmann-Bauten auf: Die Körper der Hermen werden hier statt der frontalen Haltung (vgl. Lemgoer Rathaus-Doppelgiebel, Abb. 192, und Taufe in der Marienkirche zu Lemgo, Abb. 234) in eine gekurvte Bewegung versetzt, und an die Stelle der früheren Glätte tritt eine Licht-Schatten-Wirkung. Die Haare lockern sich, und die Köpfe bekommen einen „malerischen" Charakter. Doch dieser Stilwandel, der bereits ein Übergang zum Frühbarock ist, kann dem alternden Georg Crossmann (gest. 1612) wohl nicht mehr zugetraut werden. O. Gaul nimmt deshalb mit Recht an, daß hier die jüngere Generation, nämlich Ernst Crossmann, am Werke war.

Lit.: O. Gaul, Renaissancebaumeister in Lippe, a. a. O. S. 22—29.

Die Baugeschichte ist auf Grund der Quellen von H. Wilb. H. Mithoff veröffentlicht worden: Kunstdenkmäler und Altertümer im Hannoverschen. Hannover 1871—1880. Bd. II Fürstentümer Göttingen und Grubenhagen (S. 144, Rathaus Hann. Münden).

HEHLEN (Kr. Holzminden)

Schloß Abb. 75—79
(bis 1958 Eigentum der Grafen von der Schulenburg, heute W. Koch)

Erbaut 1579—1584 von Ilse von der Schulenburg, geb. von Saldern (1539—1607), und ihrem Gatten, dem Kriegsobersten Fritz v. d. Sch. (1518—1580). Das Ehepaar lebte ab 1574 getrennt. Der Baumeister ist nicht überliefert.
Vierflügeliger, fast schmuckloser Schloßbau um quadratischen Hof mit zwei Treppentürmen in gegenüberliegenden Ecken. Drei Geschosse in Bruchsteinmauerwerk mit sehr breiten, rechteckigen Fensteröffnungen. Die gesimslosen Wände werden lediglich durch die regelmäßig gereihten, gekuppelten Fenster gegliedert. Das Satteldach wirkt durch seine große, von Giebeln unverdeckte Fläche (Abb. 75). Von allen Schlössern der Weserrenaissance gibt gerade hier das Sollingplattendach als wesentlichstes architektonisches Element dem Gebäude das Gepräge. An der Ost- und Westecke runde Türme. Die malerische Wirkung des Schlosses beruht trotz des Fehlens jeden Giebelschmuckes auf dem Kontrast zwischen dem gedrungenen Gebäudekomplex mit hohem Dach und den schlanken Türmen, vor allem dem Ostturm mit der eigentümlich hohen Haube. Der Vergleich mit einem Schwan liegt nahe. An der Nordecke der Weserfront zweigeschossiger Erker mit schlichter Volutenbekrönung. Ursprünglich nur Zugang mit steinerner Brücke (Abb. 77). Das rundbogige Durchfahrtstor wird von einer Ädikula mit dorischen kannelierten Rustikapilastern gerahmt. Darüber im Dreiecksgiebelfeld die Wappen des Erbauerpaares. Die Durchfahrt erweitert sich innen zu einer Halle mit Kreuzgewölben.

Alle Zierfreude konzentriert sich auf den Schloßhof. In seiner Ost- und Westecke stehen achteckige Treppentürme, welche die Dächer überragen. Beide Treppenturmeingänge haben Sitznischen: Konsolsitz in weiter Hohlkehle mit Muschelbekrönung. Über der Türöffnung des östlichen Wendelsteines Ädikulaaufbau mit Allianzwappen des Erbauerpaares (Abb. 78). Ähnlich am westlichen Treppenturm: Im Scheitel des Bogens trägt eine

Volutenkonsole einen Rahmen mit den Brustbildern des Erbauerpaares in Relief. An der Wand des Binnenhofes Epitaph des Fritz v. d. Sch. (Abb. 76), wie A. Neukirch vermutet, wohl von Ebert Wolff d. J.

HENNECKENRODE (Kr. Hildesheim)

Schloß
(Blumsche Waisenhausstiftung)

Vom 15. Jh. bis 1687 Lehnsgut der Herren von Saldern, dann der Drosten Bocholtz auf Wohldenberg. — Das zweigeschossige, ehemalige Herrenhaus von 1597 wird auf den Längsseiten von drei großen, mit Bossensteinen verzierten Zwerchhäusern vor der hohen Dachfläche belebt. An der nordwestlichen Stirnseite dreigeschossige, reichdekorierte Auslucht von 1580. Das mittlere Zwerchhaus an der Hoffront wurde 1783 zu einem dreiachsigen Risalit umgestaltet.

Die schlichte katholische Kirche an der Nordwestseite des Gutshofes mit beachtenswertem Bossensteinportal (Abb. 261) wurde 1597 erbaut.

HERFORD (Kr. Herford)

Bürgerhäuser

1. Höckerstraße 4

ehem. Bürgermeisterhaus (fälschlich als Geburtshaus des Architekten M. D. Pöppelmann 1662—1736 angesehen), erbaut für Heinrich Crüwel, mit spätgotischem Staffelgiebel, bez. 1538. Typische Inschrift der Reformationszeit: VDMIE (Verbum Domini manet in eternum). Offensichtlich spätere Zutaten: Eckzierden in reinen Renaissanceformen. 1964 restauriert.

2. Neuer Markt 2 Abb. 124

Bauherr der Ratsmann Jobst Wulfert, der das ursprünglich schlichte Haus 1560 (so bezeichnet) erbauen ließ. Wahrscheinlich erst 1577/78 erhielt es den großartigen Ziergiebel. O. Gaul schreibt mit Recht dieses typische Werk der Lipperenaissance (das einzige östlich des Teutoburger Waldes) dem Johannes von Brachum zu, der sich 1579 in Wiedenbrück seßhaft machte und in das dortige Bürgerbuch als „Johannes von Herford" eingetragen wurde.

Dieser Giebel ist im Bereich der Weserrenaissance und im weiten Umkreis darüber hinaus einmalig. Seine Zierformen sind durchaus ungewöhnlich. Die Giebelfläche ist mit überdimensionalen geometrischen Mustern des sonst so zierlich-flachen Beschlagwerk-Ornaments belegt und wird außerdem durch kräftige Gesimse in Geschoßhöhe horizontal gegliedert. Plastisch und farbig (ursprünglich wohl rot) heben sich gerade und diagonale Bänder, Rauten und Kreise von der hell geputzten Grundfläche ab. Mittelpunkte der Flächendekoration bilden jeweils Köpfe und facettierte Bossensteine.

Die Stufenfüllungen werden durch kielbogige Volutenbänder gebildet (wobei ein kürzeres Band unter das andere geflochten ist), die in Lilien enden und in den unteren Staffeln mit Muscheln gefüllt sind. Bemerkenswert ist die Durchbrechung der Staffelfüllung sowie die Beigabe von figürlicher Plastik. Im Gegensatz zu den Mindener (Abb. 125, 128) und Salzufler (Abb. 136) Giebeln haben hier die Halbfiguren, Adam und Eva in den Mittelstufen, noch keine Verbindung mit den Volutenbändern.

Die Übereinstimmung des Herforder Giebels mit den Bauten der Lipperenaissance ist eindeutig, sogar die Dreieck-Verdachung findet sich hier wie dort, und für die Flächenornamente vergleiche man Schloß Overhagen oder den Eckturm von Hovestadt.

Lit.: O. Gaul, Die steinernen Ziergiebel des 16. Jh. in Ostwestfalen und Lippe, a. a. O. S. 217 und 219. O. Gaul, Herforder Steingiebel des 16. Jh. u. ihre Meister, a. a. O. S. 7 f.

Grundlegendes Werk über die Lipperenaissance: R. Klapheck, Die Meister von Schloß Horst. Berlin 1915. Den Namen führt diese Stil-Sonderentwicklung nach dem Fluß Lippe, in dessen Nähe die wichtigen Schloßbauten liegen.

3. Sandsteinbrunnen Abb. 148
(Neuer Markt, vor der St.-Johannis-Kirche)

In der Weserrenaissance einzigartiges Brunnengehäuse von 1599, das der Herforder Magistrat 1839 verkaufte. Standort seitdem im Gutspark Ostenwalde bei Melle. Der Brunnen wurde von der Stadt zurückerworben, sachverständig restauriert und 1964 wieder auf dem Neuen Markt aufgestellt. Es ist der Typ des zierlichen Zisternenbrunnens der Renaissancezeit, von denen in Deutschland nur wenige erhalten geblieben sind.

Der achteckige Brunnentrog ist mit Beschlagwerk-Ornament und Löwenköpfen verziert. Vier als Hermen ausgebildete Pfeiler tragen das Gebälk. Darüber schwingen sich acht mit Kugeln besetzte Kielbögen empor, die als Bekrönung die Figur eines Wappners mit Schild und Banner tragen.

Wir wissen nicht, wer das Brunnengehäuse schuf. Georg Crossmann, der 1604 ein ähnliches für den Lemgoer Markt (im 19. Jh. verschwunden) anfertigte, kommt wohl nicht in Betracht. Nächstverwandt sind die Formen des Hermen-Portals am nördichen Treppenturm des Schlosses Varenholz (Abb. 147).

Lit.: O. Gaul, Herforder Steingiebel des 16. Jh. und ihre Meister, a. a. O. S. 11.

HESSISCH OLDENDORF (Kr. Grafschaft Schaumburg)

Schloß Abb. 109, 110
(Münchhausen-Hof, Eigentümer Fr. W. Diers)

Ritterhof der Büschen (seit 1559 der Münchhausen) am Rande der Stadt mit Außenfront zur Weser. Die Zweiflügelanlage (Weserflügel 34/12 m, Saalflügel 32,60/11,60 m) mit achteckigem Treppenturm im Binnenwinkel ist wahrscheinlich in zwei Bauabschnitten während des 16. Jahrhunderts entstanden.
Die Fenstereinfassungen des Treppenturms weisen noch Stabgitterwerk im Stile Jörg Unkairs auf (Abb. 110).

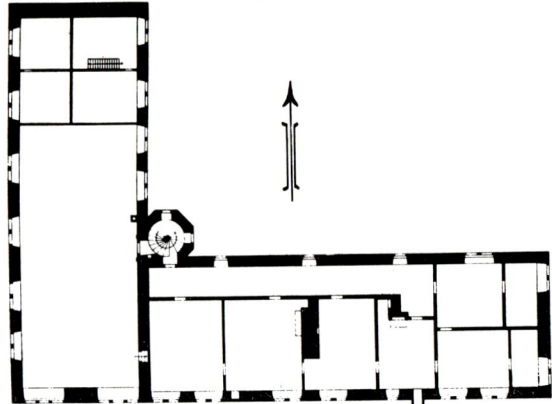

Schloß Hess. Oldendorf, Grundriß des Obergeschosses

Möglicherweise entspricht das der Bauinschrift mit der Jahreszahl 1536 und Wappen des Claus Büsche († 1559) an der Hofeinfahrt.
Zweiter Bauabschnitt 1582—1585. Bauherrin war die Witwe des Börries von Münchhausen († 1583) Heilwig Büsche (1537—1599). Der Baumeister ist nicht überliefert. Aus dieser Bauperiode stammt der Stirngiebel des Weserflügels (Abb. 109) und der zur Weserseite gewandte Giebel des Saalbaus. Die Giebel an den Schmalseiten werden durch zwei Gesimse geteilt und haben S-förmige geschweifte Staffelvoluten und werden von einem welschen Giebel bekrönt (Vgl. Abb. 98, Schloß Schwöbber, Giebel des Torflügels von 1588!). Auf den Staffelecken sitzen Kugeln. Das Motiv kehrt an den Giebeln der drei Zwerchhäuser an der Weserseite wieder.
O. Gaul verweist wegen dieses altmodischen Motivs auf die Möglichkeit, daß hier Meister Heinrich Overkotte aus Lemgo am Werke war, der den Giebel der Gandersheimer Abtei von 1600 (Abb. 139) schuf. Dem widersprechen jedoch die beiden zierlichen Portale des Schlosses von 1585, vor allem das rundbogige des Treppenturms mit flankierenden ionischen Säulen und bekrönenden Adam- und Evafiguren sowie dem Baum der Erkenntnis über dem Dreieckaufsatz (Abb. 110). Vgl. das Portal des Hexenbürgermeisterhauses in Lemgo von Hermann Wulff (Abb. 63). Das gleiche Motiv begegnet uns auch am Wasserschloß Twickel bei Delden in Holland.
Das andere Portal an der Hofseite des Weserflügels (bez. 1585) mit Freitreppe ist gerade geschlossen und hat einen Aufbau mit ionisierenden Pilastern und Dreiecksbekrönung sowie im Relief einen Engel mit den Ehewappen des Erbauerpaares.
Lit.: O. Gaul, Renaissancebaumeister in Lippe, a. a. O. S. 33—35.

HINNENBURG (Kr. Höxter)

Schloß Abb. 227
(Eigentümer Graf Bochcholtz-Asseburg)

Die heutige Anlage stammt aus den Umbauten des 15. und 16. Jh.: drei Flügel um einen schmalen Binnenhof. Verwandt der Wewelsburg, jedoch nur e i n runder Eckturm. Nach 1730 neue Fassadenaufteilung. 1934 durch Brand zerstört, doch inzwischen recht gut restauriert.

HOLTFELD (Kr. Gütersloh)

Wasserburg Abb. 158, 230
(Hotel, H. Wittenborg)

Seit dem Ende des 15. Jh. in der Hand der Herren von Wendt. Rechteckiges, zweigeschossiges Gebäude mit zwei Ziergiebeln an den Schmalseiten und einem quadratischen Turm, der ursprünglich eine welsche Haube trug, an der Südwestecke. Im Untergeschoß der Westfront außerdem schlichter, vierteiliger Erker. Erbaut 1599—1602. Da hier deutlich, insbesondere am Südgiebel, die Formen der sogenannten Lipperrenaissance wiederkehren, könnte Johannes von Brachum (Sohn des Laurenz v. B., seit 1579 in Wiedenbrück ansässig) als Baumeister in Frage kommen. Die Wände werden durch umlaufende Gesimse, welche die Fenster in Höhe der Sohlbänke und Stürze zu breiten Bändern zusammenschließen, horizontal gegliedert. Der nördliche Staffelgiebel, dessen Stufen durch Lisenen angedeutet werden, zeigt schlichte, „altertümliche" Umrißformen (Abb. 230). Der Südgiebel (Abb. 158) wird, ähnlich wie in Thienhausen (Abb. 157), durch ornamentierte Lisenen und Doppelgesimse mit Ornamentbändern in regelmäßige Rechteckfelder gegliedert, die mit filigranartigem Beschlagwerk ausgefüllt sind. Das gleiche Beschlagwerk erscheint auch in den Staffelfüllungen. Das Ganze wirkt in seiner verwirrenden Vielfalt und Wiederholung wie ein abstrakter Teppich, so daß die an sich verhältnismäßig große Inschrift im oberen Gebälk fast verschwindet. Ein in die Dekoration einbezogener Schornstein bildet die Giebelbekrönung. Torhaus der Vorburg von 1632. Außentor von 1705.

224 Horn, Hotel Vialon, Auslucht
Horn, Hotel Vialon: bay window

HORN (Kr. Lippe)

1. Mittelstraße 40 (Haus Weweler) Abb. 48

Einem älteren Hause von 1563 (im Innern Kamin in frühen Renaissanceformen, bez. 1564) wurde 1579 ein Staffelgiebel mit Voluten aufgesetzt, dessen oberer Teil nicht mehr erhalten ist. Die Giebelstufen sind mit Beschlagwerk-Lisenen eingefaßt, die auf Konsolen stehen. Die S-förmig einrollenden Volutenbänder haben Muschelfüllungen und zeigen in den unteren Staffeln sichelförmige Auswüchse. Die Giebelfläche wird durch starke Gesimse mit Zahnschnittleisten horizontal gegliedert.

Rechts neben der Hauptfront zweigeschossige Auslucht in frühen Renaissanceformen bekrönt mit welschen Giebeln, drei Halbkreisaufsätze mit Fächerornament, bez. 1563.
Der Hauptgiebel des Hauses stimmt in den Einzelformen mit dem Giebel des Lemgoer Hauses Mittelstraße 64 (Schmitting) überein. O. Gaul schreibt beide dem Baumeister Hermann Wulff zu. Der Giebel in Horn wurde im 18. Jh. großenteils abgetragen, um 1920 zum Teil rekonstruiert und mit einem Segmentbogen abgeschlossen. Von den Stufenfüllungen ist nur die rechte untere original.
Lit.: O. Gaul, Schloß Brake und der Baumeister Hermann Wulff. Lemgo 1967, S. 46 f.

2. Hotel Vialon (Markt / Ecke Mittelstraße) Abb. 229

Erbaut 1616/17 von dem lippischen Amtmann Johann Hermann von Kotzenberg. Der Name des Baumeisters ist nicht überliefert. Wir kennen jedoch andere Bauten, die ganz ähnliche Einzelformen aufweisen: das Schloß Thienhausen (1609, Abb. 157) der von Haxthausen und das Paderborner Rathaus (1613—1620, Abb. 156), das von dem Paderborner Steinhauermeister Hermann Baumhauer erbaut ist. Wahrscheinlich hat er auch dieses Gebäude errichtet. Der zweigeschossige, niedrige Zweiflügelbau hat gekuppelte Fenster mit ionisierenden Einfassungs- und Teilungssäulen sowie eine eingeschossige, dreiteilige Auslucht an der Marktfront. Die Auslucht (Abb. 229) zeigt in der von flachem Beschlagwerkornament überzogenen Brüstung die Ehewappen des Erbauers. Ihre als ionisierende Säulen ausgebildeten Mittelpfeiler werden von Bossenquadern unterbrochen.
Unter Adam Heinrich von Kotzenberg ist das barocke Portal an der Marktfront 1680 hinzugefügt worden. Aus der gleichen Bauperiode stammt die Hofeinfahrt an der Mittelstraße.

HÖXTER (Kr. Höxter)

Rathaus Abb. 165, 166, 228

Der langgestreckte, rechteckige Bau erhielt seine heutige Gestalt durch einen Umbau 1610—1614, wobei ältere Bauteile einbezogen wurden. Massives Untergeschoß, Obergeschoß Fachwerk. Wiederhergestellt 1899—1906. Der achteckige Treppenturm vor der Marktfront (Abb. 166) mit zwei massiven Untergeschossen und einem vorkragenden Fachwerkgeschoß ähnelt dem nördlichen Treppenturm des Schlosses Bevern (Abb. 163). Seine beiden Portale zeigen jedoch andere Schmuckformen. Das Südportal zu ebener Erde wird von Pilastern eingefaßt, die ein Gebälk mit starkem Gesims tragen, und hat einen Ädikulaaufsatz mit bizarrem Volutenumriß und Dreiecksbekrönung. Das andere ist über eine Treppe erreichbar und ähnlich eingerahmt, hat jedoch über dem Gebälk lediglich einen Dreiecksgiebel mit Palmette im Tympanon (Abb. 228). An der westlichen Stirnseite Holzerker auf Sandsteinkonsolen (Abb. 165). — In der Eingangshalle schöner Kamin von 1614.

HÜLSEDE (Kr. Grafschaft Schaumburg)

Wasserburg (von Mengersen) Abb. 72—74

Fast unversehrtes Beispiel eines festen Adelssitzes des 16. Jh. In seiner schlichten Geschlossenheit von starkem malerischen Reiz. Erbaut von dem draufgängerischen Adelsführer Claus von Rottorp († 1559) zwischen 1529 und 1548 als zweigeschossige Dreiflügelanlage um einen rechteckigen Hof und eingeschlossen von breiter Graft. Ursprünglich war die Burg außerdem von hohem Wall mit Eckrondellen und breitem äußeren Graben umgeben. Während des ersten Bauabschnitts war möglicherweise der schaumburgische Steinmetz Jakob Kölling hier am Werke. Hinweise geben hierfür Steinmetzzeichen und die altertümlichen Formen der Kamine (einer bez. 1548) auf den Böden des „neuen Hauses" (Südflügel), die offensichtlich als Truppenunterkünfte dienten.

Die Eingangsfront wurde wohl um 1560 durch ein niedrigeres Torgebäude mit Turm und Erker (Abb. 72) ge-

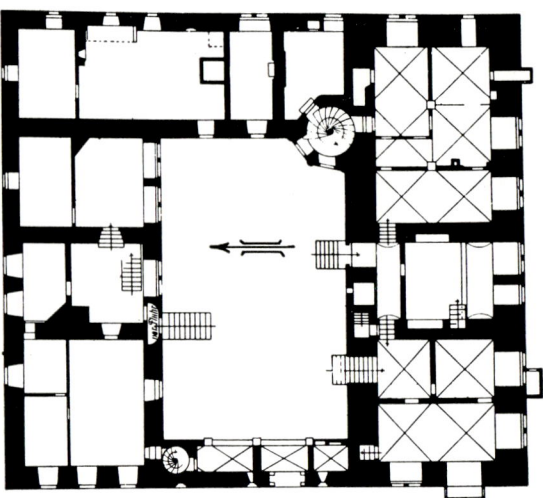

Schloß Hülsede, Grundriß des Erdgeschosses

schlossen, das auf der Hofseite (Abb. 74) auf einem von Pfeilern getragenen Bogengang ruht. In der südöstlichen Ecke des Hofes achteckiger Treppenturm mit runden Eckdiensten und Zugang zu einer von Konsolen getragenen Galerie (Abb. 73). Die Brüstung der Galerie, dem Bückeburger Trompetergang (Abb. 41) sehr ähnlich, wird durch Flachnischen zwischen Hermenpfeilern gegliedert, während die simaförmigen Konsolen Löwen- und Menschenköpfe an der Stirnseite zeigen. Der Steingang deutet ebenso wie das Treppenturmportal mit Beschlagwerkeinfassung und plastischem Löwenkopf in der Bogenmitte auf einen zweiten Bauabschnitt um 1585 hin. Vielleicht war der neue Bauherr der Landdrost Hermann von Mengersen, dem der Schaumburger Graf nach dem Aussterben der Rottorps (1584) Hülsede übertrug.

Lit.: G. Drengemann, Ein Nachtrag zur Biographie Jakob Köllings. In „Schaumburg-Lippisches Heimatbl.", 11. Jg. 1960 Nr. 6.

LANGENHOLZHAUSEN (Kr. Lippe)

Wassermühle

Die idyllisch gelegene, heute noch von einem Privateigentümer betriebene Wassermühle wurde vom Baumeister Hermann Wulff für die Landesherrschaft erbaut. Massives Erdgeschoß mit Fachwerkgiebel. Rundbogig profilierte Tür (bez. 1568) mit Löwenkopf im Bogenscheitel. Die Wappentafel des Grafen Simon VI. an der Stirnseite schuf H. W. 1572. Ungewöhnlich die spiralig kannelierten Säulen.

An der Südwand der hochgotischen Dorfkirche Grabstein des holländischen Generals der Fortifikation und Geheimen gräflich lippischen Rates Johann van Rijswijck (Rysbick van Altena), gest. 25. 1. 1612. Vgl. Bremen/Rathaus, Petershagen und Varenholz!

Lit.: O. Gaul, Schloß Brake und der Baumeister Hermann Wulff, a. a. O. S. 34. J. Belonje, Johann van Rijswijck — Generaal der Fortificatiën. In „Brabantsche Leeuw" Jg. 16/1, S. 3—9.

LAUENAU (Kr. Grafschaft Schaumburg)

1. Schloß Abb. 71
(Frhr. v. Meysenbug)

Auf alter welfischer Burgstätte neu erbaut für Graf Otto IV. von Schaumburg 1568—1572 von dem Kriegsobersten Hilmar von Münchhausen († 1573). Nachdem 1569 der Bauherr das Hauptgebäude bereits vollendet hatte, trat er diesen Pfandbesitz an Börries von Münchhausen zu Apelern (1515—1583) unter Vereinbarung über noch auszuführende Bauten ab. Die Rollwerkgiebel (auf dem Merianstich zu erkennen) an den Schmalseiten des Eingangstraktes und an den späteren von Börries v. M. hinzugefügten Flügeln wurden schon im 18. Jahrhundert abgetragen.

Schlichte zweigeschossige Vierflügelanlage (im Obergeschoß auf der Hofseite teilweise Fachwerk) um einen rechteckigen Innenhof, umgeben von breiter Graft (heute zugeworfen) mit auffällig starken Strebepfeilern an den Außenfronten. Eingangsflügel (Abb. 71) mit steinerner Brücke und Erker links der Durchfahrt.

2. Schloß (Frhr. v. Münchhausen) Gut Schwedesdorf
Abb. 225, 252

Erbaut 1596—1600 für Otto von Münchhausen (1561 bis 1601, Sohn des Börries v. M.), der seit 1595 durch Erbvertrag dauernd mit der Verwaltung von Lauenau betraut worden war.
A. Neukirch vermutet (Renaissanceschlösser Niedersachsens, a. a. O. S. 244), daß der Hamelner Johann Hundertossen, der 1596 auch den Auftrag vom Bauherrn erhielt, das Erbbegräbnis in der Oldendorfer Kirche zu erneuern, der Baumeister gewesen ist.
Dreigeschossiges, rechteckiges Herrenhaus mit sechseckigem Treppenturm, über dessen rundbogigem Bossenquaderportal Wappenstein (bez. 1600, Abb. 252). Daneben ein von drei Pfeilern getragener Altan mit drei Wappen in der Brüstung (ursprünglich eine Auslucht?). An der Parkfront Zwerchhäuser mit schlichten Volutengiebeln. Ein zweiter Giebel wurde wohl viel später lose angefügt. Auch sonst viele nachträgliche Veränderungen. Im Inneren drei Kamine. Zwei davon standen ehedem im Schloß Hess. Oldendorf. Beide haben krönende Aufbauten mit bizarrem Giebelumriß und im Dach der Ädikula jeweils Christus mit der Weltkugel. Der Kamin von 1585 (Abb. 225) zeigt im Fries seines Sturzes außer der Jahreszahl die Wappen der Münchhausen und Büsche sowie flankierende Reliefbüsten eines Renaissance-Paares (Porträts?). Der andere, wohl gleichzeitig entstandene Prunkkamin zeigt im Relieffries die Hochzeit von Kana und das Gastmahl des reichen Mannes. Seinen Unterbau bilden Wandpfeiler und freistehende Rundsäulen mit schildhaltenden Löwen.

LEMGO (Kr. Lippe)

1. Rathaus Abb. 61, 70, 189—196, 244

Die Entstehungsgeschichte dieses malerischen Bauwerks unter den Türmen der Stadtkirche St. Nikolai (Abb. 190 Gesamtansicht) setzt bereits im 15. Jh. mit einer großen zweischiffigen Bürgerhalle ein. Um 1500 stellte man vor dieses schlichte Langhaus, dessen Giebel an der Südseite steht, einen quergestellten Anbau, eine offene Halle mit einer Ratsstube (um 1580 verändert) im Obergeschoß und einem Staffelgiebel, bekrönt von Fialen. 1525 wurde in den Winkel zwischen Lang- und Querbau im Norden

225 Lauenau, Schwedesdorf, Münchhausenhof,
Kamin von 1585
*Lauenau, Schwedesdorf, Münchhausenhof:
fireplace (1585)*

das Gebäude der heutigen Ratsapotheke, die jedoch erst 1559 in das Rathaus verlegt wurde, eingefügt (Jahreszahl und Meisterzeichen links unter der Traufe der Marktfront), so daß der Bau heute der Mittelstraße einen Doppelgiebel zuwendet. Das Erdgeschoß des neuen Flügels war zum Marktplatz hin in einem Bogengange geöffnet.
Das Renaissance-Gesicht erhielt das Rathaus durch weitere Anbauten während der zweiten Hälfte des 16. Jh. 1565 errichtete der Lemgoer Meister Hermann Wulff an der Nordseite des Langhauses, in die Mittelstraße vorgerückt, eine einstöckige Vorhalle bzw. Laube (Abb. 193, Meisterzeichen und Jahreszahl 1565 links neben dem Portal, Abb. 61), die man 1589 noch mit einem vorkragenden Obergeschoß versah. Die 1962 restaurierte Rathauslaube ist das früheste bekannte Werk Hermann Wulffs und der einfacheren Auslucht von 1569 des Schlosses Blomberg (Abb. 59) nah verwandt. Beide haben rundbogig geschlossene, von kannelierten Pilastern eingefaßte Fenster, die jedoch in Lemgo ionische Kapitelle

aufweisen. In Blomberg fehlen dagegen die Löwenköpfe. Über dem Halbkreisportal die für H. W. charakteristischen, aus Medaillons hervorlugenden Büsten eines Mannes und einer Frau (Abb. 61, vgl. Schloß Blomberg Abb. 59 und Lemgo Hexenbürgermeisterhaus Abb. 62). Hermann Wulff hat mit diesem Werk zwei neue Formen eingeführt, die für die späte Weserrenaissance von erheblicher Bedeutung sein sollten: die Rustica-Quader am Sockel der Laube und das Rollwerk an den seitlichen Brüstungen. Das Motiv der vortretenden Rustica- bzw. Bossensteinbänder (Abb. 193 und 244), das etwa gleichzeitig an den Schornsteinen des Schlosses Hann. Münden erscheint (Abb. 243), stammt letztlich aus der italienischen Renaissance. Die roh behauenen Quadern werden hier zu dekorativen Viellochbändern, die teilweise Wurmgängen (vermiculures), wie sie auch am Pariser Louvre vorkommen, gleichen.

Das vorkragende Obergeschoß (Abb. 193), dessen Wände, abgesehen von den Brüstungsplatten mit den ungeschickten Reliefs der Sieben Freien Künste, in eine Säulenkonstruktion aufgelöst sind, stammt vermutlich von Georg Crossmann, der auch die Nordfront des Rathauses beiderseits der Vorhalle mit den durch Säulen unterteilten Fenstern gestaltete, wenn letztere nicht schon von Hermann Wulff stammen. Die „gedrechselten" Knäufe zwischen den Konsolen unter dem Gebälk des Obergeschosses (Abb. 61) kehren am Architrav des Rathausportales in Hann. Münden (Abb. 181) wieder. Der Dreieckstaffelgiebel (bez. 1589), dessen Fläche durch Beschlagwerkornament gegliedert und eingefaßt ist, wird von der Figur einer Caritas bekrönt.

Im gleichen Jahre 1589 wurde an der Südseite (rechte Ecke der Marktfront, vgl. Abb. 190) die neue Ratsstube mit ihrem doppelgiebeligen Vorbau (Abb. 192) errichtet. Die Bauplastik hierzu schuf Georg Crossmann, vielleicht auch den Entwurf des Ganzen. Die Beschlagwerkgiebel sind dem Giebel der Laube stilistisch verwandt. Die Fensterfront sowie die Arkadenbögen könnten jedoch von einem anderen Meister sein, der sein Meisterzeichen über dem rechten Bogen angebracht hat. Unter den Figuren der Tugenden an den Fensterpfosten ist eine doppelköpfige Justitia (unlängst erneuert) bemerkenswert. Die Archivolten der Arkaden sind mit Bossensteinen und Löwenköpfen besetzt. In den Giebeln die Wappen des Grafen Simon VI. und seiner Gemahlin Elisabeth von Schaumburg.

1612 fügte man abschließend ein ausgesprochenes Prunkstück, den sogenannten Apothekenerker, hinzu (Abb. 70, 191). Die zweigeschossige Auslucht ist wahrscheinlich das Werk der Lemgoer Meister Hermann und Johann Roleff. Bisher galt Georg Crossmann, der 1612 zum Stadtbaumeister gewählt wurde, aber im gleichen Jahre starb, als der alleinige Schöpfer dieses bedeutenden Werkes der deutschen Renaissance. (Vgl. auch Hann.

Münden, Rathaus, an dem Crossmann bis 1609 gearbeitet hatte.) Vor allem geben die Reliefs der oberen Brüstung mit den Halbfiguren der berühmten Ärzte und Naturforscher (Abb. 194) dem Bildhauer einen nicht geringen Rang in seiner Zeit. Der Zyklus, dessen Figuren zum Teil dem Titelblatt der „Basilica chymica" von 1609 entnommen sind, ist in der Bauplastik ohne Parallele. Reihenfolge des Bildnisfrieses, von links nach rechts: 1. An der Nordseite zur Mittelstraße: Dioscorides (Arzeneimittelkenner 1. Jh.) und Aristoteles (Grieche 4. Jh. v. Chr. legt die Linke auf eine Himmelskugel mit Sonne und Mond), Abb. 195. 2. Marktfront: Rhases (Araber 9. Jh.), Cl. Galenus (Römer 2. Jh.), Hippokrates (Grieche 6. Jh. v. Chr.), Hermes Trismegistos (Ägypter), R. Lullius (Spanier 13. Jh.) und Geber Arabs (13. Jh.). 3. An der Südseite: Vesalius (geb. 1515 in Brüssel), Inschrift in deutscher Übersetzung „schnell, angenehm und sicher" und Th. Paracelsus Germanus (gest. 1541), Inschrift in deutscher Übersetzung „Scheidet und führt zur Reife" Abb. 196. Als Vorlage wurde ohne Zweifel das gesicherte Paracelsus-Bildnis (1540) des Stechers Augustin Hirschvogel benutzt (Albertina Wien. Vgl. E. Kaiser, Paracelsus. Hamburg 1969. S. 129).

Die Restaurierung 1961 ergab, daß die Figuren von zwei verschiedenen Meistern stammen: Die beiden Figuren des Galenus (2. von links) und des Lullius (2. von rechts) sind aus rotem Sandstein, die acht anderen, Dioscorides bis Paracelsus, aus weißem Obernkirchner Sandstein gefertigt. Auch in der Art der Einfassung und besonders in der stilistischen Gestaltung unterscheiden sich die roten von den weißen Figuren. Die acht weißen Figuren wirken wie von einem inneren, geistigen Impuls bewegt. Ihre markanten Köpfe, vor allem die auch am besten erhaltenen des Vesalius und Paracelsus (Abb. 196), sind höchst individuell gestaltet. Ihre Augen erscheinen geradezu ekstatisch verdreht und ihre Hände manieriert verkrampft. Gleichzeitig setzt hier der Bildhauer bewußt Licht und Schatten als expressives Mittel ein. Vergleicht man diese bewegte, kühne Formgebung mit den konventionellen, glatten „roten" Renaissancefiguren des Galenus und Lullius, so kann kein Zweifel bestehen, daß hier zwei völlig verschiedene Künstler am Werke waren.

O. Gaul vermutet, daß die beiden roten Reliefs von Georg Crossmann bzw. von Johann Roleff, dagegen die weißen von einem der beiden Hildesheimer Bildhauer Hans und Jonas Wolf stammen, die zu dieser Zeit für den Grafen Ernst von Schaumburg tätig waren.

Georg Crossmanns begabter Sohn Ernst, dem man die frühbarocken Figuren durchaus zutrauen könnte, kommt wahrscheinlich als ihr Autor nicht in Frage, weil er auf der Wanderschaft in Bremen geblieben war und mithin 1610/12 nicht in Lemgo gewesen sein konnte.

Ein Musterbeispiel dekorativer Renaissancekunst ist der

226 Lemgo, Mittelstraße 56, Relief: Wilde Männer im Kampf mit einem Löwen (1556)

Lemgo, 56, Mittelstr.: relief: savages fighting a lion (1556)

Beschlagwerkgiebel der Auslucht (bez. 1612, Abb. 189), dessen Giebelfläche von Zierformen geradezu überquillt. Beschlagwerk, Zierquadern, Löwenköpfe und Blumenranken zieren die Pfosten, während die Säulentrommeln mit Masken, Fruchtgehängen sowie den bemerkenswerten, anmutig bewegten Gestalten der fünf Sinne geschmückt sind (Abb. 194—196).

Lit.: O. Gaul, Renaissancebaumeister in Lippe, a. a. O. S. 13, 21 f, 25 f. O. Gaul, Wer baute den berühmten Apotheken-Erker? Zur Geschichte des Prunkstückes der Lemgoer Spätrenaissance. In „Unsere lippische Heimat", Beilage der „Lippischen Rundschau" Detmold und Lemgo Nr. 20, April 1962. O. Gaul, Schloß Brake und der Baumeister Hermann Wulff. Lemgo 1967, S. 29 ff. K. Meier, Lemgo, Geschichte der Stadt Lemgo. Lemgo 1962, S. 100 bis 110.

2. Hexenbürgermeisterhaus (heute städtisches Museum, Breite Straße) Abb. 60, 62, 63

Meisterwerk bürgerlicher Renaissance-Architektur erbaut 1568—1571. Bauherr Hermann Kruwel (zum Bürgermeister gewählt 1579, gest. 1582). Das Haus erhielt seinen Namen nach dem berüchtigten späteren Bürgermeister Cothmann (1667—1683), dessen Familie es seit 1600 gehörte.
Schöpfer der Fassade muß der Lemgoer Baumeister Hermann Wulff gewesen sein. Die gleichen Steinmetzeichen wie am Schloß Brake, das Wulff 1585—1592 erbaute, kehren an der Fassade wieder. Das übrige Gebäude errichtete wahrscheinlich der Lemgoer Steinhauer Ludolf Crossmann. An dem schlichten Kamin im Saal des Hauses erinnert die Jahreszahl 1568 wohl an den Baubeginn.

Die plastische Durchgliederung mit lebhafter Schattenwirkung und die überaus wuchtigen Formen der Fassade (Abb. 62) stimmen mit denen der Lemgoer Rathausvorhalle (Abb. 193), der Blomberger Auslucht (Abb. 59) und der Braker Hoffront (Abb. 216) überein. Zudem kehren hier für den Meister Hermann Wulff typische Einzelformen wieder: z. B. die aus Medaillons hervorlugenden Büsten eines Mannes und einer Frau an der linken Auslucht (Abb. 59, vgl. Abb. 60 und 61). Die ebenmäßige und doch abwechslungsreiche Fassade wird von einem Staffelgiebel beherrscht, dessen Stufen durch halbkreisförmige und mit einem senkrechten Stück an die Staffel geheftete Volutenbänder (nur unten in Spiralen endend) sowie durch Muschelfüllungen gemildert werden. Eine Ädikula mit Dreieckgiebel bildet die Giebelbekrönung. Darunter in einer Nische Christus mit der Weltkugel. Große dreiteilige Fenster und nicht übereinanderstehende (auf Luke) schwere Halbsäulen (vgl. Abb. 88, die gleiche eigenwillige, manieristische Lösung des Cord Tönnis: Hameln, Osterstraße 9) sowie fünf kräftige Gesimse, die sich jeweils um die Säulenbasen kröpfen und die Horizontale betonen, gliedern die Fassadenfläche. Ein von welschen Giebeln bekrönter, von Konsolen getragener Erker (rechts) und eine zweigeschossige Auslucht (links) mit Volutengiebel flankieren unsymmetrisch das Portal. Ihre Brüstungsreliefs zeigen Tugenden und Wappen. Das rundbogig geschlossene Portal, das nicht in der Mittelachse des Hauses steht, wird von starken ionischen Säulen eingefaßt, darüber vollplastisch Adam und Eva mit dem Baum der Erkenntnis (Abb. 63, vgl. Hess. Oldendorf Abb. 110 und Brake Abb. 64). Da dem Sündenfall über dem Tor offenbar der Heiland am Giebel entspricht, könnte man annehmen, daß hier das Thema der Beischlagwangen (vgl. Stadthagen Abb. 5, Hameln 223 und Minden/Museum Abb. S. 5) auf die Hausfassade übertragen worden sei. Die Fassade wird im Erdgeschoß außen von zwei ionischen Säulen flankiert, die entsprechend den Portalsäulen an Stelle der Figuren von Adam und Eva Hermen tragen.

Lit.: O. Gaul, Renaissancebaumeister in Lippe, a. a. O. S. 12 ff. K. Meier-Lemgo, Geschichte der Stadt Lemgo. Lemgo 1962, S. 91 ff. O. Gaul, Schloß Brake und der Baumeister Hermann Wulff, a. a. O. S. 36—41.

3. Mittelstraße 56 (Wehrmann) Abb. 70, 232

Erbaut 1556 (so bezeichnet). Bauherr Bürgermeister Johann Koch, der Berater und Freund des Grafen Simon VI. zur Lippe. Seine Frau Anna geb. Corvey ist die Tochter des Bauherrn des Nachbarhauses Mittelstraße 58. Baumeister wahrscheinlich auch der Lemgoer Steinhauer Ludolf Crossmann.
Die Fassade des Massivhauses wurde Anfang des Jahrhunderts im Erdgeschoß verändert, ein spätgotisches

227 Lemgo, Papenstraße 24 (Kerßenbrockhof), Erker um 1562

Lemgo, 24, Papenstr.: (Kerßenbrockhof), oriel window (c. 1562)

Portal wurde entfernt, jedoch blieb die dazugehörige lateinische Inschrift in gotischen Lettern erhalten, ebenso der Giebel.

Statt des herkömmlichen Staffelgiebels wurde hier ein lebhaft bewegter Giebelumriß angestrebt. Statt rechteckiger Stufen wechseln senkrechte Linien mit konkaven und konvexen Bögen, die mit Fächern gefüllt sind. Nebeneinander von gotischen und Renaissanceformelementen: Die Giebelspitze wird von einer gotischen Fiale mit Kreuzblume bekrönt.

Am Anbau (links) Relief: Einer Frau, die von einem Löwen angefallen wird, kommen zwei Waldmenschen zur Hilfe (Abb. 232). Die hier veranschaulichte Bedrängnis der wilden Leute durch das Getier ist eine der charakteristischen Situationen, in denen wir diese in der spätgotischen, deutschen Graphik (Spielkarten, Figuren-Alphabete usw.), mythologischen Gestalten antreffen.

4. Mittelstraße 58   Abb. 69

Lange Zeit Gasthaus „Zum Weißen Schwan". Erbaut 1559. Vermutlich von dem Lemgoer Steinhauer Ludolf Crossmann. Bauherr Hermann Corvey. Dem Hause Mittelstraße 56 sehr verwandt, nur sind hier senkrechte und lediglich Konkavbögen kombiniert. Der Giebelumriß ist außerdem mit Kugeln und Wetterfähnchen geschmückt, die offensichtlich an Stelle von Krabben und Fialen treten. Beide Häuser können als Musterbeispiele für den Übergang von der Gotik zur Renaissance angesehen werden.

5. Kerßenbrockhof
(heute Arbeitsamt, Papenstraße 24) Abb. 233

Bauherr Franz von Kerßenbrock, dessen Grabstein sich hinter der Taufe der Nikolaikirche befindet (vgl. Barntrup). Baumeister unbekannt, jedoch stimmen die vorkommenden Steinmetzzeichen mit denen des Hauses Mittelstraße 56 überein.
Der Massivbau von ca. 1562 mit schlichtem, durch Streifputz (ähnlich wie am Schloß Varenholz) belebten Dreieckgiebel trägt im zweiten Geschoß rechts einen Sandsteinerker, der von welschen Giebeln, den Halbkreisaufsätzen der Frührenaissance, bekrönt wird und im Giebelfeld eine plumpe Justitiafigur als Relief zeigt. Große Wappensteine schmücken die Erkerbrüstung. Das untere Erkergeschoß ist eine spätere Zutat.
Lit.: H. Stöwer, Heraldisch-genealogische Denkmäler der Familie Kerßenbrock. In „Lippische Mitteilungen aus Geschichte und Landeskunde" Bd. 28, S. 83 f.

6. Mittelstraße 40/42 (Kaiser) Abb. 66, 67

Bauherr Heinrich Düvel. Erbaut 1574/75 vermutlich von dem Lemgoer Meister Ludolf Crossmann, der sehr wahrscheinlich auch das Haus Wippermann in Lemgo, Kramerstraße 5 (Abb. 68), errichtete, wie sich aus der Übereinstimmung der Steinmetzzeichen, die an beiden Häusern vorkommen, ergibt. Auch die kielbogig, „altmodisch" eingefaßten Fächerfüllungen (Abb. 66) deuten darauf hin. Der Erker von 1580 (Abb. 67) — ursprünglich eine stehende Auslucht — mit kräftiger Säulengliederung und betontem Konsolenfries wiederholt das Motiv der kielbogigen Umrißbekrönung des älteren Giebels. O. Gaul schreibt ihn Hermann Wulff zu. Außerdem wiederholt sich das Thema der Giebelbekrönung an dem kleinen, ehemals als Einfahrt dienenden Anbau links.

7. Haus Wippermann (Kramerstraße 5) Abb. 68

Erbaut 1576 (so bezeichnet am Sockel) wahrscheinlich von dem Lemgoer Baumeister Ludolf Crossmann. Bauherr Christian Wippermann (1523—1598).

Der Steingiebel zeigt für diese Zeit „altmodische" gotische Kielbogen, Maßwerk, Fialen und Kreuzblumen als Staffelfüllungen. Vorbild könnten die spätgotischen Häuser Bielefeld, Obernstraße 1 (Crüwelhaus) von 1530 und Herford, Höckerstraße 4, von 1538 gewesen sein. Doch die gotischen Formen wirken hier vier Jahrzehnte später verkümmert. Das Maßwerk, dessen Formen am Herforder Hause in jedem Geschoß wechseln, wiederholt sich am Wippermann-Hause stereotyp. Auch hat der Lemgoer Giebel statt der gereihten, hohen Einzelfenster die breiten Drillingsfenster der Renaissance. Außerdem ist der Erker im zweiten Geschoß rechts eine Bereicherung der Front, die sich im Weserraum erst im 16. Jh. einbürgert.

Lit.: O. Gaul, Herforder Steingiebel des 16. Jh. und ihre Meister. In „Herforder Jahrbuch" Bd. V. S. 2 f.

8. Mittelstraße 64 (Schmitting)

Erbaut wahrscheinlich 1580. Damaliger Besitzer vermutlich die Goldschmiedefamilie Jst. Neuerdings schreibt O. Gaul den Giebel ebenso wie den sehr ähnlichen des Hauses Mittelstraße 40 (Abb. 48) in Horn von 1579 aus stilkritischen Gründen Hermann Wulff zu (bisher Heinrich Overkotte). Die untere Front des Hauses, die ursprünglich schlicht war, wurde 1903/04 umgebaut und mit einem Erker versehen, außerdem wurden die Giebelfenster modernisiert. Die Zierformen blieben aber unverändert erhalten. Die Staffelfüllungen mit den wuchtigen S-Voluten und den gequetschten Muscheln sind in ihrer starken Plastizität unverkennbare Schöpfungen Hermann Wulffs. An den Voluten taucht hier erstmalig in der Weserrenaissance als Ausfransung des Giebelumrisses ein spitzgekrümmter Sporn auf.

Lit.: O. Gaul, Das Schloß Brake und der Baumeister Hermann Wulff, a. a. O. S. 46 f.

9. Mittelstraße 81

Staffelgiebel mit Halbkreisen (welschen Giebeln) auf den Hauptstufen, Viertelkreisen auf den Zwischenstufen und Kielbögen im obersten Geschoß.

10. Marienkirche

Innen: Taufstein von 1592 mit Namen und Wappen der Stifter von dem Lemgoer Meister Georg Crossmann, der auch den Taufstein von 1597 (vgl. Abb. S. 26) in der Nikolaikirche zu Lemgo schuf. Die vier Figuren der christlichen Tugenden, welche das Becken tragen, ähneln den Figuren Crossmanns am Lemgoer Rathause.

MERLSHEIM (Kr. Höxter)

Schloß (von und zur Mühlen) Abb. 208—210

Um 1420 errichtete hier Sievert von Oeynhausen an Stelle einer älteren Burganlage ein festes Haus. Bis zum Ende des 16. Jahrhunderts entstand dann der heutige Südflügel in verschiedenen Bauabschnitten. Wie Prof. Dr. Rensing feststellen konnte, ist der dreigestaffelte Volutengiebel an der östlichen Stirnseite (Abb. 208) und der entsprechende, nach 1800 verschwundene Westgiebel des Hauses schon vor 1600 fertiggestellt gewesen. Desgleichen das sehr geräumige Treppenhaus, das sich an der Eingangsfront durch seine kleineren, den Treppenläufen folgenden Fenster von den anderen Fensterzonen abhebt. Die Südfront wird im Obergeschoß von drei regelmäßig angeordneten Toilettenerkern belebt (Abb. 208).

Die heutige, malerische, von breiten Gräften umgebene Zweiflügelanlage mit einem rechteckigen Hof und quadratischem Turm (nur noch einstöckig) an der Nordostecke nebst den reizvollen barocken Parkanlagen ent-

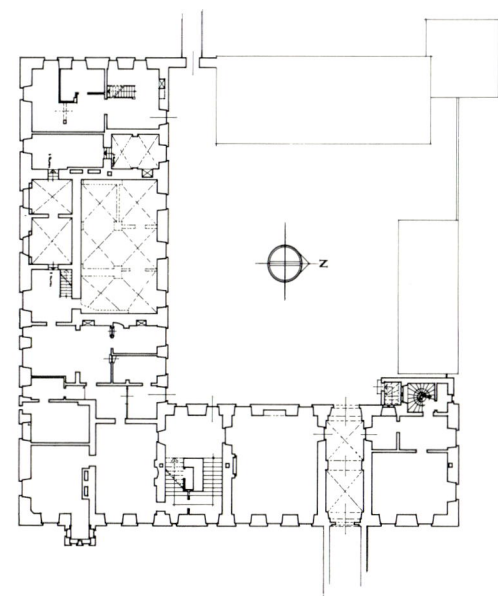

Schloß Merlsheim, Grundriß des Erdgeschosses

stand, nachdem das Schloß während des 30jährigen Krieges von den Schweden demoliert worden war, durch den Neubau für den Paderborner Domdechanten Caspar Philipp von Ketteler 1665—1667. Aus der Bauzeit des Domherrn stammt lediglich der Ostflügel, der sich an das Treppenhaus (vermutlich von 1610, Nahtstelle in der Dachhaut zu erkennen) anschließt und an der nördlichen Stirnseite einen schlichten, zweigestaffelten Volutengiebel hat (Abb. 210).

An der kleinen Auslucht vor der Eingangsfront kehrt mit der Halbkreisbekrönung noch einmal das Thema der frühen Weserrenaissance Jörg Unkairs, der welschen Giebel, wieder (bez. 1674, Abb. 209). Das Portal der Durchfahrt (bez. 1667) ist mit dem gesprengten Giebel seiner Ädikula schon dem Barock zuzurechnen.

MINDEN (Kr. Minden-Lübbecke)

1. Haus Hagemeyer am Scharn Abb. 125, 127, 129, 130, 228

Eines der schönsten Bürgerhäuser der Weserrenaissance, erbaut für den Mindener Bürgermeister Thomas von Kampen (1541–1586) und seine Frau Wobbeke Claren († 1606). Beider Epitaph von 1610 sowie große, von ihnen 1583 gestiftete flämische Messingtaufe in der Martinikirche.

Das große Patrizierhaus (22,50 m hoch, 9 m breit, 28 m tief) liegt wirkungsvoll am Ende des Scharn und im Blickfeld der Bäckerstraße. Innere Raumordnung, abgesehen vom Dachstuhl, nach 1900 völlig verändert. Nur die sechsachsige Schauseite von 1592 (Bauinschrift mit den Wappen der Erbauerfamilie heute als Kaminsturz im Hause Marienstraße 37) blieb erhalten, aber auch sie wurde im Erdgeschoß verändert: Von ursprünglich sieben Säulen (Abb. 228) sind heute nur noch vier vorhanden. Der Eingang führte bis 1890 links neben dem Hause in einen offenen Hof. Die riesige Diele (Höhe 6 m) wurde unmittelbar von der Straße her belichtet. Wahrscheinlich gehörten die jetzt in die Wand des Nebenhauses eingelassenen Reliefs mit den „Sieben Guten Helden" (Abb. 127) zu einem entsprechenden Portal. Der Figurenzyklus (Breite 5,50 m, Höhe 1 m) zeigt von links nach rechts: Widekindus rex Saxonum (Abb. 129, im Schild das Sachsenroß), Alexander magnus (im Schild ein Greif), Julius Caesar (Abb. 130, im Schild ein Doppeladler), Augustus Caesar (im Schild ein Doppeladler), Harminius dux Saxonum (im Schild das Sachsenroß), Carolus magnus (Schild gespalten: vorne Adler, hinten Lilien), Hector dux Troianorum (im Schild Querbalken mit drei Krallenfüßen, oben und unten mit Kleeblättern besät). Als Bildhauer der Reliefs kommt nur Arend Robin in Frage, der im Mindener Schoßregister von 1588 als Bewohner der Videbullenstraße eingetragen ist. Diese seltsame Schar legendärer oder historischer Gestalten war vor allem in den Hansestädten beliebt. Ihre Statuen (jedoch in der Neunzahl) schmückten die Hansesäle der Rathäuser in Köln, Osnabrück und Lüneburg sowie den Saal des Artushofes in Danzig: Die „Wiedergeburt" der Antike als eigene nationale Vergangenheit?

Die prächtige Fassade (Abb. 125) wird trotz der kräftigen, die Horizontale betonenden Gesimse durch die Säulengliederung vertikal bestimmt. Es wechseln sich in den Etagen kannelierte ionische und korinthische Dreiviertelsäulen ab, die mit ihren reichverzierten Trommeln auf noch plastischer geschmückten, viereckigen Sockeln stehen. Die Luken der drei oberen Speichergeschosse sind rundbogig geschlossen. Die vertikale Aufwärtsbewegung der Säulengliederung wird in der Höhe

228 Minden, Haus Hagemeyer von 1592, Zeichnung im Stadtbauamt

durch die vorzüglich in die Beschlagwerkvoluten der Giebelstufen komponierten lebensgroßen menschlichen Gestalten aufgefangen und beruhigt. Die bekrönende Figur auf der obersten Säule fehlt. Diese von Rollwerk umschlossenen Figuren in den Giebelstaffeln sind eine flämische Stileigentümlichkeit. Möglicherweise ist der flämische Bildhauer Johann Robyn aus Ypern hier am Werke gewesen, der zwischen 1590 und 1600 im Schaumburgischen nachgewiesen ist (vgl. Stadthagen, Rathaus) und vorher schon in Würzburg und Mainz gewirkt hatte. Die Hagemeyer-Fassade erinnert in der Tat an die Schauseiten südniederländischer Gildehäuser in Antwerpen, Brügge und Gent, vielleicht war sogar das berühmte Haus „Zum Salm" in Mecheln Vorbild.

Lit.: J. Soenke, Haus Hagemeyer, ein Mindener Patrizierhaus der Renaissance. In „Mitteilungen des Mindener Geschichts- und Museumsvereins" Jg. 41/1969. J. Soenke, Der Figurenzyklus der sieben guten Helden in Minden. In „Mitteilungen des Mindener Geschichts- und Museumsvereins" Jg. 41/1969.

2. Haus Hill, Bäckerstraße 45 Abb. 128

Der vierstufige Renaissancegiebel ähnelt dem des Hauses Hagemeyer und könnte von dem gleichen Baumeister stammen, wenngleich er nicht ganz so aufwendig gestaltet ist. Er erinnert aber auch in seiner kleinteiligen und zierlichen Flachgliederung (neunachsig) an das Salzufler Haus, Markt 5 (Abb. 136, 138), mit den Halbfiguren Adams und Evas, die ihre Köpfe durch die Voluten herausstecken. Die Gewände der rundbogigen Luken sind, wie beim Hause Hagemeyer, mit den Zierquadern der Weserrenaissance geschmückt. Jedoch setzen sich hier die mittleren Quadern als Band über die Säulenschäfte fort. Auch sind an Stelle der sich abwechselnden ionischen und korinthischen Dreiviertelsäulen des Hagemeyerhauses hier durchweg korinthische Halbsäulen getreten. Auch scheint die Komposition der Figuren in den Staffelvoluten nicht ganz so geglückt. Die Schauseite des Hauses Hill wurde in den unteren Stockwerken im 18. Jh. verändert. Es wurden zwei Auslüchten hinzugefügt, die 1952 wieder entfernt wurden. Rokoko-Ornamente in Sandstein.

3. Mindener Museum Ritterstraße 23/25/27/29/31
 Die Museumszeile bewahrt das Straßenbild des 16. Jh.!

Im Erdgeschoß des Hauses Ritterstraße 25 prächtiger Renaissance-Kamin aus der Werkstatt des Arend Robin (ursprünglicher Standort v. Besselscher Hof, um 1590).
Von den zahlreichen Renaissancefassaden, die Minden einst besaß, sind viele Reliefs religiösen und antikallegorischen Inhalts (Beischlagwangen, Erkerbrüstungen) sowie Teile ihres Bauornaments (Säulen, Staffelfüllungen) erhalten. Die bedeutenderen Stücke sind in dem

229 Minden, Immanuelstraße (ehem. Bäckerstraße 1), Portal von 1639

Minden, Immanuelstr.: (previous 1, Bäckerstr.) doorway (1639)

reichhaltigen Lapidarium des Museums untergebracht, u. a. das Simsonrelief von 1543 (Abb. 24) und zwei große Beischlagwangen mit Darstellungen des Sündenfalls (Abb. S. 5) und des auferstandenen Christus, die aus derselben Mindener Werkstatt stammen wie die Stadthagener und Hamelner Exemplare (vgl. Abb. 22 und 221).
Einige interessante Darstellungen, vor allem antiker Themen, fanden einen neuen Standort an den Brüstungen der Auslucht des Hauses Ritterstraße 27. Die Auslucht des Hauses Ritterstraße 23 zeigt in der Brüstung Reliefs mit den drei christlichen und den vier Kardinaltugenden. Die Häuser Ritterstraße 25 und 27 haben rundbogige Bossensteinportale. Die Häuser 29 und 31, sie wurden 1975 erneuert und erwiesen sich als Backsteinbauten vom Typ des Hansehauses (vgl. 4. S. 274). Bei den Bauarbeiten wurden Teile einer steinernen Auslucht, u. a. ein Allianz-Wappen (bez. 1572) und welsche Giebel gefunden.

Lit.: J. Soenke, Jörg Unkair a. a. O. S. 69—96.

4. Papenmarkt 2 (Eigentum der Stiftung Hansehaus Minden, heute Volkshochschule)

Eines der wenigen erhaltenen niederdeutschen Bürgerhäuser, das, 1547 nach mittelalterlichem Wohnprinzip gebaut, noch heute einen Eindruck des damals in Norddeutschland auch in den Städten üblichen Großraumwohnens vermittelt. Ebenerdiges, fast ungeteiltes Saalhaus mit massivem, ungeteiltem Obergeschoß. Reiner Ziegelbau. Diele (8,80 m breit, 18,20 m lang, 4,50 m hoch) mit spätgotischem Kamin an der Ostwand und zwei 3 m hohen Fenstern an der Straßenfront sowie 6,65 m breitem Fenster an der Rückfront.

1628 wurde an der Westseite des Einraumhauses ein schmaler Renaissanceanbau mit Schleppdach als besonderer Wohnteil mit Erker hinzugefügt. In der reichverzierten Werksteinbrüstung des Erkers und ebenso an dessen Konsolen Kerbschnittbossensteine.

Es ist das letzte fast vollständig erhaltene Beispiel für die einst zahlreichen Backsteinbauten mit Staffelgiebeln (am Papenmarkt 2 waren sie bis zur Dachschräge abgetragen), die merkwürdigerweise in Minden, das ja eigentlich zu einem ausgesprochenen Bruch- und Werksteinbaugebiet gehörte, zwischen 1480 und 1550 wahrscheinlich unter hansischem Einfluß errichtet wurden.

Der gemeinnützige „Verein zur Pflege der Kultur an der Weser" e. V. konnte 1969 dank der Opferbereitschaft vieler Mindener Bürger das baufällige Haus erwerben und zusammen mit den Staats- und Landeskonservatoren und der Stadt Minden restaurieren.

Lit.: J. Soenke, Haus Papenmarkt 2 in Minden. In „Mitteilungen des Mindener Geschichts- und Museumsvereins" Jg. 41/1969, S. 1—16.

5. Portal des ehemaligen Hauses Bäckerstraße 1 (heute Immanuelstraße) Abb. 229

Die Archivolte setzt sich zusammen aus sechs längeren, schlicht profilierten Keilsteinen sowie fünf kürzeren, unterseitig facettierten, die an der Stirn Frauenköpfe und Löwenmasken tragen. In den Bogenzwickeln die Wappen des Erbauerehepaares (Initialen A. L. August Lilienkamp und I. A. Ilse Augustins und Hauszeichen) in Teigringelornament. Der Sturz trägt eine Inschrift (Bibelzitat) mit der Jahreszahl 1639. Die Laibungen sind mit großen (manieristischen) Masken und Beschlagwerkornament, das sich nach oben fortsetzt. Bemerkenswert: Das Portal ähnelt auffallend untergegangenen Portalen in Bremen 1. Westerstraße 21 (R. Stein a. a. O. Abb. 401); 2. Langestraße 16 (R. Stein a. a. O. Abb. 312); 3. Schlachte 20 (R. Stein a. a. O. Abb. 355). Die Archivolte ist auch der des Portals des Wandschneider(Gewerbe)hauses verwandt (Abb. 199).

6. Königstraße 2 (Weber) Abb. 126, 131, 132

Von dem 1905 durch Brand zerstörten Hause ist nur noch der prachtvolle, reichverzierte Renaissanceerker aus dem letzten Jahrzehnt des 16. Jh. erhalten. Eine Besonderheit im Rahmen der Weserrenaissance sind die Darstellungen der Perserkönige in seinen Brüstungsreliefs. Der Erker mit seinen am ursprünglichen Hause bis zum Erdboden herabreichenden dekorierten Konsolen ist am Nachfolgebau, einem Geschäftshaus, höher versetzt.

7. St.-Marien-Kirche

Innen an der Südwand des Chorhauses Hängeepitaph des kaiserlichen Kriegsobersten und Ritters Jürgen von Holle († 1576) und seiner Gattin Gertrud von Horn (Abb. 51, vgl. auch Friedewalde Abb. 50).

Die auf Kissen knienden, vollplastischen Statuen des Obersten, der Helm und Handschuhe abgelegt hat, und seiner Gemahlin beherrschen das von vier mächtigen Konsolen getragene Denkmal. Der Epitaphaufbau in mehreren Geschossen und die Ausführung der Bildhauerarbeiten lassen deutlich die Verwandtschaft mit dem Grabmal des Grafen Otto IV. von Schaumburg in der Stadthagener Martinikirche erkennen, das von der Hand des Arend Robin stammt. Vermutlich ist auch das Holleepitaph von ihm. Sonst käme nur noch Johann Robyn aus Ypern (möglicherweise mit A. R. verwandt), der im letzten Jahrzehnt des 16. Jh. in Minden und Stadthagen gewirkt hat, als Bildhauer in Betracht. Für Arend Robin spricht, abgesehen von stilkritischen Argumenten, die Tatsache, daß sich seine Werkstatt in Minden befand, denn im Mindener Schoßregister von 1588 ist er als Bewohner der Videbullenstraße verzeichnet. — Vollständiger Wortlaut der lateinischen Inschriften (32 Distichen in 3 Kolumnen) nebst deutscher Übersetzung bei G. Angermann.

Lit.: J. Soenke, Joh. Robyn — der Meister J. R. a. a. O. S. 137 ff. G. Angermann, Der Oberst Georg von Holle 1514—1576. Mindener Beiträge. 12. Minden 1966, S. 249 ff. und S. 264 ff.

BAD MÜNDER (Kr. Hameln-Pyrmont)

1. Münchehof (heute Kreissparkasse)

Sitz derer von Eddingerode. Schlichter, langgestreckter, zweigeschossiger Bau mit rundbogigem Portal (bez. 1596) und zweigeschossiger, reichverzierter Auslucht (rechts). Dazwischen großes, dreiteiliges Fenster. Im Innern vorzüglich restaurierte Renaissancetür.

2. Pächterhof
(Eigentum der Stadt, seit 1971 Heimatmuseum)

Sitz derer von Wettberg. Schlichter, fast quadratischer

Bau mit massivem Untergeschoß (Obergeschoß Fachwerk) und links angefügtem Treppenturm, der die Eingangsfront breiter erscheinen läßt. Rechts steinerner, verzierter Erker von vier starken Konsolen getragen. Rundbogiges Treppenturmportal mit Sitznischen.

3. Marktstraße 13 („Haus der Väter")

Das schlichte, massive Giebelhaus aus der Mitte des 16. Jh. mit bekrönender Wächterfigur auf der Giebelspitze diente ursprünglich als Kornspeicher eines der adligen Höfe.

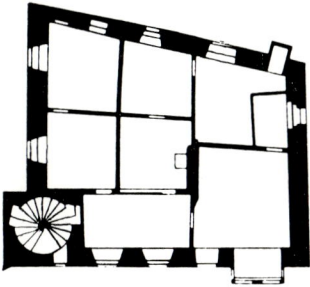

Bad Münder, Pächterhof, Grundriß des Obergeschosses

NEUENHEERSE (Kr. Höxter)

Abteigebäude Abb. 258

Erbaut 1599 von der Äbtissin Ottilia v. Fürstenberg. An der Nordseite Bossenstein-Portal (Abb. 258). Im Innern Hermenportal mit Kerbschnittverzierungen und Ädikulabekrönung. Umbau der Zweiflügelanlage 1714. Heute altspr. Gymnasium und Internat „Kolleg St. Kaspar".

NEUSTADT a. Rbge. (Kr. Hannover)

Schloß Abb. 80
(Eigentum des Landkreises Hannover, Außenstelle der Kreisverwaltung Hannover)

An Stelle einer angeblich 1562 durch Brand vernichteten älteren Anlage ließ Herzog Erich II. von Calenberg-Göttingen (1528–1584) das Schloß an der Leine errichten, das er „Landestrost" nannte. Es ist neben dem untergegangenen Schloß Uslar und dem zu Hann. Münden der dritte und zugleich letzte Schloßbau des Herzogs im Weserraum.
Der Bauherr soll für den Schloßbau einen italienischen und einen französischen Meister nebst Gesellen herangezogen haben (Manecke Ms., S. 120). Es wird sogar die phantastische Summe der Löhne für die Fremden genannt: 84 000 Taler. Holländischen Einfluß verrät insbesondere die Einbindung von glatten Werksteinbändern im Ziegelmauerwerk. Außerdem wurde schon von B. Niemeyer auf holländische Merkmale hingewiesen: Kreuzpfostenfenster und ornamentale Einzelformen. Doch wird man die Angaben bezüglich der Mitarbeit fremder Meister und Gesellen kritisch nehmen müssen. Die zahlreichen Steinmetzzeichen an den Werksteinen sprechen eher dagegen und weisen auf Zusammenhänge mit Stadthagen bzw. Obernkirchen hin, wo um diese Zeit allerdings flämische Bildhauer nachweisbar sind.
Bauregister über den Schloßbau liegen nicht vor. Dagegen bewahrt das Niedersächsische Staatsarchiv in Bückeburg eine Nachricht über die Lieferung von Obernkirchener Sandstein vom Jahre 1573: Schaumburg Des. L1 IV. Df. Nr. 201.
Eine weitere Datierung ermöglicht die Bauinschrift 1574 im Tympanon des Mittelportales an der Ostfront des Leineflügels. Außerdem ist das Mittelportal auf der Hofseite mit 1576 bezeichnet.
Von der ab 1573 errichteten Dreiflügelanlage stehen heute nur noch der Leineflügel (Außenfront 73,60 m) mit zwei polygonalen Treppentürmen auf der Hofseite sowie der Nordflügel. Die außenseitigen Untergeschosse sind in den Wall eingebaut. An der Hofseite liegen zwei Geschosse frei, die bis zum Sockelabsatz mit Sandsteinquadern verblendet sind. Darüber Ziegelmauern, die durch Gesimse und Quaderbänder aus Sandstein gegliedert werden. Die Hofseite zeigt noch die alten Kreuzpfostenfenster. Bemerkenswert sind die noch vorhandenen vier stattlichen Portale: eines an der Hoffront in der Mitte des Untergeschosses, eines auf der Wallseite im Obergeschoß (zugemauert) sowie die beiden Eingänge der Treppentürme. Sie wurden aus Sandstein gefertigt und ähneln sich mit ihren Ädikulaeinfassungen und flankierenden Hermenpfeilern sehr. Nur das Hauptportal (bez. 1576) auf der Hofseite (Abb. 80) zeigt als Bekrönung statt eines Dreieckgiebels einen Segmentbogen mit den Wappen Erichs II. und seiner Gemahlin Dorothea. Das Gebälk des gerade geschlossenen Portals wird von armlosen Hermen getragen sowie durch volutenartige Konsolen unterstützt. Die übrigen rundbogig-geschlossenen Portale zeigen in den dreieckigen Giebelfeldern das Wappen des Bauherrn, das des Nordtreppenturms einen Männerkopf (vermutlich Porträt), und ihre

Schloß Neustadt a. Rbge., Grundriß des Erdgeschosses

Hermen besitzen Arme. Der Gebälkfries des südlichen Wendelsteinportals zeigt Metopen und Triglyphen sowie festontragende Ochsenschädel und Rundschilde. Sämtliche Schlußsteine sind als Löwenköpfe ausgebildet. Die Hermenpilaster an den Portalen dieses Schlosses dürften die ersten — in der Verwendung an Portalen — in der Weserrenaissance sein.

Im Leineflügel sind alle Kreuzpfostenfenster durch solche mit einfachen Gewänden ersetzt worden. An Stelle des ursprünglich hohen Daches ist ein flacheres Pfannendach getreten, und die Hauben der Treppentürme sind heute ebenfalls flach gedeckt.

Quellen: Nieders. Landesbibliothek Hannover XXIII Nr. 16 S. 115 ff. Manecke, Urban Christoph: Historischer Bericht der ehemals berühmten Festung und Stadt Neustadt a. Rbge. Nach d. Aufzeichnungen d. Amtsschreibers Ernst Christian Meyer († 1760).

Lit.: O. Karpa (Herausgeber), Die Kunstdenkmale des Landes Niedersachsen. Die Kunstdenkmale des Kreises Neustadt a. Rbge., München 1958, S. 129—137.

K. Maier, Die Wende in der Baukunst des 16. Jh. im Weserraum, a. a. O. S. 293 ff.

NIEHEIM (Kr. Höxter)

Rathaus Abb. 230

Der schlichte, freistehende zweigeschossige Bau wird auf der Traufenseite lediglich durch die gekuppelten Fenster und ein starkes Gurtgesims zwischen den Stockwerken gegliedert. Sein rundbogig geschlossenes Portal in der Mittelachse weist über den Kämpfern lediglich Bossensteine als Schmuck auf. Darüber auf konsolenartigem Gesims Wappenstein (bez. 1610) mit flankierenden Pilastern und Volutenbekrönung. Die Giebel an den Stirnseiten zeigen scharfkantige Gesimse und sind, abgesehen von Kugeln auf den Dachschrägen, schmucklos. Die Fenstereinrahmungen haben im Untergeschoß durchweg Beschlagwerkornament, während sie im Obergeschoß an den schrägen Leibungen und Stürzen mit Halbkugeln und Diamanten verziert sind.

NIENBURG/Weser (Kr. Nienburg)

1. Schloß

An den stattlichen Renaissancebau der Residenz der Grafen von Hoya, dessen Ansicht uns Merian überliefert hat, erinnert nur noch der viereckige „Stockturm" (so genannt, weil er zeitweise als Gefängnis diente), ein dreigeschossiger Wohnturm aus Backstein mit Treppenturm und Erkern, die teilweise noch Brüstungsreliefs der frühen und späten Renaissance haben.

2. Rathaus Abb. 52

Der rechteckige, schlichte Fachwerkbau (angeblich von 1533) erhielt 1582—1589? einen siebenachsigen Treppengiebel aus Backstein an der Stirnseite zur Langen Straße. Die Staffeln tragen kugelbesetzte welsche Giebel mit Palmettenfüllung. Die Giebelfläche wird durch Sandsteinlisenen und Gesimse gegliedert. Die untere Schauseite beherrscht eine zweigeschossige Mittelauslucht, die in den Brüstungsreliefs acht Tugenden und Wappen des Herzogs Wilhelm von Celle zeigen. An einem schlichten Portal auf der Marktseite Insignien der Stadt mit Jahreszahl 1585 und Braunschweiger Löwen (1582 erlosch das Grafengeschlecht von Hoya) sowie Bürgermeisterwappen. Hinter dem Giebel Dachreiter. Baumeister war angeblich Thomas Wopse aus Stadthagen, was die offensichtliche Verwandtschaft zu den Stadthagener Bauten bestätigen würde.

3. Lange Straße 34

Fachwerkhaus (bez. 1549) mit steinerner, zweigeschossiger Auslucht (um 1600), deren Brüstungsreliefs bemerkenswerte Darstellungen von Tugenden aufweisen.

OTTERSBERG (Kr. Verden)

Schloß
(Eigentümer: Schulverein e. V. der Rudolf-Steiner-Schule)

Die alte Burgstelle zwischen den Flußarmen der Wümme bildete ab 1285 mit Thedinghausen und Langwedel ein Festungsdreieck des Stiftes Bremen gegen Braunschweig-Lüneburg. Das vielfach umkämpfte Haus war von 1547 bis 62 im Pfandbesitz der Stadt Bremen, wurde aber von Erzbischof Georg zurückgewonnen. Danach Erneuerung um 1585 (Bauinschrift). Zweiflügelanlage mit Treppenturm im Binnenwinkel. Nochmalige Umgestaltung unter dem ev. Erzbischof Johann Friedrich (1596—1634), der zu gleicher Zeit Schloß Thedinghausen baute: Inschrift über dem mit Beschlagwerk verzierten Treppenturmportal (bez. 1619). Abgesehen von diesem sowie zwei weiteren Portalen, ist das Gebäude heute schmucklos, nur einige Bossensteineckquadern, deren Muster offensichtlich nachträglich mit Zement geebnet wurden, deuten darauf hin, daß ursprünglich eine Gliederung vorhanden war. Erwähnenswert: das Portal des Haupthauses mit ionischen Hermenpilastern und einem bekrönenden Petrus-Relief im Ädikularahmen.

OTTENSTEIN (Kr. Holzminden)

1. Burg

Reste im Amtshaus (heutiges Amtsgericht) erhalten. Dreiflügelbau um einen offenen Hof (aus dem 16. Jh.?).

2. Pfarrkirche Abb. 260

Saalbau (12 x 20 m) mit verschalter Balkendecke und Westturm errichtet 1601—1603. Einer der wenigen Kirchenbauten des 16. Jahrhunderts. Renoviert 1933 und 1953/54. An der Nordseite rundbogiges Portal mit Bossensteinverzierung (Abb. 260).

PADERBORN (Kr. Paderborn)

1. Rathaus Abb. 156, 231

Erbaut 1612—1618 an Stelle eines älteren Rathauses von 1473 (?). Die beiden östlichen, nordsüdlich verlaufenden Tonnengewölbe des Kellers und ebenso die daraufstehenden massiven Umfassungswände wurden in den Neubau einbezogen. Bauherren waren, wenn auch feststeht, daß der Neubau auf Weisung des Landesherrn, des Fürstbischofs Dietrich von Fürstenberg erfolgte, „beide Rath" der Stadt und der Gemeinde, die auch die Baukosten von ca. 8000 Taler tragen mußten. Baumeister war der Steinhauer- und Maurermeister Hermann Baumhauser aus Wewelsburg, der für den Landesherren vermutlich 1590 auch am Schloß Neuhaus (Abb. 152) und 1604—1607 an der Wewelsburg (Abb. 151) gebaut hatte. Bauliche und dekorative Einzelheiten der Wewelsburg zeigen überraschende Ähnlichkeit mit Details am Paderborner Rathaus. Im Paderborner Rathaus wurde das alte deutsche Giebelhaus zur Monumentalität gesteigert. „Kein zweiter deutscher Gruppenbau der deutschen Spätrenaissance läßt den herrschenden, abschließenden Giebel so fühlbar aus zwei vorspringenden kleineren erstehen" (Leo Bruhns: Von der Peterskirche zum Würzburger Schloß. Leipzig 1924 S. 95). Dem fast quadratischen, zweigeschossigen Bauwerk, das von einem riesigen Dach überspannt wird, sind diese beiden kleineren symmetrischen Vorbauten oder, anders gesagt, großen, achtachsigen Ausluchten auf Lauben vorgestellt. Im Obergeschoß beider Traufenseiten außerdem je ein vierteiliger, von Konsolen getragener Erker. Die dreiteiligen, von Säulen eingefaßten und unterteilten Fenster reihen sich im Hauptgeschoß zu durchgehenden Zonen und wirken nebst kräftigen Gesimsen der vertikalen Tendenz der Giebel entgegen. Dreieck, Halbkreise, waage- und senkrechte Linien vereinigen sich zu einer organischen Komposition. Auffallend ist, daß am gesamten Gebäude keine figürlichen Darstellungen zu finden sind.
M. Sonnen sieht im Paderborner Rathaus den Kernpunkt einer ganzen Gruppe von Bauten der Weserrenaissance: die Wewelsburg, Schloß Neuhaus, Schloß Thienhausen. Man müßte wegen ihrer Einzelformen auch die verrestaurierten Schlösser Eimbeckhausen und Schwalen-

230 Nieheim, Rathaus, Portalgruppe (bez. 1610)
Nieheim, Town Hall: group on the doorway (dated 1610)

berg und vor allem das heutige Hotel Vialon am Marktplatz von Horn hinzurechnen.
Auch am Paderborner Rathaus fehlt die Zierquader der Weserrenaissance nicht. Bossensteine mit verschiedenen Mustern finden wir an den Archivolten der Arkaden sowie an den Portalen an den Traufenseiten. Bossensteinbänder erscheinen auch zwischen den Fenstern an der Giebelfläche.
Lit.: P. Michels, Aus der Baugeschichte des Paderborner Rathauses. In „Westfälische Zeitschrift". Münster, 96. Bd., 1940 S. 50—84.

2. Marienplatz 2 (Heisingsches Haus) Abb. 155

Von dem im Innern durch Bomben 1945 völlig zerstörten Hause ist die Fassade glücklicherweise erhalten und in alter Schönheit wiederhergestellt worden.
Erbaut um 1600 nicht als Wohnhaus des Ratsbaumeisters, wie eine Inschrift von 1933 über dem Portal irrtümlich besagt, sondern für den protestantischen Bürgermeister Heinrich Stallmeister (reg. Bürgermeister 1585, 1589, 1591, 1593, 1595 und 1602?), gegen den

231 Paderborn, Rathaus, Ratskellertür und Fenster
Paderborn Town Hall: door and window of the townhall cellar

später in einem beim Fürstbischof von der Bürgerschaft anhängig gemachten Prozeß Anklage wegen Unterschlagung erhoben wurde. Urkundlich läßt sich auch nicht nachweisen, daß Hermann Baumhauer der Baumeister war. Stilistisch stehen die Giebelverzierungen, vor allem die Hermen sowie die Lisenengliederung der Fassade in engster Beziehung zu den Schmuckformen der Giebel am Schlosse Neuhaus (Abb. 152). Am Paderborner Rathaus (Abb. 156), an dem H. Baumhauer nachweislich tätig war, fehlt figürliche Bauplastik, andererseits spricht die Gesamtkonzeption der Fassade des Bürgermeisterhauses, abgesehen von den erwähnten Details sowie den anderen Fenstereinfassungen, für H. Baumhauers Urheberschaft: Anordnung der Drillingsfenster, der Pilaster, Gesimse und Giebelkontur.
Der von Säulen getragene, reich geschmückte Erker ist wahrscheinlich eine spätere Zutat. In die große, rundbogige Durchfahrt wurde erst 1741 geschickt eine kleinere Türumrahmung eingefügt.
Lit.: K. J. Pöppel, Wer erbaute das Heisingsche Haus? Die neuesten Forschungsergebnisse über Erbauer, Besitzer und Bewohner des alten Patrizierhauses. In „Westfalen Ztg.", 5. 8. 1960 Nr. 180.

PETERSHAGEN a. d. Weser (Kr. Minden-Lübbecke)

1. Stadtkirche

Erbaut 1615—1620 (Inschriften 1615 und 1618) unter dem letzten Mindener Bischof Christian Herzog von Braunschweig-Lüneburg (1599—1633). Der Baumeister ist nicht überliefert, zudem konnte an den Werksteinen des Gotteshauses kein einziges Steinmetzzeichen festgestellt werden. Vierjochige Hallenkirche mit spitzbogigem Rippengewölbe und rundbogigen Fenstern mit Renaissance-Maßwerk zwischen gotischen Strebepfeilern. Ursprünglich turmlos (der niedrige achteckige Turm Zutat des 18. Jh.), wie die kurz vorher errichtete Stadtkirche zu Bückeburg (1611—1615), die offensichtlich Vorbild für die Petershäger Kirche war. An Stelle der monumentalen Fassade der Bückeburger Westfront jedoch in P. nur eine gotische Rose zwischen zwei hohen, vermauerten Fenstern. Im Innern Renaissance-Taufstein (ursprünglich Standort Schloßkapelle).
Lit.: Dr. Großmann, Aus der Geschichte der Peterskirche von Petershagen. In „Mindener Tageblatt", 8., 15. und 29. 12. 1962.

2. Schloß Abb. 30—34
(Hotel, K. Hestermann)

Ehemalige Residenz und Weserfestung der Mindener Bischöfe (seit 1307), nach 1648 auch einige Jahre Sitz des kurbrandenburgischen Statthalters. Die mittelalterliche, in den Strom gebaute Festungsanlage mit Rundturm ist auf der Weserseite (Abb. 30) noch zu erkennen.
Großzügiger Umbau 1544—1547 unter Bischof Franz II. von Waldeck (1530—1553) durch den schwäbischen Baumeister Jörg Unkair, der vorher schon die Schloßbauten in Neuhaus, Schelenburg, Stadthagen und anschließend in Detmold errichtete. Über dem Kücheneingang (Abb. 33) Bauinschrift: Meisterzeichen im Markenschild und Initialen J. V. sowie Jahreszahl 1545 (vgl. S. 8). Außerdem am linken Eckdienst des Treppenturmes Jahreszahl 1546. Ferner ist ein Wappenstein Bischofs Franz II. an der Weserfront, eine ungewöhnlich gute Bildhauerarbeit, mit 1547 bezeichnet. Im übrigen sind wir durch die vollständig erhaltenen Bauregister 1544/47 über die Baugeschichte dieser Jahre genau unterrichtet (Staatsarchiv Münster unter „Grafschaft Schaumburg" Rechnungen, Akte A I, Bl. 1—67).
Die Besonderheit der Anlage, die auch ihren Grundriß erklärt: sie wurde als Festung in den Strom gebaut. Strom und Landschaft haben sich seitdem verändert. Nur bei Hochwasser bietet sich noch das Bild der Wasserfeste. Damals bot zwar die Weser natürlichen Schutz im Süden und Osten, aber man mußte bei der Anlage auch die Tücken des Stromes, Hochwasser und

Eisgang, berücksichtigen. Daher die Schräglage zum Strom, daher auch die Mauerstärke von 5 m auf der Weserseite.

Es entstand, möglicherweise unter Einbeziehung eines älteren, starken Rondells an der Weser, das Hauptgebäude, zwei Flügel im stumpfen Winkel mit Treppenturm, der hier ausnahmsweise nicht in die Hofecke, sondern mitten vor den Palas gestellt ist (Abb. 31). Portale und Fenster mit Stabwerkeinfassungen. Über dem Eingang des viereckigen Treppenturms (bez. 1546) großer Wappenstein Bischof Franz' II., der sich der Schrägstellung der Fenster anpaßt (Abb. 32). Der Wendelstein mit den typischen Eckdiensten Jörg Unkairs und der schönen Treppenspindel (Abb. 34) ist auch das Prunkstück dieses Schloßbaus. In der Kombination des Wappensteines mit dem Turmportal kündigt sich schon das repräsentative Zierportal der späteren Weserrenaissance an. Das gesamte Erdgeschoß nahm die große Schloßküche (120 qm) mit eigener Brunnenanlage und dazugehörigen Nebengelassen ein. Rechts neben der Küchentür mit spätgotischem Vorhangbogen großes dreiteiliges Fenster (Abb. 31). Beachtenswert sind auch die Doppelsäulen des großen Küchenkamins mit gotischem Kapitell und ornamentalen Blättern auf den Säulenschäften. Sie sind mit einem Steinmetzzeichen markiert, das wahrscheinlich dem Meisterknecht Johann Munster gehört und dem des Baumeisters Cord Tönnis verwandt ist (vgl. Detmold, Schoß). Dieser Steinmetz schuf auch einen Wappenstein mit Akanthusflächenornament (heute Kaminsturz in der Wohnung des Schloßbesitzers) und wahrscheinlich auch den großen Wappenstein über dem Treppenturmportal (Abb. 32).

Die welschen Giebel, die alle anderen Unkair-Bauten zieren, fehlen in Petershagen, weil die Kampfhandlungen des Schmalkaldischen Krieges die Bauarbeiten vorzeitig beendeten.

1608—1611 nochmalige Umgestaltung unter Bischof Christian von Braunschweig-Lüneburg (Mindener Bischof 1599—1633, ab 1611 auch reg. Herzog). Brief des Bauherrn vom 20. 7. 1608 an Graf Ernst von Schaumburg betr.: Lieferung von Obernkirchner Sandstein „zu unserem vorhabende Gebewete" (Nds. Staatsarchiv Bückeburg: Schaumburg Des. L1 IV Df Nr. 1). Damals entstand das massive Gebäude, das den Hof im Norden abschließt und in dem sich neben der ebenerdigen, ehemaligen Schloßkapelle über gewölbten Kellern der große Saal befindet, in dem 1650 der Große Kurfürst die Huldigung der Mindener Landstände und Mindens entgegennahm. An der Hoffront zwei rundbogige Kellerportale mit Bossenstein- und Beschlagwerkornament. Der Nordflügel (im Grundriß nicht berücksichtigt) war durch eine um den Hof laufende Galerie mit dem Haupthaus verbunden. Aus dieser Bauperiode stammen die Kragsteine beider Galerien (Abb. 31) sowie der Wappenstein des

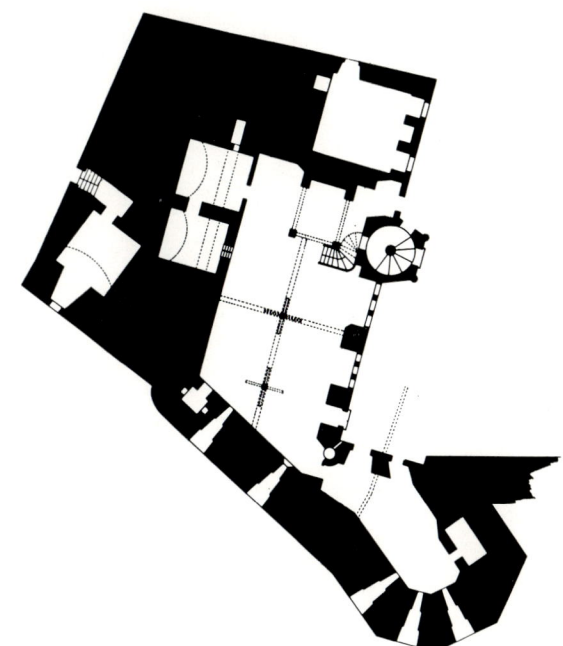

Schloß Petershagen
a. d. Weser,
Grundriß des Erdgeschosses

Bischofs an der Südfront des Haupthauses. Die mächtigen Kragsteine der unteren Galerie (Abb. 33) sind abwechslungsreich verziert und zeigen Maskenköpfe an den Stirnseiten, einer ruht auf einer ionischen Halbsäule an der Stelle eines zugesetzten Unkair-Fensters. — Auf einer Brüstungsplatte mit Zahnfries stehen im Markenschild die Initialen MK des unbekannten Baumeisters (Standort: Mindener Straße 14).

Aus den Geldregistern des Amtes Varenholz erfahren wir, daß der holländische Festungsbaumeister Johann van Rijswijck, der von 1609 bis zu seinem Tode 1612 als Baumeister im Dienste des Grafen Simon VI. zur Lippe stand und auf Schloß Varenholz wohnte, im Oktober 1609 bei Bischof Christian auf dem Petershagen weilte. Ab 1610 lautet die Ortsangabe der bischöflichen Schreiben: „Geben auf unser Vestung Petershagen".

Lit.: J. Soenke, Jörg Unkair, Baumeister und Bildhauer der frühen Weserrenaissance, a. a. O. S. 27—59.
J. Soenke, Zur Baugeschichte des Schlosses Petershagen. In „Mindener Heimatbl.", 27. Jg. 1955 H. 11/12 S. 128—132.
J. Soenke, Johan van Rijswijck und Johan van Valckenburgh — Die Befestigung deutscher Städte und Residenzen durch holländische Ingenieuroffiziere. 1600—1625. In „Mitteilungen des Mindener Geschichtsvereins" Jg. 46, 1974, S. 7—39.

POLLE (Kr. Holzminden)

Abb. 175, 262

Von dem stattlichen Bau des Amtshauses von 1656, der den Kriegsereignissen 1945 zum Opfer fiel, ist nur noch das schöne Portal erhalten. Es hat ionische Ädikulaumrahmung, seine Bogen- und Gewändequadern sind wechselnd mit Bossensteinen, Rosetten und anderem Ornament verziert, der Schlußstein trägt einen geflügelten Engelskopf. Die Verwandtschaft zu dem Durchfahrtsportal des Schlosses Bevern (Abb. 248) ist unverkennbar. An der Dorfkirche eines der für die Weserrenaissance typischen Bossensteinportale, um 1590 (Abb. 262).

BAD PYRMONT (Kr. Hameln-Pyrmont)

Schloß Abb. 232
(Eigentum des Landes Niedersachsen)

Graf Friedrich VI. von Spiegelberg (gest. 1536, seit 1525 Inhaber der Grafschaft Pyrmont) begann 1526 mit der Erbauung des „Festen Schlosses". Sein Nachfolger Philipp, der letzte Spiegelberger, erlebte die Fertigstellung auch nicht. Er fiel, unverheiratet, in der Schlacht bei St. Quentin 1557. Erst unter seinem Schwager, dem Grafen Hermann Simon zur Lippe, wurde der Renaissancebau 1562 vollendet. 1706 ließ Fürst Anton Ulrich von Waldeck das Schloß abbrechen und an seiner Stelle das heutige Barockschloß errichten.

Die Pyrmonter Bauanlage gehört zu den bedeutenden und selten noch gut erhaltenen Festungen der Renaissancezeit. Sie hat einen rechteckigen Grundriß mit äußeren Seitenlängen von 180 und 230 m. Ihre Gräfte sind 38 bis 40 m breit, und die hinter ihnen ansteigenden, hofseits durch starke Stützmauern abgefangenen Wälle liegen mit ihrer mit Brustwehren versehenen Krone 8 m über dem Wasserspiegel. Der Zugang befindet sich, über eine Brücke erreichbar, an der Südfront. Die steinerne Bastion in der Nordostecke (mit Mansardendach) hatte ursprünglich wohl eine Plattform mit Brustwehren. In den unteren, unmittelbar über dem Wasser liegenden Kasematten der Bastion standen die Geschütze für den beiderseitigen Flankenschutz, deren Schießscharten angriffsseitig durch starke Schutzmauern gedeckt wurden. Im Obergeschoß befinden sich heute ebenfalls noch Scharten für Handfeuerwaffen. Der Festungszugang sowie die an diesen anschließende, gebrochen angelegte Walldurchfahrt sind in starkem Bruchsteinmauerwerk hergestellt. Die Festung hielt 1630 unter schwedischer

232 Bad Pyrmont, Festungszugang von 1562

Bad Pyrmont entry to the fort (1562)

Besatzung 10 Monate lang einer Belagerung durch kaiserliche Truppen unter Pappenheim stand.

Vom Renaissanceschloß ist, abgesehen von dem Untergeschoß des Vordergebäudes, das in den späteren Barockbau einbezogen wurde (nur im Innern erkennbar), nichts mehr erhalten. Lediglich zwei hochplastische Wappensteine (bez. 1562) zu beiden Seiten des Festungszuganges mit Tugendenfiguren, flankierenden Hermen und reicher Heraldik (Pyrmonter, spiegelbergische und lippische Insignien) (Abb. 232) erinnern an das imposante Bauwerk. Ein Stich von 1687 gibt jedoch eine verhältnismäßig genaue Darstellung seiner Architektur. Man erkennt auf ihm an dem steilen Dach des Südflügels Zwerchhäuser im Stile der frühen Weserrenaissance Jörg Unkairs mit den charakteristischen welschen Giebeln etwa des Schlosses Stadthagen oder der Schelenburg (vgl. Abb. 12 und 23). Der große Ziergiebel der Ostfront zeigt dagegen schon die bewegte Kontur der späteren Weserrenaissance. Überliefert ist der Bauvertrag mit dem Hamelner Steinhauer und Maurermeister Jörgen Eddeler vom 11. 6. 1556. Aber das besagt nicht, daß nicht schon vorher, vielleicht unter dem Grafen Philipp um 1540, gebaut wurde.

Das Schloß wird verwaltet und genutzt vom Staatsbad Pyrmont.

Lit.: Hans Härtel, Das Schloß in Bad Pyrmont. München 1962.

REMERINGHAUSEN (Kr. Schaumburg-Lippe)

Schloß (Frhr. v. Münchhausen)

Von der ursprünglichen Zweiflügelanlage (?), die Ludolf von Münchhausen um 1600 an Stelle eines Bauernhauses erbauen ließ, ist nur noch ein geringer Rest erhalten: ein kleines, schlichtes Gutsgebäude (massiv) mit Treppentürmchen an der Schmalseite (Parkfront links). Die interessante Sonnenuhr am Treppenturm war eigentlich für das Rathaus Stadthagen bestimmt und wurde vom Bauherrn einem Stadthäger Bürger abgekauft. In der Barockzeit erscheinen Sonnenuhren häufig in anderer Form in den Ziergärten, z. B. in Schwöbber, Merlsheim und Eimbeckhausen.

RINTELN (Kr. Grafschaft Schaumburg)

1. Rathaus Abb. 47, 259

Zwei nebeneinanderliegende, mit ihren Giebeln dem Markt zugewendete, zweigeschossige Gebäude. Die Schauseite des älteren gleicht den Unkair-Bauten in Stadthagen (Abb. 13 Stirngiebel). Die Staffeln des Treppengiebels tragen kugelbesetzte welsche Giebel. Die Giebelfläche wird lediglich durch die Fenster und scharfkantige Gesimse gegliedert. Die Gesamtfassade beherrschen zwei unterwölbte Ausluchten, die das niedrige Portal flankieren und wiederum mit Halbkreisaufsätzen bekrönt sind (bez. 1583).

Das linke Haus (ca. 1597) hat dagegen einen Volutengiebel, ähnlich denen des Schlosses Varenholz (Abb. 141), mit den stilistischen Merkmalen der Spätstufe der Weserrenaissance. Während die Giebelfläche schlicht gehalten ist, weist die Mittelauslucht — in der Weserrenaissance seltenes Motiv: Mittelrisalit des Schlosses Varenholz

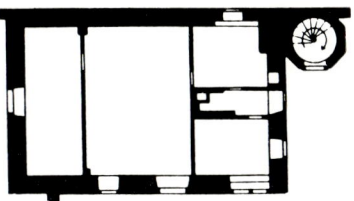

Remeringhausen, Gutshaus, Grundriß des Erdgeschosses

(Abb. 143) und Auslucht des Rathauses Nienburg (Abb. 52) — reichen Schmuck auf: Diamantquadern, Kartuschen und Hermen. Ebenfalls eine Besonderheit sind die volutenartigen Fenstergiebel an der Marktfront und der Traufenseite. Bossensteine erscheinen an den Eckquadern und zieren einen rundbogigen Nebeneingang (Abb. 259). Abb. 47 zeigt jetzt, abweichend von den früheren Auflagen, welche die Gebäude unverputzt wiedergaben, die neue zurückhaltende Gestaltung der Fassaden, die etwa, was Putz und Farbe betrifft, der Entstehungszeit entspricht.

2. Münchhausenscher Adelshof (Ritterstraße 590)
Abb. 44, 241

Gut erhalten sind nur noch das ausluchtartige steinerne Gartenhäuschen und ein schlichtes Wirtschaftsgebäude mit großem, rundbogigem Bossenstein-Portal von 1598. Das reizende, dreiachsige „Archivhäuschen" schuf Cord Tönnis (vgl. Detmold 1, Hameln 4 und Schwöbber) für den aus dem Schwedenfeldzug heimgekehrten Kriegsobersten Hilmar von Münchhausen 1565 in den Formen der Frührenaissance. Drei welsche Giebel, deren Halbkreise mit den Porträtmedaillons des Erbauerehepaares geschmückt sind, bekrönen übereinandergestellt die Schauseite. Auch die Schmalseiten haben Halbkreisaufsätze. Die Fenster sind spätgotisch mit Stabgitterwerk und Vorhangbogen eingefaßt. In der Brüstung erscheinen wieder die Porträts des Erbauerehepaares und dessen Wappen sowie am linken Fensterpfosten eine Lucretia. Eine ganz ähnliche, jedoch zweiachsige Auslucht befindet sich seit 1930 an der Hoffront des Schlosses Wehrden a. d. W. (Frhr. v. Wolff-Metternich), deren Bekrönung den welschen Giebeln des „Archivhäuschens" genau nachgebildet zu sein scheint. Angeblich gehörten die Halbkreisaufsätze ursprünglich zu einem Gartenpavillon in der alten Gutsparkmauer.

SABABURG (Stadt Hofgeismar, Kr. Kassel)

Höhenburg-Ruine
(Eigentum des Landes Hessen, Hotel)

Die „Zappenburg" im Herzen des Reinhardswaldes wurde im 13. Jh. als Weser-Diemel-Stützpunkt des Erzstiftes Mainz errichtet. Später wurde sie Jagdschloß des Landgrafen von Hessen. Das hohe rechteckige Haupthaus mit polygonalem Treppenturm an der Südwestecke entstand um 1500 unter Landgraf Wilhelm II. Erhalten sind nur noch die Außenmauern und der Treppenturm. Unter Landgraf Wilhelm IV. (1567—1592) wurden dem Palas drei runde Ecktürme hinzugefügt (1590), von denen einer 1644 durch Blitzschlag zerstört wurde. Aus der gleichen Bauperiode stammt die 4,5 km lange Tierparkmauer (1589—1591). Die welschen Hauben sind späteren Datums. Das niedrigere Kanzleigebäude und der viereckige Turm (angeblich von 1582) sowie die beiden instand gesetzten Ecktürme dienen als Hotel.

SACHSENHAGEN (Kr. Schaumburg-Lippe)

Schloß Abb. 3, 133

Die ehemalige Wasserburg, an die sich erst später die gleichnamige Ackerbürgerstadt (Stadtrecht seit 1650) anlehnte, wird schon im 13. Jh. erwähnt. 1595—1597 errichtete sich hier Graf Ernst von Schaumburg eine eigene Residenz, nachdem ihm sein Bruder Adolf XI. vier Ämter abgetreten hatte. Ein mittelalterlicher, quadratischer Turm (14,00/12,60 m) mit Renaissancetreppenturm (Abb. 3) ist noch erhalten. Die Karyatiden des Treppenturmportals dürften ursprünglich einen anderen Standort gehabt haben (Kaminwangen?). Das rundbogige Portal des sogenannten Amtshauses (Abb. 133) mit kannelierten toskanischen Säulen und kranzhaltenden Putten in den Bogenzwickeln ist vermutlich ein Werk des flämischen Bildhauers Johann Robyn, der nachweislich zur gleichen Zeit (1596) die Erkerbekrönungen des Rathauses Stadthagen (Abb. 134, 135) schuf. Von ihm dürfte auch die Renaissancebrunnenschale stammen, die jetzt im Ort S. steht.

Sachsenhagen, Wohnturm, Grundriß des ersten Stockes

Die Portale des Amtshauses (Privateigentum) und des Treppenturmes sind mit Bossensteinen verziert. Der mittelalterliche Wohnturm ist Eigentum der Stadt.

Lit.: Soenke, Johann Robyn — der Meister J. R. Beziehungen zwischen der flämischen und der Weserrenaissance. In „Mindener Heimatblätter" 1957 Nr. 11/12 S. 121—143.

BAD SALZUFLEN (Kr. Lippe)

1. Rathaus Abb. 137

Angeblich wurde das langgestreckte, zweigeschossige Giebelhaus 1545 errichtet. Das spätgotische Portal und die aus der gleichen Bauperiode stammenden Fenstereinfassungen an der Traufenseite würden diese Datierung bestätigen. Der Baumeister war Hermann Edeler, der als Meister schon 1544 im Bauregister des Schlosses Petershagen als beurlaubt erwähnt wird und 1545 von Bielefeld nach Herford übersiedelte. Die sechs noch vorhandenen Steinmetzzeichen deuten auf baugeschichtlichen Zusammenhang mit Jörg Unkair. Vier seiner Knechte haben am Rathaus mitgearbeitet. Den Stufengiebel mit Volutenfüllung der Staffeln erhielt es vermutlich um 1585. Es ist der Typ des Schweifgiebels, das Beschlagwerk ist das bestimmende Ornament. Volutenbänder bestimmen den Umriß der Staffelfüllungen. Die Randlisenen, die den Treppengiebel deutlich markieren, sind mit flachem Beschlagwerk verziert. Horizontalgliederung der Giebelfläche durch kräftige Gesimse, teilweise mit Zahnschnittornament. 1846 wurden leider zwei Erker entfernt und eine neugotische Treppenanlage hinzugefügt.
Lit.: F. Pahmeier, Der Baumeister von Schloß Varenholz. In „Lippische Mitteilungen aus Gesch. und Landeskunde" 29. Bd. 1960 S. 82—100.

233 Schaumburg, Portal im Schloßhof
Schaumburg Castle: doorway in courtyard

2. Altes Bürgermeisterhaus (Markt 5) Abb. 136 (links), 138

Der fünfgeschossige Giebel des angeblich 1564 erbauten Hauses ist wahrscheinlich erst nach 1580 entstanden. Bauherr der Bürgermeister Johann von Barkhausen († 1605). Seine Staffelfüllungen weisen kielbogige Voluten mit Fächermuscheln und an den Ecken kommaförmige Aufsätze auf. Aus den S-Voluten der Giebelkrönung (Abb. 138) wachsen die Halbfiguren Adams und Evas heraus, die ihre Köpfe durch die Volutenbänder stecken (vgl. Haus Hill, Minden, Abb. 128). Darüber die Halbfigur Christi mit der Weltkugel. Die Giebelfläche wird durch kannelierte Pilaster vertikal gegliedert, die zusammen mit den Gesimsen und Balkenköpfen sowie den rundbogigen Fenstern dem Ganzen eine elegante Note geben. Wegen der Ähnlichkeit des Giebels mit dem der Gandersheimer Abtei hält O. Gaul zutreffend den Lemgoer Meister Heinrich Overkotte für den Erbauer, zumal Overkotte außerdem 1598 ein anderes Haus mit sehr ähnlichem Giebel in Herford, Alter Markt 8 (abgebrochen 1898, vgl. M. Sonnen a. a. O. Abb. 146), für Franz Barkhausen, einen Neffen des Salzufler Bürgermeisters, erbaut hat.
Lit.: O. Gaul, Renaissancebaumeister in Lippe, a. a. O. S. 33 ff.

3. Haus am Markt 7 Abb. 136 (rechts)
Die Schauseite dieses Bürgerhauses ist in der Gestaltung der Staffelfüllungen und der Horizontalgliederung dem gegenüberliegenden Rathause nah verwandt. Jedoch weisen die Voluten hier bereits die bizarren, sichelförmigen Auswüchse auf, die für die Spätstufe der Weserrenaissance bezeichnend sind. Auch stehen auf den Staffelecken an Stelle der Kugeln Obelisken.

SCHAUMBURG (Kr. Grafschaft Schaumburg)
Höhenburg (Fürst zu Schaumburg-Lippe) Abb. 241
(Gaststätte)

Die Burg der gleichnamigen Grafen wurde schon im 12. Jh. am Südhange der Weserbergkette errichtet. Sie umfaßte ursprünglich nur den oberen Burghof der vorspringenden Bergkuppe. Von der mittelalterlichen Anlage sind nur noch Reste vorhanden. Erhalten ist eine Renaissance-Palas (34,00/11,20 m) aus der zweiten Hälfte des 16. Jh., dessen schlichte Giebelflächen durch Gesimse mit Zahnschnittornament gegliedert werden. Die Giebelschrägen sind lediglich mit Kugeln verziert. Auf einen Treppenturm hat man (Bauherr und Baumeister sind unbekannt) hier ausnahmsweise verzichtet, dafür wurde eine Steintreppe mit geradem Lauf zum Obergeschoß geführt. An der Hofseite Fenster mit Beschlagwerkeinfassungen. Das Eingangsportal hat kannelierte ionische Pilaster. Über dem mit Beschlags- und Juwelenornament vierzierten Türsturz eine volutenartige Bekrönung (Abb. 241). Ein zweites, ähnliches Portal hat an Stelle der Pilaster korinthische Halbsäulen (teilweise zugesetzt). Im Innern bemerkenswerter Kamin mit hermenartigen Pfeilern unter den Konsolen sowie einem Fries von Blättern und Fruchtbündeln im Kaminsturz, vermutlich von dem

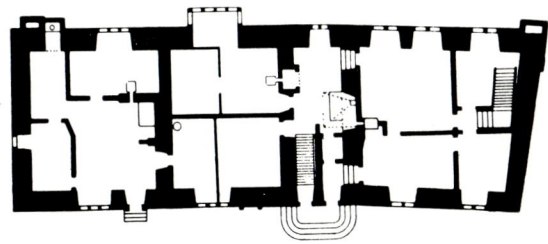

Schaumburg, Grundriß des Erdgeschosses

flämischen Bildhauer Arend Robin. Einige verfallene Gebäude wurden Anfang dieses Jh. wiederaufgebaut. Die Renaissanceimitationen sind nicht unbedingt geglückt. Heute wird die Schaumburg als Gaststätte genutzt.

SCHELENBURG (Kr. Osnabrück)
Wasserburg Abb. 1, 7—12
(Frau Kellermann, geb. von Schele)

Ursprünglich Stammsitz des Ministerialengeschlechts von Sledesen, ist die reizvolle Anlage seit 1396 bis in unsere Tage im Besitz derer von Schele. Der rechteckige, mittelalterliche Wohnturm mit runden Ecktürmchen (Abb. 1) wurde angeblich bereits 1250 erbaut. Den ihm angegliederten, zweigeschossigen Renaissanceflügel (Abb. 9) errichtete um 1530 der schwäbische Baumeister Jörg Unkair

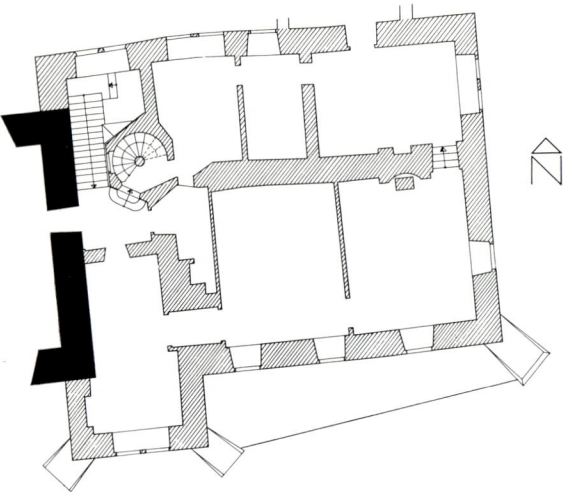

Schelenburg, Renaissanceflügel, Grundriß des Obergeschosses

(Meisterzeichen mit Initialen J. V. und Jahreszahl 1532) am Obergeschoß der Hofseite (Abb. 10) für Sweder von Schele, dessen Sohn Kasper 1543—1546 Schüler Melanchthons und Tischgenosse Luthers in Wittenberg war. Der für den Baumeister charakteristische Treppenturm ist hier in das Schloßinnere verlegt (Abb. 8, 11). An der Nahtstelle zwischen Wohnturm und Renaissanceflügel läßt J. U. einen durch sämtliche Stockwerke bis über den Dachfirst ragenden Risalit hervorspringen (Abb. 12). Diese Auslucht ebenso wie die beiden hohen Zwerchhäuser (Hofseite und Außenfront) sind mit den für den Meister typischen welschen Giebeln bekrönt, jedoch ohne Zierkugeln, ihre Stockwerke durch scharfkantige Gesimse voneinander getrennt. Der Stirngiebel des Renaissanceflügels (Abb. 9) stellt eine eigenartige Mischung von Dreiecks- und Staffelgiebel dar und trägt ebenfalls einen welschen Giebel. Die Portale, darunter eines mit wappengeschmücktem Kragbogen (Zugang zum alten Wohnturm Abb. 7), und die zumeist gekuppelten Fenster zeigen Stabgitterwerkeinfassungen.

Lit.: J. Soenke, Jörg Unkair, a. a. O. S. 20 f.

SCHLOSS BAUM (Kr. Schaumburg-Lippe)

Abb. 205 (Jugendheim des Kreises Schaumburg-Lippe)

In den Gartenanlagen des kleinen Waldschlosses (erbaut 1760) befindet sich eine Steinmauer mit Nischen, flankiert von zwei Steinportalen mit Darstellungen aus der antiken Mythologie, das linke ionische Portal ist dem Wasser, das rechte korinthische der Musik gewidmet, sie waren ursprünglich farbig gefaßt. Möglicherweise handelt es sich bei dieser schwer beschädigten Anlage um Gartendekoration oder um eine massive Kulisse für Theateraufführungen und musikalische Darbietungen, die am Hofe des Grafen Ernst von Schaumburg (1601—1622) bezeugt sind. Ursprünglicher Standort im Schloßpark zu Bückeburg. Das Ganze ist ein Musterbeispiel üppigsten Manierismus und könnte nach einer Vorlage von Dieterlin gefertigt sein. Es stammt vermutlich von der Hand des Hans Wolff aus Hildesheim.

In den Nischen neben dem von ionischen Säulen flankierten linken Zierportal schaut die an den Felsen gekettete Andromeda nach Perseus aus. Darüber im Relief des Ädikula-Aufbaus belauscht Aktäon Diana mit ihren Nymphen. Die Torsi der michelangelesken Figuren links und rechts der Bekrönung zeugen für das bildhauerische Können des Meisters.

Lit.: J. Habich, Die künstlerische Gestaltung der Residenz Bückeburg durch Fürst Ernst 1601—1622. In „Schaumburger Studien" XXVI, Bückeburg 1969, S. 161 bis 168.

SCHLOSS NEUHAUS (Kr. Paderborn)

Schloß Abb. 4—6, 152, 154, 242
(Gemeindeeigentum)

Ehemalige Residenz der Paderborner Fürstbischöfe, die hier seit dem Ende des 14. Jahrhunderts ständig wohnten. Erhielt 1370 durch Bischof Heinrich von Spiegel einen hohen Wohnturm, dessen unterer Teil in den Westflügel des Renaissanceschlosses einbezogen wurde. Die heutige große Renaissanceanlage steht am Anfang der Entwicklung des Schloßbaus im Weserraum, welche die mittelalterliche Burg unter weitgehendem Verzicht auf die Verteidigungsaufgabe zugunsten einer Ganzheitsidee und nicht zuletzt wegen des gesteigerten menschlichen Wohnbedürfnisses ablöste. Erster Bauherr dieses für unser Gebiet epochemachenden Gebäudes war Bischof Erich von Braunschweig-Grubenhagen († 1532). In seinem Dienst begann der schwäbische Baumeister Jörg Unkair etwa 1524 mit dem Bau der Vierflügelanlage möglicherweise nach dem Vorbild der Burg Hohentübingen. Auch sein letzter Schloßbau in Detmold hat den gleichen Grundriß und stimmt in der Hofgröße mit seinem ersten in Neuhaus fast überein: Neuhaus 44,50 m x 22 m, Detmold 45,50 x 20 m.

Jörg Unkair hat den Bau des Schlosses Neuhaus, d. i. sein erster im Weserland, mit dem südlichen, zweigeschossigen Eingangsflügel (Abb. 6 rechts) und dessen Treppentürmen begonnen. Der rechte, sechseckige Treppenturm hat runde Eckdienste und ein mit Stabgitterwerk eingefaßtes, rundbogiges Portal (Abb. 4), wie es an sämtlichen Unkairbauten wiederkehrt und das sein Vorbild im Kloster Bebenhausen bei Tübingen hat, wo der Meister nachweislich 1515 als Steinmetz arbeitete. An einem mit 1526 bezeichneten Eckdienst das Meisterzeichen. Das Portal des linken, quadratischen Treppenturmes ist gerade geschlossen und wird von einer weiteren, für J. U. charakteristischen Zierform eingerahmt, dem Eichbaum mit den abgehackten Ästen (Abb. 5). Sämtliche Fenster des Unkairbaus haben Stabgitterwerk und sind zumeist gekuppelt.

Auch die für den Meister typischen Zwerchhäuser, die eines der Charakteristika der Weserrenaissance bleiben werden, mit den bekrönenden welschen Giebeln, den aus Italien kommenden Halbkreisaufsätzen tauchen hier zum ersten Male auf. Zwar sind die Zwerchhäuser des Eingangsflügels heute ihrer welschen Giebel beraubt. Doch zeigt ein Stich in den „Monumenta Paderborniensa" des

234 Schloß Neuhaus, Stich aus den „Monumenta Paderborniensa" des Jacobus Wallius von 1723

Neuhaus Castle: engraving out of "Monumenta Paderborniensa" of Jacobus Wallius (1723)

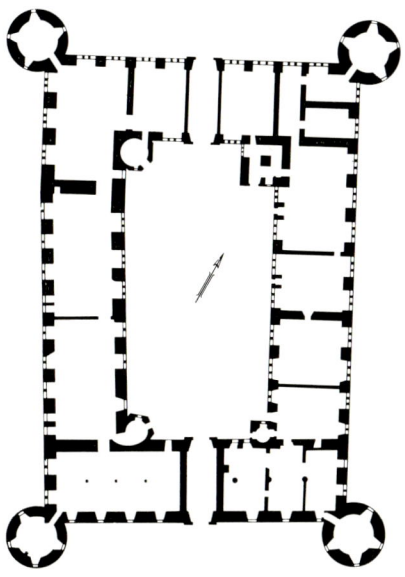

Schloß Neuhaus, Grundriß des Erdgeschosses

Jacobus Wallius von 1723 (Abb. 242) ihr ursprüngliches Aussehen. Demnach wurde diese Form hierzulande fast zu gleicher Zeit wie in Mitteldeutschland und Böhmen übernommen. Zwerchhäuser mit den welschen Giebeln sind am Westflügel in drei Exemplaren erhalten (zwei an der Außenfront Abb. 6 links). Der Westflügel, der sogenannte „Kölner Bau", wurde erst um 1540 unter Bischof Hermann von Wied errichtet. Zu dieser Zeit war J. U. schon nicht mehr in Neuhaus, doch ist offenbar nach seinem Entwurf weitergearbeitet worden.

Unter Bischof Dietrich von Fürstenberg (1585–1618) ist das Schloß dann mit dem Nordflügel (Abb. 152) um 1590 vollendet worden. Aus dieser Bauperiode stammen auch die starken, runden Ecktürme. Die ursprüngliche Konzeption Jörg Unkairs blieb aber erhalten. Die fünf Zwerchhäuser des Fürstenbergbaus haben Giebel, deren Konturen und Details in engster Beziehung zu den Giebelformen des Paderborner Rathauses (1613–1618, Abb. 156) stehen, dessen Erbauer Hermann Baumhauer aus Wewelsburg war. Ihm wird auch das Paderborner Haus Marienplatz 2 (Abb. 155) zugeschrieben, und an

285

235 Burg Schwalenberg, Fenster
Schwalenberg Castle: window

diesem Gebäude begegnen wir der gleichen Lisenengliederung und Einfassung der dreiteiligen Fenster wie am Nordflügel des Schlosses Neuhaus. Sehr wahrscheinlich war Hermann Baumhauer auch maßgeblich an der Ausgestaltung des Fürstenbergbaus beteiligt. Das mit 1590 bezeichnete große Zwerchhaus an der Hofseite wurde wohl gleichzeitig mit der Anlage der Norddurchfahrt 1730 unter Bischof Clemens August von dem Architekten Franz Christoph Nagel umgestaltet. Das prächtige Portal des nordwestlichen Treppenturms mit gedrehten Säulen und Sitznischen dürfte aus der Bauperiode unter Dietrich von Fürstenberg stammen (Abb. 154).
Lit.: J. Soenke, Jörg Unkair, a. a. O. S. 17—20 J. Soenke, Vom Neckar zur Weser. Zusammenhänge zwischen der schwäbischen Spätgotik und der Weserrenaissance / Ein Nachtrag zur Biographie des Baumeisters Jörg Unkair. In „Mindener Heimatbl." 33. Jg., 1961 Nr. 1/3 S. 2—14.

SCHWALENBERG (Kr. Lippe)

Höhenburg (heute Eigentum der Stadt, Hotel) Abb. 235

Von der ursprünglich umfangreichen, mittelalterlichen Burganlage (7400 qm) der Grafen von Schwalenberg ist nur noch der Saalbau erhalten.
Seit 1627 war die Burg Witwensitz der Gräfin Maria Magdalena von Waldeck, der zweiten Gemahlin Graf Simons VII. zur Lippe. 1627—1632 wurde der heute noch bestehende Saalbau neu gestaltet. Nur die Außenmauern und der Treppenturm wurden beibehalten. In die Mauern setzte man die großen, reich verzierten Fenster ein, welche heute noch die Außen- und Hoffront des Hauses bestimmen. Es sind ungewöhnlich großartige und sorgfältig skulptierte Fenstereinrahmungen mit drei kräftigen Halbsäulen, eingefaßt von Pilastern, die ein Gebälk tragen (Abb. 235).
Den Namen des Meisters dieser spätesten Werke der Weserrenaissance kennen wir nicht, dagegen andere, frühere Bauten, die sehr ähnliche Formen zeigen: Schloß Thienhausen (1609, Abb. 157), das Paderborner Rathaus (1613—1620, Abb. 239) und das Hotel Vialon in Horn (1616/17, Abb. 229). Der Baumeister des Paderborner Rathauses war aber Hermann Baumhauer. Dafür, daß er auch hier am Werke war, spricht die Tatsache, daß der Paderborner Bischof Mitbesitzer der Burg war und sich mehrfach, wenn auch retardierend, in Bauvorhaben eingeschaltet hat.
1913 wurde die Burg gründlich wiederhergestellt und in den heutigen Zustand versetzt. Sie wird jetzt als Hotel genutzt.
Lit.: O. Gaul, Burg Schwalenberg — Gründung und Geschichte. In „Unsere lippische Heimat", Beilage der „Lippischen Rundschau", Dezember 1964 Nr. 36.

SCHWECKHAUSEN (Kr. Höxter)

Wasserschloß (Herzog von Croy) Abb. 149

Die malerische Dreiflügelanlage, umgeben von breiter Graft, war ursprünglich von Spiegelscher Besitz. Das zweigeschossige Haupthaus, der Ostflügel, ist offensichtlich der älteste Teil und zeigt an der Außenfront (Gartenseite) und ebenso an der Hofseite Fenstereinrahmungen mit spätgotischem Stabgitterwerk. Der achteckige Treppenturm im Binnenwinkel zum niedrigen, primitiven Nordflügel hat ein verziertes Portal (bez. 1580). Der kleine Südflügel, sog. „Kapellenflügel", mit den eleganten Volutengiebeln an den Stirnseiten entstand etwa 1640.

SCHWÖBBER (Kr. Hameln-Pyrmont)

Schloß (E. Meyer) Abb. 94—99. 253
(Lehrerfortbildungs- und Erholungsheim des Landes Niedersachsen)

1510 kam der Schwöbberhof als Lehn des Bonifatiusstifts Hameln in die Hände derer von Münchhausen. Der kaiserliche Kriegsoberst und Söldnerführer Hilmar von Münchhausen (1512—1573) schuf sich hier ab 1565 nach seinen Feldzügen in Westeuropa und Skandinavien eine rationelle Gutswirtschaft durch „Abmeiern" dreier Bauern gegen Entschädigung. Er ist auch der Bauherr des Haupthauses, dessen Vollendung er aber nicht mehr erlebte. Seine Witwe Lucia v. Reden († 1583) führte den Bau zu Ende.

Der imposante, dreiflügelige und von breitem Wassergraben umgebene Schloßbau (Abb. 98) wurde ab 1570 von dem Hamelner Baumeister Cord Tönnis, der für den Bauherrn schon in Rinteln das „Archivhäuschen" (Abb. 44) errichtet hatte, mit dem mittleren, dreigeschossigen Flügel (24,60/13,60 m) begonnen. Meisterzeichen und Jahreszahl 1575 am nördlichen Stirngiebel, während der südliche mit 1574 bezeichnet ist (Abb. 95) und der große Küchenkamin im Erdgeschoß (Abb. 96) mit 1576.

Beide Rollwerkgiebel gleichen sich. Die Lisenengliederung ihrer Giebelflächen markiert — ähnlich dem Hause Osterstraße 12 von 1576 in Hameln (Abb. 82) — die Stufen eines Staffelgiebels, und trotz der Obelisken und Voluten klingen die welschen Giebel noch nach. Auffallend der Beschlagwerkfries unter der Mittelstaffelung, der im Sturz des Küchenkamins (Abb. 96) wiederkehrt. Der nach innen gelegte Treppenturm ist an der Hoffront (Abb. 98) an den schräggestellten, dem Lauf der Wendeltreppe folgenden Fenstern zu erkennen.

Im dritten Geschoß der Hofseite zwei von Konsolen getragene Erker mit Dreiecksbekrönungen, desgleichen ein weiterer Erker an der Rückfront mit den Allianzwappen des Erbauerehepaares in der Brüstung, Beschlagwerkpilastern und Rollwerkgiebel (Abb. 94). Dieser Mitteltrakt ist mit den zweigeschossigen Seitenflügeln durch achteckige Treppentürme in den Binnenwinkeln verbunden, wobei jedoch die Rollwerkgiebel an den Schmalseiten freiblieben (Abb. 98).

1588 fügt Hilmar d. J. von Münchhausen (1558—1617), der Sohn des Kriegsobersten, den zweigeschossigen, südlichen Tor- und Stallflügel (28,40/12,80 m, Abb. 95) hinzu. Während dessen westlicher Stirngiebel dem des Haupthauses angepaßt wurde, ähnelt der östliche (Abb. 98 links) dem des Schlosses Hessisch Oldendorf (Abb. 109). An den Traufenseiten beleben zwei kleine Zwerchhäuser das hohe Dach.

Hilmar d. J. vollendete die Dreiflügelanlage 1602—1604 mit dem Bau des nördlichen „Teichflügels" (34,40/13,20 m, Abb. 99 rechts). Das Gebäude wurde 1908 durch Brand zerstört und 1920—1922 wiederhergestellt. Es hat ebenso wie die anderen Flügel keine eigentliche Wandgliederung, dafür aber an den Traufenseiten Zwerchhäuser mit Bossenquaderschmuck und Giebelbekrönungen, die ebenso wie seine Stirngiebel offensichtlich den Giebeln der Hämelschenburg und von Schloß Barntrup nah verwandt sind. O. Gaul schreibt daher den „Teichflügel" mit Recht dem Hamelner Baumeister Eberhard Wilkening zu, während A. Neukirch den Bau Johann Hundertossen zuweisen möchte. Die Zierquadern, mit denen die sechs Zwerchhäuser (Hofseite 2, Teichseite 4) sowie das Eingangsportal und das nordwestliche Treppenturmportal (Abb. 253) dekoriert sind, haben ein Bossensteinmuster, das gleiche Muster, das auch die Hämelschenburg und das Hochzeitshaus in Hameln schmückt.

Im Innern des Hauses großer Prunkkamin (bez. 1606) mit manieristisch-sinnlichen Kaminwangen, die in eigentümlichem Gegensatz zu dem bewegten Auferstehungsrelief der Bekrönung stehen (Abb. 97).

An Stelle des ursprünglichen Wirtschaftshofes an der offenen Hofseite nach Osten wurde nach 1922 eine Gartenanlage in barockem Stil geschaffen mit Figuren, die erhöht an der Außenfront stehen und nach Vorbildern im Stadtschloß Kassel angefertigt wurden. Auch die allegorischen Puttengruppen (Programm der vier Jahreszeiten) sind Kopien.

In der Kapelle befindet sich als Altarbild ein Relief mit einer Darstellung des Jüngsten Gerichts, das ursprünglich über einem Portal im Schloßhof angebracht war.

Lit.: A. Neukirch, Hameler Renaissance, a. a. O. S. 74 f., 99. O. Gaul, Renaissance-Baumeister in Lippe, a. a. O. S. 17—21.

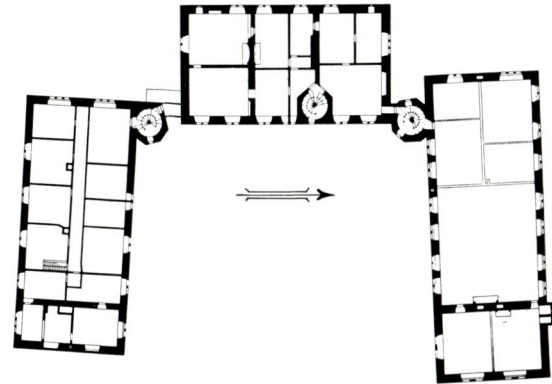

Schloß Schwöbber, Grundriß des Obergeschosses

STADTHAGEN (Kr. Schaumburg-Lippe)

1. Schloß Abb. 13—19, 23, 25, 27, 85, 86, 160, 236 (Eigentum des Landes Niedersachsen)

Bis 1608 Residenz der Grafen von Schaumburg-Holstein, heute Sitz des Finanzamtes. 1975 restauriert.

Wenn auch die Grafschaft nach dem Tode Jost II. 1531—1540 von Rodenberg aus durch gräfliche Räte verwaltet wurde, so war vermutlich der Bauherr doch Graf Adolf X., seine Wappentafel mit Jahreszahl 1541 über dem linken Portal des Wendelsteins (Abb. 16). Adolf X., der spätere Erzbischof von Köln, war damals Coadjutor des Erzbistums Köln und verwaltete gleichzeitig das Stift

Paderborn, wo der schwäbische Baumeister Jörg Unkair 1524—1528 die bischöfliche Residenz in Schloß Neuhaus erbaute.

Jörg Unkair ist auch der Baumeister des Schlosses Stadthagen.

An Stelle einer mittelalterlichen Wasserburg schuf er hier 1534—1538 (?) seinen dritten Schloßbau im Weserland: sein Meisterzeichen zweimal am Treppenturm, 1. an einer Eckdienst-Bekrönung, 2. mit Jahreszahl 1536 und Initialen J. V. über dem rechten Eingang (Abb. 15). Außerdem Initialen J. V. mit Jahreszahl 1537 an einer Küchendurchreiche (Abb. 18). Über dem Kücheneingang Steinmetzzeichen (Meisterknecht?) mit Jahreszahl 1535. Auch in Stadthagen entstand die heute noch erhaltene Vierflügelanlage (Seitenlänge außen: Ostflügel 62 m, Südfront 52 m) um einen rechteckigen Binnenhof unter Einbeziehung des mittelalterlichen Torhauses (Abb. 17). Der Schloßbau wurde mit dem Süd- und Ostflügel begonnen. Vermutlich bestand der Westflügel, der eine größere Geschoß- und Traufenhöhe als der Südflügel aufweist und heute auch keine Zwerchhäuser mehr hat, schon vor 1534. Möglicherweise hat Jörg Unkair auch

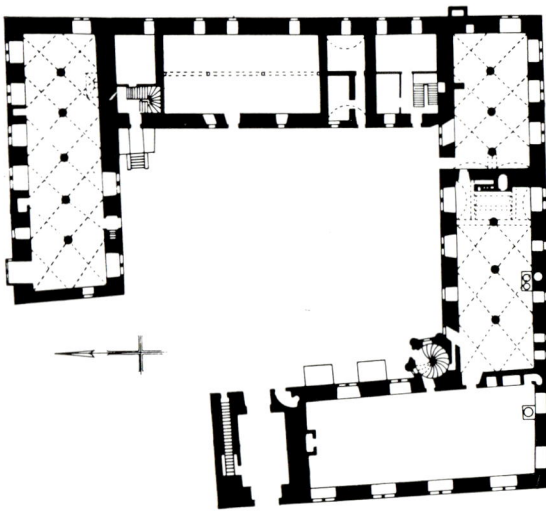

Schloß Stadthagen, Grundriß des Erdgeschosses

den Dreistufengiebel an der südlichen Stirnseite dieses Flügels schon vorgefunden und lediglich mit welschen Giebeln versehen (Abb. 23).

Die Vierflügelanlage ist an der Nordwestecke nicht ganz geschlossen (Abb. 13). Die Stirnseiten des West- und Nordflügels sind offensichtlich nachträglich verändert worden. Jedenfalls zeigt eine Darstellung von 1873 (Aquarell von A. Koch) an beiden Schmalseiten zweistufige Giebel in der Art der Südostecke des Schlosses

(Abb. 236). Fraglich bleibt auch, ob der Nordflügel erst unter Adolf XI. (sein Wappenstein bez. 1593 über dem Portal, Abb. 27) errichtet wurde. Der einzige, polygonale Treppenturm mit spätgotischen Portalen (Abb. 15, 16), Stabgitterwerk-Fenstern und runden Eckdiensten sowie schöner Treppenspindel befindet sich im südwestlichen Binnenwinkel. Der entsprechende Anbau in der Südostecke sowie die Loggia an der Außenfront des Südflügels sind Zutaten des 19. Jh. (Abb. 23). Die breite Graft wurde teilweise zugeschüttet und trockengelegt.

Die Fassaden der schlichten, zweigeschossigen Bauten werden lediglich durch kräftige, scharfkantige Gesimse und teilweise unregelmäßig verteilte, gekuppelte Fenster gegliedert. Die Betonung der Horizontale und die Geschlossenheit des Ganzen läßt den Vergleich mit dem Ideal einer „strengen Architektur" im Sinne der italienischen Renaissance zu. Die Eigenart des Bauwerks aber rührt von seinen stattlichen Giebeln und zahlreichen zweigeschossigen Zwerchhäusern an den Traufenseiten her (Abb. 23), die sämtlich mit Halbkreisaufsätzen, welschen Giebeln, bekrönt sind. Auch die Erker an den Außenfronten (Ost- und Nordflügel) sowie über der Durchfahrt (Abb. 17) tragen welsche Giebel, die durchweg mit Kugeln besetzt sind. Sämtliche Zwerchhäuser sind mit Randlisenen von geringer Plastik versehen. Ihre Breite entspricht jeweils dem Staffelrücksprung des nächst höheren Geschosses, der durch eine Kugel betont wird.

Bemerkenswert ein Portal im Innern des Südflügels, das von einem kandelaberartigen Rundstab eingefaßt wird (Abb. 19), ähnlich der Einrahmung des rundbogigen Fensters an der Hofseite des Südflügels. Eine Küchendurchreiche im gleichen Flügel ist mit dem für J. Unkair charakteristischen Eichbaum mit den abgehackten Ästen eingefaßt (Abb. 18).

Im zweiten Stockwerk des Südflügels befinden sich drei Prunkkamine von der Hand des flämischen Bildhauers Arend Robin: 1. Kamin von 1576 im jetzigen Sitzungssaal des Finanzamtes mit Relief „Triumph der vier Elemente" im Sturz und Wappen Otto IV. sowie Tugenden (Caritas bez. A. R.) in der Kaminbekrönung (Abb. 85), 2. Kamin in der jetzigen Wohnung des Finanzamtsleiters mit Relief der Jahreszeiten (Abb. 86) im Sturz und Wappen der zweiten Gemahlin Ottos, Elisabeth Ursula von Braunschweig in der Bekrönung. Auftraggeber für beide Graf Otto IV. († 1576); sein Wappenstein und der seiner ersten Frau, Maria von Pommern († 1554), mit Jahreszahl 1544 und Steinmetzzeichen des Jakob Kölling über der Durchfahrt (Abb. 17). 3. Kamin im „Fürst-Ernst-Zimmer" (Südostecke) zeigt im Sturz ein Relief mit dem „Triumphzug des Bacchus", bez. A. R. 1604, nach dem Stich von 1528 (Abb. S. 8) des Nürnberger Kleinmeisters Georg Pencz. Auftraggeber Graf Ernst (Abb. 160), ursprünglicher Standort Schloß Bückeburg.

Das Kavalierhaus vor der Eingangsfront, dessen Stufengiebel an den Schmalseiten ebenfalls welsche Giebel tragen, dürfte erst im letzten Drittel des 16. Jh. entstanden sein. Seine Giebelflächen werden durch Lisenen und Gesimse gegliedert (Abb. 25). Das schlichtere Gebäude des Remisengebäudes an der Obernstraße zeigt auch die welschen Giebel.

Lit.: J. Soenke, Jörg Unkair, Baumeister und Bildhauer der frühen Weserrenaissance, a. a. O. S. 21—27.
J. Soenke, Triumph des Manierismus in Stadthagen — Niederländische Bildhauer im Dienste der Grafen von Schaumburg. In „Schaumburger Studien" H. 6, S. 35—80, Bückeburg 1964.
P. Müller, Die „Welschen Gewels". Ein Stilelement der deutschen Renaissance-Architektur. In „Mindener Heimatbl." 1961, H. 11/12, S. 121—139.

2. Rathaus Abb. 26, 134, 135

Der Rat der Stadt ließ 1589 den Hamelner Baumeister Cord Tönnis wegen des Rathausneubaus nach Stadthagen kommen und verehrte ihm 27 Mark (etwa 7 Taler) als Entgelt und Unkostenerstattung. Außerdem liegt ein Empfehlungsschreiben des Rates der Stadt Lemgo für Meister Georg Crossmann vor, der gerade die Lemgoer Ratsstube gebaut hatte. Beide werden jedoch im Bauregister von 1595/97 nicht erwähnt, dagegen aber der Hamelner Maurermeister Johann Horstmeier, der für seinen Besuch 1593 knappe 2 Taler erhält.
Der Rat führte den Erweiterungs- und Umbau eines an der Nordseite des Marktes bestehenden Zeughauses (sog. Rhumhus, Gebäudelänge 27,70 m, während das neue Haus 47,5 m lang ist) zum Renaissance-Rathaus in eigener Regie mit zwei verordneten „Bauherrn" durch. Die Bauleitung hatte der Steinmetz Cordt Reinking, der auch die Lohnzahlung vornahm.
Zuerst wurde 1595 der Westgiebel des alten Hauses abgebrochen. Der Ostgiebel, das Zwerchhaus (rechts) sowie der Dachstuhl blieben bestehen.
Es entstand ein langer zweigeschossiger Saalbau mit zwei Zwerchhäusern und Dreistufengiebeln, die mit welschen Giebeln bekrönt sind, an den Stirnseiten. Zur Belebung der Traufenseite am Markt wurden den beiden Zwerchhäusern, die noch ganz in dem altertümlichen Stile Jörg Unkairs gestaltet sind (möglicherweise hat sein Schüler Jakob Kölling das alte „Rhumhus" erbaut), drei „moderne" Erker hinzugefügt. Vor den Ostgiebel stellte man eine zweigeschossige Auslucht (Abb. 134), die ursprünglich weiter in die Straße hervortrat (1802 verändert). Das Portal unter dem linken Erker ist Portalen des Süd- (1535) und Nordflügels (1593, Abb. 27) des Schlosses sehr ähnlich: Zierleistenprofile umgeben die rechteckige Öffnung, sind aber nicht bis zur Türschwelle

236 Stadthagen, Schloß, Zwerchhauslösung der Südostecke um 1538

Stadthagen Castle: roof gable variation of the south-east corner (c. 1538)

herabgeführt, sondern biegen in etwa ³/₄ der Gewändehöhe rechtwinklig nach innen um. Die drei Erkerbekrönungen (Abb. 135) sowie die linke Ausluchtbekrönung (Abb. 134) schuf der flämische Bildhauer Johann Robyn, der 1596 mit seinen Knechten 6 Wochen in Stadthagen einquartiert war und für seine Arbeiten insgesamt 44 Taler erhielt. Diese Erker-„Cronamente" mit durchbrochenem Volutenwerk, freiplastischen, aus Medaillons hervorlugenden Wächterbüsten sowie mehrfach von Bossensteinen unterbrochenen Obelisken, Fruchtgehängen und -körben sind von vorzüglicher Qualität. Sie kehren im Bereich der Weserrenaissance nur noch einmal sehr ähnlich als Stufenfüllungen am Mittelgiebel des Bremer Rathauses wieder (Abb. 217), man beachte die Kombination von Voluteneinrollung und Löwenkopf. Johann Robyn ist wahrscheinlich identisch mit jenem Jan Robyn aus Ypern, der seit etwa 1578 in Mainz und in Würzburg bis 1590 tätig war. Er hat vermutlich 1596 auch am Schloß Sachsenhagen gearbeitet und wohnte während dieser Zeit in Minden.
Die Auslucht am Ostgiebel (Abb. 134) besitzt zwei Aufsätze. Der linke (bez. 1596) stammt von Johann Robyn, die rechte Bekrönung (bez. 1612), deren schlechtere Qualität der Bildhauerarbeiten auffällt, von Meister Johann Schwartze.

Das Stadthäger Stadtarchiv bewahrt die vollständigen Bauregister des Rathausneubaus von 1595—1597.
Lit.: H. und A. Masuch, Das Rathaus von Stadthagen ein Renaissancebau. „Schaumburger Studien" H. 7. Bückeburg 1964. L. Bruhns, Würzburger Bildhauer der Renaissance und des werdenden Barock. München 1923, Kap. „Johann Robyn" S. 164 ff. J. Soenke, Johann Robyn — der Meister J. R. Beziehungen zwischen der flämischen und der Weserrenaissance. In „Mindener Heimatblätter" 29. Jg. 1957 Nr. 11/12 S. 121—143.

3. Lateinschule

An Stelle eines Fachwerkhauses, das diese bereits im 14. Jh. bezeugte Schule beherbergte, wurde das jetzige Gebäude 1565 im Auftrage der Stadt von dem Stadthäger Maurermeister Jakob Kölling, einem Schüler Jörg Unkairs, errichtet. Der schmucklose, zweigeschossige Bau hat an der Straßenfront (rechts) eine rundbogige Durchfahrt sowie eine von Stabgitterwerk eingefaßte rundbogige Pforte im Stile Unkairs. Über dem Gurtgesims eine Gedenktafel für Graf Otto IV. († 1576) mit dem Schaumburger Wappen, die der Rat 1594 anbringen ließ.
Lit.: J. Prinz, Die Stadthagener Lateinschule bis zum Jahre 1571. In „Stadthagen im Wandel der Zeit". Beiträge zur Stadtgeschichte. Stadthagen 1958, S. 125—139. Hg. O. Bernstorf. G. Drengemann, Ein Nachtrag zur Biographie Jakob Köllings. In „Schaumburg-Lippische Heimatbl.". 1960 Nr. 6.

4. Bürgerhaus Markt 4
(Eigentümer Dieter Krömer, Sülbeck) Abb. 197

Stattliches dreigeschossiges Steinhaus mit bizarr ausgezacktem und mit zahlreichen Obelisken verziertem Volutengiebel. Die Giebelfläche wird durch Säulen und Gesimse in Geschoßhöhe und unterhalb der Fenster gegliedert. Eine dreigeschossige Auslucht (links) wiederholt mit ihrem Giebel das Thema des Ganzen. Das Vorbild der Hamelner Renaissance ist unverkennbar. Entstehungszeit vermutlich um 1610.
Gelegentlich der Restaurierung (1973/74) wurde auch das ursprüngliche, rundbogige Tor des Hauses wiederhergestellt.

5. Landbergscher Hof, Obernstraße

Mehrfach verändertes, schlichtes Haus aus der ersten Hälfte des 16. Jh., Inschriften und Wappen an der Ostfront bez. 1532 und 1600. An der Einfahrt zwei Beischlagwangen mit Darstellungen des Sündenfalls (nach einem Holzschnitt von Lukas Cranach) und des auferstandenen Christus (Abb. 22), die reizvollen Reliefs dürften um 1540 in einer Mindener Werkstatt entstanden sein. Die Beischlagwangen haben einen neuen Standort in der Schelenburg bei Osnabrück gefunden.

Lit.: G. André, Beischlagwangen aus der ersten Hälfte des 16. Jh. an der Weser. In „Westfalen", 33. Bd. 1956 H. 2/3, S. 151—163. J. Soenke, Jörg Unkair a. a. O. S. 69 bis 96.

6. Ev. Stadtkirche St. Martini

Innen: Großes Wandgrabdenkmal des Grafen Otto IV. von Schaumburg († 1576) und seiner beiden Frauen, Maria von Pommern († 1554) und Elisabeth Ursula von Braunschweig († 1587). Die vollplastischen Gestalten des Grafen und seiner Frauen (Maria links, Elisabeth rechts) knien en face hinter Kartuschen mit ihren Wappen in Nischen zwischen vier Kompositasäulen, die über einem Architrav eine dreiteilige Ädikulabekrönung tragen. In den Nischen der drei Ziergiebel befinden sich Reliefs (Kreuzigung, Auferstehung), die mit Arend Robin und A. R. bezeichnet sind. Angeblich sollen die Figuren von dem Maurermeister Jakob Kölling stammen, der jedoch bestenfalls die Steinmetzarbeiten ausgeführt haben kann. Das überladen prunkvolle Epitaph ist vielmehr dem flämischen Bildhauer Arend Robin zuzuschreiben und wahrscheinlich 1585 entstanden.
Außen am Turm: Steinernes Epitaph des Bürgermeisters Jobst Lüdersen, bez. 1580 A(rend) R(obin). Das Relief flankiert von Karyatiden, wird über einem Architrav von einem Volutengiebel mit Tugenden bekrönt, in dessen Ädikulanische der Auferstandene erscheint. Darüber unter einem Segmentbogen Gottvater mit der Weltkugel. Auf der Ostseite der Kirche ließ Fürst Ernst von Schaumburg, offensichtlich durch italienische Vorbilder angeregt (Mediceerkapelle in Florenz), ein Mausoleum errichten, für das er den sächsischen Hofarchitekten Johan Maria Nosseni und den kaiserlichen Hofbildhauer Adrian de Vries gewann. Wenn auch bereits 1609 begonnen, kann der von einer Laterne bekrönte Kuppelbau und vor allem seine manieristische Innenausstattung nicht mehr der Weserrenaissance zugeordnet werden. Vielmehr haben wir es hier schon mit einer der frühesten Schöpfungen des Barock auf deutschem Boden zu tun.

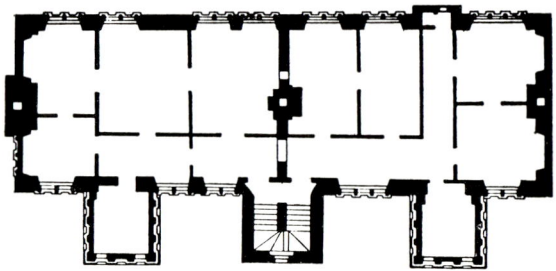

Erbhof Thedinghausen, Grundriß des Erdgeschosses

Lit.: J. Soenke, Triumph des Manierismus in Stadthagen — Niederländische Bildhauer im Dienste der Grafen von Schaumburg. In „Schaumburger Studien", H. 6. Bückeburg 1964, S. 35—80. L. O. Larsson, Adrian de Vries. Wien — München 1967. Arbeiten für Fürst Ernst von Schaumburg S. 76—90.

TATENHAUSEN (Kr. Gütersloh)

Wasserschloß (Graf Korff-Schmising) Abb. 55

Seit 1525 Sitz der Herren von Korff-Schmising. Zweigeschossige Dreiflügelanlage umgeben von breiter Graft. Wenig vortretender Treppenturm im Binnenwinkel. Das Herrenhaus von 1540 wurde über einem älteren Bau errichtet. Stirnseiten mit kugelbesetzten welschen Giebeln in der Bielefelder Art (vgl. Abb. 49). Hier wird der Typ der älteren Detmolder Schloßgiebel (Abb. 36 rechts) derart abgewandelt, daß an Stelle des Halbkreises ein mächtiger Kleeblattbogen auf die oberste Stufe gesetzt wird.
O. Gaul schreibt deshalb Tatenhausen Jörg Unkair zu. Wenn dieser aber nicht der Baumeister gewesen sein sollte, so zeugt doch auch dieser Bau für die starke Wirkung des schwäbischen Meisters auf seine Zeitgenossen.
Nochmaliger Umbau 1667 bzw. 1699. Mitteltrakt datiert 1746 unter Einbeziehung älterer Bauteile von 1619. Das Torhaus Anfang des 18. Jh.

THEDINGHAUSEN (Kr. Verden/Aller)

Schloß (E. Kriete) Abb. 206, 264—267

Erbaut ab 1619 von dem ev. Erzbischof Johann Friedrich von Bremen (1596—1634) für seine Geliebte, Gertrud von Heimbruch, auf deren sog. „Erbhof", den sie von ihrem Gatten übernommen hatte. Baumeister unbekannt.
Rechteckiger, zweigeschossiger Backsteinrohbau (neben Neustadt a. Rbge. einzigartig in der Weserrenaissance) mit drei gleich großen, rechteckigen Ausluchten an der Hoffront, von denen die mittlere als Treppenhaus mit geraden Läufen und Podesten ausgebildet ist. Auf die Ausluchten und die beiden Stirngiebel (Abb. 206) mit dem bizarren Umriß der Weserrenaissance, der jedoch Staffeln nicht mehr erkennen läßt, konzentriert sich eine reiche Sandsteingliederung mit vielfältigem Ornament. Auffallend die Eckquadern mit dem Bossensteinornament. Sämtliche in der Weserrenaissance üblichen Bossensteintypen kehren hier wieder, außerdem quadrische und Rautenmuster (Abb. 264—267). Die Ausluchten werden durch dekorativ aufgelöste Pilaster vertikal

237   Thienhausen, Schloß, Portal von 1604

Thienhausen Castle: doorway (1604)

gegliedert und zeigen in den Brüstungen Medaillonköpfe in Kartuschenrahmen: Damen und Herren in der Tracht des beginnenden 17. Jh., Krieger und Narren.
In den Einzelformen, vor allem an den Portalen und Fenstern, kündigt sich deutlich der Barock an.
Die zwei- und dreigekuppelten Fenster haben aufgelegte Einrahmungen. Ihre Gewände und Pfosten sind reich skulptiert und zum Teil mit figürlichem Schmuck versehen und stehen auf einer profilierten Sohlbank, die ihrerseits wieder auf Konsolen ruht, über denen die Gesimsglieder gekröpft sind und zwischen denen Ornament aufgelegt ist. Ein gesprengter Giebel und volutenartiges Ornament bekrönen die Fenster oberhalb des als Gesims gestalteten Sturzes (Abb. 206). Das rundbogig geschlossene Portal (bez. 1620) neben der linken Auslucht ist als Pilasterädikula ausgebildet. Auf den dekorativ

aufgelösten Pilastern erscheint auch das Bossensteinornament. In dem Oval der barocken Bekrönung befand sich ursprünglich eine Bronzetafel mit Wappen. Im Innern des Treppenhauses Sandsteinportal in originaler Farbgebung: Olivgrün, Zartrosa, Weiß.

THIENHAUSEN (Kr. Höxter)

Wasserburg (Frhr. von Haxthausen) Abb. 157, 237

Erbaut ab 1609 für Tönnies Wolf von Haxthausen.
Der Baumeister der teilweise verrestaurierten Anlage ist unbekannt.
Zwei Flügel mit quadratischem Treppenturm im Binnenwinkel sowie rundem Eckturm mit Kegeldach an der Außenfront. Reicher Schaugiebel mit vertikaler Gliederung durch Lisenen, die sich aus Bossen- und Diamantquadern sowie Voluten zusammensetzen, kräftige Gesimse betonen dagegen die Horizontale. Die gesamte Giebelfläche ist, ähnlich wie in Holtfeld (Abb. 158), mit Beschlagwerkornament überzogen, das sich bis in die Staffelfüllungen fortsetzt. Die Bekrönung bildet ein in die Dekoration einbezogener Schornstein. Ursprünglich besaß auch der andere Flügel einen Volutengiebel, der aber während des 19. Jh. bis auf die Dachschrägen abgetragen wurde. Die Voluten der Staffeln benutzte man für eine Phantasiebekrönung des Treppenturms (Grenadiermütze). Sämtliche Fenster sind gradlinig geschlossen und gekuppelt. Während die Giebelfenster schmucklos in die Wand eingeschnitten sind, werden diejenigen der Geschosse von zierlichen ionischen Säulen eingefaßt und geteilt, ganz ähnlich wie beim Rathaus Paderborn (Abb. 156). K. E. Mummenhof vermutet daher, daß Hermann Baumhauer, der Erbauer des Paderborner Rathauses und der Wewelsburg, auch in Th. am Werke war. Erwähnenswert ist das reichverzierte Portal mit Sitznischen und flankierenden Säulen (Abb. 237).
Das Sitznischenmotiv kommt in der Weserrenaissance verhältnismäßig selten vor: Hehlen (Abb. 78), Adelebsen (Abb. 153), Bad Münder, Hämelschenburg (Abb. 120) und Neuhaus.

ULENBURG (Kr. Herford)

Wasserschloß (heute karitative Anstalt) Abb. 54

Ursprünglich militärischer Stützpunkt der Grafen zur Lippe, dessen Besitz ihnen jedoch von den Mindener Bischöfen streitig gemacht wurde. 15. und 16. Jh. als Lehen im Besitz derer von Quernheim.
Bauherr der Ritter Hilmar v. Quernheim (* 1581, dänischer Oberst, Hildesheimer und Braunschweiger Drost).

Er ließ den Hauptbau, der in dem von seiner Frau geführten Bauregister als „Küchenhaus" bezeichnet wird, 1568/69 errichten. Die Stirngiebel schuf der Herforder Meister Johann Korffmacher, den Erker an der Eingangsfront ein Meister Gerdt (ebenfalls aus Herford), dessen Familienname nicht genannt wird. Die Steinmetzarbeiten wurden in den Steinbrüchen am Obernberge bei Bad Salzuflen aus Schilfsandstein ausgeführt. Anschließend siedelten beide Meister zur Baustelle über.
Stattliches zweigeschossiges Herrenhaus mit rechteckigem Grundriß auf von breiter Graft umgebener Schloßinsel. Mächtige Steinbrücke führt zum Hauptportal (um 1900). Im Dach der Eingangsfront Zwerchhäuser mit Volutengiebeln. Hofseite im 19. Jh. stark verändert.
Beide Stirngiebel gehören zum Typ der Stufengiebel mit Kreisaufsätzen (welsche Giebel). Abweichend von Jörg Unkair bekrönt hier Johann Korffmacher nur die oberste Stufe mit einem Halbkreis. Auf die seitlichen Stufen (Staffeln) setzt er von Bogenbändern eingefaßte Viertelkreise. Vorbild die Kirchen S. Zaccaria und S. Michele des Mauro Codussi in Venedig (1470—1500). Die Giebelfläche wird durch Lisenen und Geschoßgesimse mit Renaissanceprofil gegliedert. Im Gegensatz zu der „altertümlichen" Giebelform ist der von fünf Konsolen getragene, beachtliche Erker des Meisters Gerdt für das Jahr 1568 fast „modern": Fenstergliederung durch ionische Pilaster, Gliederung des Gebälks und der Brüstung sowie klare Renaissanceformen: Beschlagwerkornament, Löwenköpfe und Bekrönung durch flachen Dreiecksgiebel mit Muschelfüllung. Im Weserraum tauchen diese Formen zuerst an den Schloßbauten in Uslar und Hann. Münden um 1560 auf. Ungewöhnlich sind die unten abschließenden Halbkreisbögen als Überleitung von der Erkerbrüstung zu den Konsolen.

Quellen: Akte Ulenburg im Staatsarchiv Detmold.
Lit.: O. Gaul, Die Ulenburg als Wasserschloß der Weserrenaissance und ihre Baugeschichte. In „Beiträge zur Heimatgeschichte der Stadt Löhne" Sonderheft 1. November 1974, S. 193—203.

USLAR (Kr. Northeim)

Schloßruine Abb. 222, 238, 238a, 245

Das anstelle der 1553 abgerissenen Welfenburg am Westrande der Stadt errichtete Schloß, von dem heute nur noch unscheinbare Mauerreste vorhanden sind, wurde 1612 durch eine Feuersbrunst zerstört. Der Merianstich von 1654 (Abb. S. 30) vermittelt noch einen gewissen Eindruck von dem Ausmaß des Fürstensitzes, dem an Regelmäßigkeit und Großzügigkeit selbst im späteren 16. Jh. nur wenige deutsche Schloßbauten gleichkommen. Dieses Schloß muß wesentlich zur Wende in der Baukunst des Weserraumes beigetragen haben. Hier wurde Jörg Unkair, der Baumeister der frühen Weserrenaissance, von etwas hierzulande Neuem abgelöst.

Bauherr war Herzog Erich II. von Braunschweig-Calenberg (* 1528, † 1584), der sich wegen seines spanischen Dienstverhältnisses oft und lange in den Niederlanden aufhielt (vgl. Neukirch „R. N." S. 11—19). 1559 traf ein namentlich nicht überlieferter Baumeister in Uslar ein, den der spanische Statthalter der Niederlande Philibert von Savoyen vermittelt hatte. Diese Jahreszahl findet sich auch am Rest eines Fenstergiebels wieder (Abb. 238), der heute in der Mauer des Krankenhaushofes eingelassen ist. Im Frühjahr 1562 wirbt Erich „niederländische Bauleute" für seine Bauvorhaben in Uslar und Hann. Münden und läßt zusätzlich noch 40 deutsche Steinhauer und einen Meister, „der früher schon die Alabastersteine verarbeitet habe", einstellen. Ab 1564 baut er seine niederländischen Schlösser zu Woerden, zu Lisfeld und auf seinem Hof im Haag aus, was vielleicht darauf hindeutet, daß der Schloßbau in Uslar um diese Zeit im wesentlichen beendet war. Konkrete Nachrichten über eine Bautätigkeit liegen nur bis 1562 vor.

Es entstand eine vermutlich ganz geschlossene, quadratische Vierflügelanlage (Seitenlängen von über 80 m) mit Binnenhof und vorspringenden, polygonalen Ecktürmen. Ob der Bau allerdings zu Ende geführt worden ist, läßt sich am heutigen Mauerbefund nicht erkennen. Neben den zweifellos ausgeführten Nord-, West- und Südtrakten dürfte auch der Eingangsflügel an der Stadtfront (heute steht dort das Gerichtsgebäude) teilweise fertiggestellt worden sein. Nicht mehr verwirklicht wurde der Plan eines großen Vorplatzes; 1573 gab Erich II. das dafür schon beschlagnahmte Rathaus an die Stadt zurück. Die lange, vielfenstrige, durch Gesimse und Sockel gegliederte Westfront zeigt auf der Darstellung Merians Unregelmäßigkeiten in der Fensteranordnung, die auch heute noch an dem erhaltenen Sockelgeschoß festzustellen ist, wo die Abstände der Fensterachsen teilweise erheblich voneinander abweichen. Ob die Mauern der beiden Geschosse, die sich über dem aus Quadern gefügten Sockelgeschoß erhoben, aus verputztem Bruchsteinmauerwerk bestanden, läßt sich heute nicht mehr feststellen. Daß es reich ornamentierte Wände gewesen sein müssen, ergibt sich aus den noch vorhandenen Sockelfenstern, in denen die durchaus klassizistisch anmutenden Einzelelemente mit der für die Weserrenaissance charakteristischen Zweiteilung in Einklang gebracht werden. Die Fenster zeigen eine in der Mitte des 16. Jh. für das Wesergebiet erstaunlich moderne Gesinnung: Ein Dreiecksgiebel, gefüllt mit einem von Akanthus und Rollwerkformen eingefaßten Rechteck, ruht auf einem schwellenden, abgerundeten Balken, der die optische Vermittlung zu der nur zart profilierten Umrahmung übernimmt (Abb. 222).

238 Uslar, Schloßruine, Muschel und Jahreszahl 1559
Uslar, Castle ruins: vannet and date of construction (1559)

238a Uslar, Schloßruine, Portalrest
Uslar, Castle ruins: part of a doorway

An der Westseite der instand gesetzten Außenmauern der Schloßruine sind Reste eines bemerkenswerten Portals (Abb. 238a) eingemauert worden. In anderen Mauern auf dem Gelände des ehemaligen Schlosses (z. B. am Krankenhaus Abb. 245) gibt es Bossensteine des flämischen Typs mit einfachen Schrägeinhieben. Die Zierquadern sind an ihren Ober- und Unterkanten von einem Flechtband eingefaßt, was vermuten läßt, daß sie in Friesen verwendet wurden. Frühestes Vorkommen des Kerbschnitt-Bossensteins in der Weserrenaissance (Abb. 245)!

Lit.: Konrad Maier, Uslar-Schloßruine. In „Erlebte Heimat" Folge 4, Schlösser, Burgen und Wehrbauten im Kreise Northeim. Northeim 1962. K. Maier, Die Wende in der Baukunst des 16. Jh. im Weserraum, a. a. O. S. 280—295.

239 Varenholz, Schloß, Wappenstein (Graf Simon VI.) von 1582

Varenholz Castle: coat of arms of Count Simon VI. (1582)

VARENHOLZ (Kr. Lippe)

Schloß Abb. 2, 140—147, 239, 240, 250, 251
(Eigentum des Landesverbandes Lippe, private Realschule)

Aus dem Besitz des Herrn von Vornholte kam die alte Anlage im 14. Jh. an die Landesherren, die Grafen zur Lippe, die sie um 1540 und 1591—1600 zu einem der bedeutendsten Schlösser der Weserrenaissance gestalteten. Vier Flügel umschließen einen fast quadratischen Innenhof. Älteste Bauteile sind der in den nordwestlichen Flügel einbezogene Wohnturm (mittelalterliches Steinwerk, Abb. 2) mit einem Erker, der wahrscheinlich 1591 von dem Blomberger Maurermeister Hans Rade angefertigt wurde, und der südöstliche Torflügel (Abb. 140 links), der als großer Saalbau (282 qm) 1542/43 von Simon de Wendt errichtet wurde und noch die schlichten Formen der Spätgotik, gekuppelte Fenster mit gestabten Vorhangbogen, aufweist. In seinem obersten Geschoß zwei Kamine mit spätgotischer Profilierung sowie über einer Mauernische mit Fischblasenmaßwerk die Jahreszahl 1542. Das Wappen des Grafen Simon VI. (1554 bis 1613) über dem Durchfahrtsportal bez. 1582, eine Arbeit des Lemgoer Meisters Hermann Wulff, betrifft einen weiteren, weniger umfangreichen Bauabschnitt.

Die Herstellung des Wappens läßt sich im Ausgaberegister des Amtes von 1581/82 verfolgen: Meister Wulff schlug den Stein, für den er 35 Taler erhielt, in der Stube des Pastors von Silixen nach dem Riß des Malermeisters Caspar Fluer, der dafür und für Gold, Farben sowie „Illumination" 17 Taler bekam. Die rahmende Ädikula mit korinthischen Säulen und Dreiecksbekrönung läßt aber deutlich die Handschrift Hermann Wulffs erkennen. Im Wappen erscheint auch der Adler der Grafschaft Rietberg (vgl. auch die Inschrift). Simon VI. residierte zu dieser Zeit mit seiner kränklichen ersten Gemahlin Irmgard von Rietberg († 1584) in Varenholz (Abb. 239).

Seine heutige Gestalt erhielt das Schloß 1590—1600 durch den Renaissance-Neubau Graf Simons VI. Wir sind über diesen Bauabschnitt durch die Ausgaberegister des Amtes Varenholz genauestens unterrichtet (Rechnungsregister von Varenholz im Staatsarchiv Detmold L 92). Wir kennen den Maurermeister Johann Bierbaum, Salzuflen, der das Bauwerk errichtete und sein Meisterzeichen, das er an sechs Stellen angebracht hat: am Portal des NW-Flügels mit Jahreszahl 1594, an den drei Außengiebeln des NO-Flügels und am Giebel der großen Auslucht (Abb. 142) mit Jahreszahl 1599. Das Zeichen weist ihn als einen ehemaligen Gesellen Jörg Unkairs aus, der 1546 am Schloß Petershagen als Steinmetz mitgearbeitet hatte (Steinmetzzeichen an der Leibung des untersten Treppenturmfensters). Meister Bierbaum hat zwar sämtliche Maurer- und Steinmetzarbeiten — Qualität der figürlichen Bauplastik recht zweitrangig — mit seinen Gesellen in Obernkirchner Sandstein ausgeführt, es bleibt aber fraglich, ob ihm auch die Gesamtkonzeption zuzutrauen ist.

O. Gaul vermutet, daß Hermann Wulff an den Entwürfen für das Schloß beteiligt gewesen ist. Andererseits verraten die Portale der Treppentürme und des Mitteltraktes sowie die Figuren an den Kaminen und am Giebel der Auslucht (trotz der teilweise mißglückten Ausführung) Zusammenhänge mit Werken der Robyns in Stadthagen und Minden.

Möglicherweise ist der Bauherr selbst der Architekt gewesen. Erwähnt werden muß, daß Simon VI. den holländischen General-Festungsbaumeister Johan van Rijswijk († 1612) verpflichtet hatte, der nachweislich um 1600 auf Varenholz gewohnt hat und sogar zum lippischen Geheimen Rat ernannt wurde (Inschrift seines Grabsteines an der Kirche von Langenholzhausen). Mit Graf Simon VI. muß J. v. R. schon vor 1600 in Verbindung gestanden haben, vielleicht bereits seit der Brüsseler Gesandtschaft des Grafen (1591). Von 1601—1608 war er mit der Planung der Befestigungsanlagen der führenden Hansestädte beauftragt: 1601/03 Bremen, 1604 Lübeck, 1607 Hamburg, 1608 wurde er aus dem gleichen Grunde nach Ulm geholt. Von 1609 bis zu seinem Tode 1612 wohnte er wieder auf Schloß Varenholz. Vielleicht sind so die beiden bastionsartigen Ecktürme des Schlosses zu erklären (vgl. auch Bremen, Langenholzhausen und Petershagen!).

Diese fortifikatorischen Eckbastionen mit ihren merkwürdig asymmetrischen Grundrißverschiebungen flankieren den breit gelagerten nordöstlichen Flügel an der Weserfront (Abb. 141). Merkwürdig auch, wie die großen Stirngiebel, deren Umriß auffallend dem des Rintelner Rathausgiebels (Abb. 47) ähnelt, in die Ecktürme wie an der Wewelsburg (Abb. 150) hineinwachsen. Das Ganze ist trotz dreier Geschosse und steilen Daches auf horizontale Wirkung angelegt. So pflanzen sich die Gesimse in den Dächern der Ecktürme fort.

Die entgegengesetzte Tendenz bestimmt die Hofseite, auf die sich die ganze Repräsentationsabsicht des Bauherrn konzentriert. Schlanke, polygonale Treppentürme (Abb. 143) flankieren sie in den Binnenwinkeln zu den kurzen nordwestlichen und südöstlichen Trakten, die den Weserflügel mit den älteren Gebäuden verbinden. Nach fast 50 Jahren wird hier noch einmal das Thema Jörg Unkairs aufgegriffen, ja, der linke Wendelstein hat sogar runde Eckdienste (Abb. 145), die aber jetzt von Bossenquadern unterbrochen werden. Reminiszenz seines Gesellen Johann Bierbaum?

Die große, in der Technik der Entstehungszeit mit einem Rautenmuster verputzte Mauerfläche teilt ein durch fünf Geschosse bis ins Dach aufsteigender Mittelrisalit, der mit allem Formenvorrat der Spätrenaissance dekoriert ist (Abb. 143). Die überhohe, vierachsige Auslucht wird mit kräftigen, tiefkannelierten Halbsäulen, die in jedem Geschoß die Ordnung wechseln, übereinandergetürmt. Ihre Fenster sind gerade und rundbogig geschlossen und zeigen im Sturz als Schlußstein jeweils eine Bossenquader. In den Brüstungsreliefs des zweiten und dritten Stockwerks erscheinen die Wappen des Erbauerehepaares (2. Frau Simons VI. war Elisabeth von Schaumburg, die Schwester des Grafen Ernst.) und primitive Tugenden von unfreiwilliger Komik (Abb. 144). Die Ausluchtbekrönung mit ihrem teilweise durchbrochenen Volutenwerk in den Staffelfüllungen und den ungeschickt damit kombinierten Figuren (Abb. 142) ist den im gleichen Jahrzehnt entstandenen Mindener Giebeln (Abb. 125, 128) nah verwandt, nur daß der Steinmetz Johann Bierbaum den figürlichen Teil der Vorlage bildhauerisch nicht meisterte. Hervorzuheben ist der phantastische Reichtum an Zierformen, Bandwerk, Rollwerk, Girlanden, Hermen, Löwenköpfen usw. an den Varenholzer Portalen (Abb. 146, 147) und Fenstern, unter denen besonders die abstrakten Bandverschlingungen an mehreren Fenstern auffallen.

Die Bossensteine an den Portalen (Abb. 250), an der Auslucht, an den Zwerchhäusern sowie in der Eckquaderung der Treppentürme zeigen wie am Schloß Brake nur ein Muster aus geometrisch konstruierten, vierblättrigen Blüten, was für die Theorie Gauls spricht, Hermann Wulff habe an den Entwürfen für Varenholz mitgearbeitet.

Lit.: F. Pahmeier, Der Baumeister von Schloß Varenholz. In „Lippische Mitteilungen aus Geschichte und Landeskunde" 29. Bd. 1960 S. 82—100. O. Gaul, Schloß Brake und der Baumeister Hermann Wulff. Lemgo 1967, S. 54—57. J. Soenke, Johan van Rijswijck und Johan van Valckenburgh — Die Befestigung deutscher Städte und Residenzen durch holländische Ingenieuroffiziere. 1600 bis 1625. In „Mitteilungen des Mindener Geschichtsvereins" Jg. 46. 1974, S. 7—39.

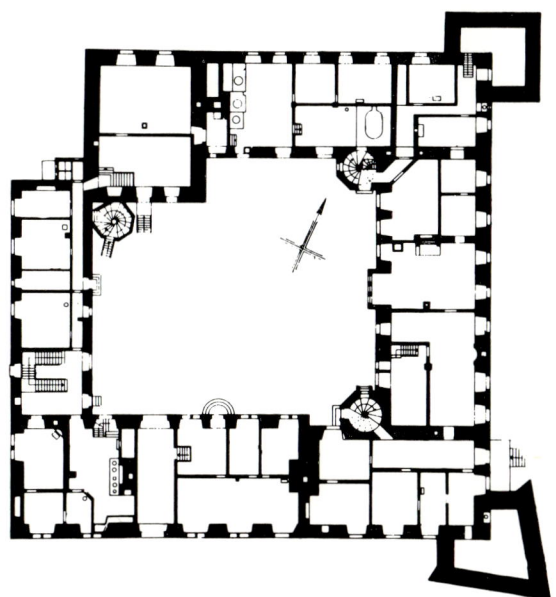

Schloß Varenholz, Grundriß des Erdgeschosses

WENDLINGHAUSEN (Kr. Lippe)

Wasserburg (Hr. von Reden) Abb. 178—180

Erbaut 1613—1616 von Hilmar d. J. von Münchhausen für seinen Sohn Heinrich Hilmar (1586—1635). Über dem Treppenturmportal das Ehewappen des Bauherrn mit Jahreszahl 1614. Zu gleicher Zeit ließ er für seine Tochter bei Minden das Schloß Haddenhausen (Abb. 176) errichten.

O. Gaul schreibt das Bauwerk mit Recht ebenso wie Haddenhausen dem Hamelner Baumeister Eberhard Wilkening (oder doch seiner Werkstatt) zu, zumal sich beidemal die Formen des Schwöbberschen Teichflügels (Abb. 99) wiederholen. Auch hier erscheinen Kerbschnitt-Bossensteine an der Auslucht und an den Zwerchhäusern (Abb. 180).

Beide Schloßbauten stimmen in der Anlage und in manchen Einzelheiten überein, z. B. in der Gestaltung der Hauptgiebel und der Treppenturmportale. Jedoch fehlt Wendlinghausen der zweite Flügel. Nach der Anordnung des Treppenturmes (Abb. 178) an der äußeren Linken des sehr langen, rechteckigen Grundrisses und noch vorhandener (Grundriß-)Zeichnungen war ein solcher Flügel zumindest geplant, wenn nicht im 17./18. Jh. vorhanden. Eine Grabung könnte hierüber Aufschluß geben. Abweichend von Haddenhausen hat Wendlinghausen auf den Traufenseiten drei zierliche Zwerchhäuser. Besonders reizvoll ist die malerische Ostfront mit der breiten Graft (Abb. 179, 180) und den dekorativen „Heimlichkeiten" (Toilettenerker, die am Haddenhäuser Wohnflügel entfernt wurden). Der südliche Stirngiebel wird lediglich horizontal durch Gesimse mit Zahnschnittornament und Friese mit detailliertem Beschlagwerk gegliedert. Eine Lisenengliederung fehlt. Zwischen Obergeschoß und erste Giebelstaffelung ist eine Attika eingeschoben. Aus der Mauerstärke des Giebels ragen seitlich Köpfe hervor. Vor das zweigeschossige Gebäude neben die Freitreppe ist wie in Haddenhausen eine eingeschossige, dreiachsige Auslucht (Abb. 178) gestellt, deren Brüstung mit sehr flachem Beschlagwerk überzogen ist, das in der Mitte einer Kartusche mit dem protestantischen Kennzeichen V.D.M.I.ET. (Verbum Domini Manet In Eternum) und der Jahreszahl 1614 Raum gibt. Wahrscheinlich besaß die Auslucht nie eine ähnliche Bekrönung wie die des Schlosses Haddenhausen (Abb. 177).

Lit.: O. Gaul, Renaissancebaumeister in Lippe, a. a. O. S. 17—21. A. Neukirch, Hamelner Renaissance, a. a. O. S. 107.

WEWELSBURG (Kr. Paderborn)

Burg Abb. 150, 151, 163, 255—256
(Eigentum des Landkreises Büren, Jugendherberge)

Die eindrucksvolle Höhenburg (Abb. 150) auf einem nach Norden hin steil abfallenden Bergplateau des Almetales steht wahrscheinlich an der Stelle einer altsächsischen Wallburg. 1301 überließen sie die Grafen von Waldeck den Paderborner Bischöfen. Bis 1589 war die Burg in verschiedene Hände verpfändet, dann kaufte sie Fürstbischof Dietrich (Theodor) von Fürstenberg zurück und ließ sie 1604—1607 unter Benutzung zweier mittelalterlicher Steinhäuser, die jetzt die östliche Hälfte des Südflügels bilden (vgl. Grundriß), in ihrer jetzigen, imposanten Gestalt umbauen.

Bauliche und dekorative Einzelheiten der Wewelsburg, vor allem Giebel und Portale ähneln überraschend den Details am Paderborner Rathaus (Abb. 156) und stehen auch in engster Beziehung zu den Giebeln der Zwerchhäuser des Fürstenbergbaus des Schlosses Neuhaus (Abb. 152) bei Paderborn. Der Baumeister des Paderborner Rathauses war aber Hermann Baumhauer, der in Wewelsburg zu Hause war. Sehr wahrscheinlich ist er maßgeblich am Ausbau der Wewelsburg beteiligt gewesen.

Die Burganlage in der Grundrißform eines gleichschenkligen Dreiecks, dessen Spitze nach Norden gerichtet ist, hat an den Ecken starke Rundtürme, die ursprünglich flach gedeckt waren. Die welschen Hauben stammen von 1654. Der nördliche Turm (20,60 m äußerer Durchmesser) ist seit 1815 infolge Blitzschlages Ruine (Abb. 150), jedenfalls erwähnt Schinkel diesen Umstand in seinem Reisetagebuch von 1833. Trotz ihrer Höhenlage ist die Burg auf der Ost- und Südseite mit breitem Trockengraben versehen.

Der Haupteingang zur Burg liegt an der Ostseite und mündet in die Südostecke des dreieckigen Burghofes ein. Diesem gegenüber liegt in der südwestlichen Ecke ein polygonaler Treppenturm mit welscher Haube und einem rundbogigen, hermengeschmückten Portal. Das Hauptportal (Abb. 255) ist rundbogig geschlossen und mit Pilastern in verzierter Bossenquaderung flankiert. Dar-

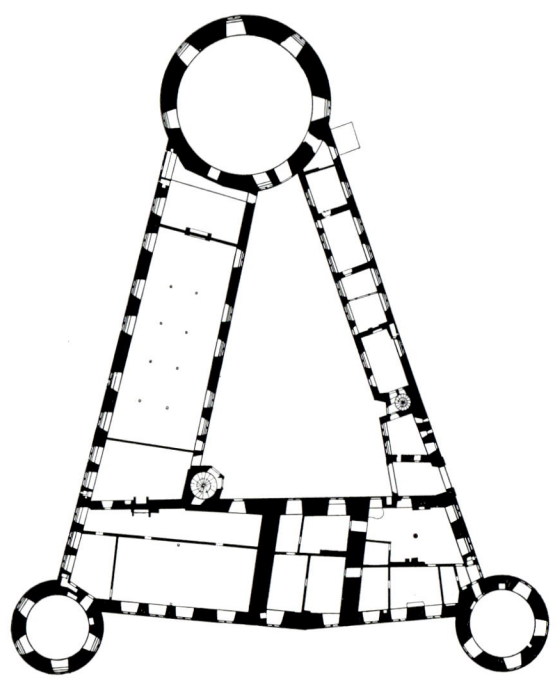

Wewelsburg, Grundriß des Erdgeschosses

über ragt ein dreiteiliger Erker hervor. Am Fries des Erkers Jahreszahl 1604. Auf der Brüstung das Wappen des Bauherrn, rechts davon Inschrift: Multi quaerent intrare et non poterunt. Das Portal an der Hofseite des Haupteinganges (Abb. 256) zeigt ebenfalls Bossensteinverzierungen, desgleichen das Portal des Zugangs zum nördlichen Rundturm (Abb. 257).

Die Bruchsteinmauern der zweigeschossigen Gebäude sowie der Türme sind mit durchgehenden Gesimsen horizontal gegliedert. Die gekuppelten Fenster haben profilierte Sandsteinumrahmungen und Steinpfosten. Alle drei Gebäudeflügel haben Satteldächer. Der Südflügel zeigt an den Stirnseiten Dreiecksgiebel, die zum Teil in den anschließenden Rundturm übergehen (Abb. 150). Das Zwerchhaus an der Südfront (Abb. 151) bildet die Attrappe für den von ihm verdeckten großen Schornstein.

In der Gesamtanlage ist die Burg innerhalb der Weserrenaissance ein Unikum, auch wenn die Dreiecksform in erster Linie vom Gelände bestimmt wird. Sicherlich sind die Pläne von französischen Vorbildern beeinflußt worden.

Im Erdgeschoß des Südflügels Prunkkamin (Abb. 163) des Bauherrn von 1604 (restauriert 1954). Im Kaminsturz Reliefs mit temperamentvollen Darstellungen der christlichen und Kardinaltugenden. An der linken Kaminwange Frauengestalt in einer Muschel (Vorlage Botticelli?).

Lit.: Die Bau- und Kunstdenkmäler von Westfalen — Kreis Büren. Bearb. von J. Körner. Münster i. W. 1926, S. 235—252.

W. Segin, Geschichte der Wewelsburg. Büren 1925.

240 Varenholz, Schloß, Treppenspindel des rechten Wendelsteins

Varenholz Castle: spiral of right-hand staircase

WOLFSBURG

Schloß Abb. 169, 170
(Eigentum der Stadt)

Nach ihm wurde die mit dem Entstehen des Volkswagenwerkes 1938 gegründete Stadt 1946 genannt. 1942 waren die Grafen von Schulenburg, die seit 1742 Besitzer des Schlosses waren, enteignet worden.

Die ursprünglich von zwei Armen der Aller geschützte mittelalterliche Wasserburg (erste Nennung 13. Jh.) wurde Ende des 16. Jh. von den Herren von Bartensleben, vor allem wohl von Hans v. B. (gen. „Hanß der Reiche", † 1583), und anschließend von seinem Erben Günther v. B. umgebaut.

Den Baumeister kennen wir nicht. Bekannt ist lediglich, daß nach 1588 der Hamelner Steinhauer Johann Eddeler, der vorher am Rathausbau in Gandersheim beteiligt war, am Bau der Wolfsburg mitgewirkt hat und daselbst bereits 1592 gestorben ist. Es ist immerhin möglich, daß ein Teil der Volutengiebel nach Hamelner Manier, wie Neukirch vermutet, von seiner Hand stammt (vgl. A. Neukirch, Hameler Renaissance S. 89 ff. u. Anm. 61). 1593 wird angeblich der Helmstedter Heinrich Rumpf als Baumeister zu Wolfsburg bezeichnet.

Der Wolfsburger Stadtarchivar Dr. B. Gericke hält den Erbauer des Rathauses Alfeld a. d. Leine (1584/86), Johann von Mehle, für den eigentlichen Baumeister der Wolfsburg, denn es heißt in einer Alfelder Urkunde über J. v. M.: „Wenn er aus Wolfsburg zurückkommt, wo er auch arbeitet."

Es entstand ein imposanter Renaissancebau, der heute als das nordöstlichste Bauwerk der Weserrenaissance gilt, eine Vierflügelanlage, die sich unter Einbeziehung des mittelalterlichen Bergfriedes (Mauerstärke 4 m) malerisch um einen quadratischen Innenhof gruppiert. Das Ganze wird beherrscht von dem schon durch seine Abmessungen (56 m Außenfront) hervorgehobenen viergeschossigen Ostflügel, an den sich der Eingangstrakt im Norden und der Palas, das sog. „Ritterhaus" im Süden, gleichsam als Seitenflügel anlehnen. Dreistufige Volutengiebel, die noch von zweistufigen Zwerchhausgiebeln auf den Traufenseiten flankiert werden. Um beide Giebelenden verlief ursprünglich (eine Besonderheit in der Weserrenaissance) ein Wehrgang, dessen Kragsteine noch erhalten sind (Abb. 170). Die Hoffront des Ostflügels hat in den Binnenwinkeln je einen viereckigen Treppenturm, von denen der 49 m hohe sog. „Hausmannsturm" mit Zwiebelhaube in der Nordostecke die Gesamtanlage überragt. Beide Wendelsteine verband ursprünglich eine viergeschossige, von Säulen getragene Galerie, von der nur noch die Gewölbekonsolen und die Turmzugänge erkennbar sind.

Der Eingangsflügel zeigt an seiner Außenfront 3 Volutengiebel und ebenfalls einen auf der Hofseite. Die rundbogige Durchfahrt ist als prächtiges Portal unter Einbeziehung einer Nebenpforte (links) ausgebildet, sie wird von Pilastern eingefaßt und von zwei Wächterfiguren flankiert, die Schilde mit den Wappen der Bartensleben halten. Das waagerechte Hauptgesims des Portals ruht auf Konsolen. Der Wappenstein darüber mit den Wappen der Bartensleben, Schulenburgs und Vinckes ist Zutat des 19. Jh. und will wenig zu der alten Volutenbekrönung mit dem herausragenden Neidkopf über der Nebenpforte passen.

Der dreigeschossige Südflügel (Palas gen. „Ritterhaus") besitzt ebenfalls Volutengiebel an der Schmalseite und an den Traufenseiten. Beide Seitenflügel haben an der Hoffront einen dreistöckigen Erker. Der bedeutendere über der Durchfahrt des Eingangsflügels zeigt die Jahreszahl 1598 mit dem Wappen und Namen des Güntzel von Bartensleben. Als niedrigstes Gebäude schließt sich der Westflügel an den mittelalterlichen Bergfried an, der wiederum eng mit dem Eingangsflügel verbunden ist. 1840 wurde der jetzige Westflügel über den alten Kellergewölben neu errichtet. Auf einem Grundriß von 1679 fehlt das Gebäude überhaupt. Von den äußerlichen Baulichkeiten des sog. „Zwingers" ist nur noch ein kleiner Gebäudetrakt mit „zwei Türmen im Westen und Norden der Burg erhalten. Die breiten Gräfte — die Burg war ursprünglich von einem doppelten Grabensystem, dessen äußeren Graben die Aller bildete, umgeben — wurden 1870 infolge der Allerregulierung zugeschüttet. Die Freitreppe an der Ostfront wurde erst dadurch ermöglicht.

Im Inneren des Südflügels des sog. „Ritterhauses" ist ein Stucksaal im Stile der Renaissance ausgestattet: Die Wandfelder und Fensterleibungen sind in Form von Kartuschen mit Band- und Rollwerk mit einem Jagdfries als oberem Raumabschluß ausgefüllt. A. Neukirch (Renaissanceschlösser Niedersachsens S. 192) vermutet, daß diese Stuckausstattung von dem Braunschweiger Kalkschneider und Bildhauer Bernhard Klein aus Stuttgart stammen. Sämtliche Mauern des Schlosses — durchweg Bruchsteinmauerwerk aus Sandstein vom Klieversberg — waren ursprünglich außen mit einem Lehmgemisch verputzt.

Lit.: B. Gericke, Geschichte des Raumes Wolfsburg. Mskr. Wolfsburg 1956.
Ausführliche Beschreibung in „Die Bau- und Kulturdenkmäler des Kreises Gardelegen (Provinz Sachsen)", Halle 1897, S. 194—204.

241 Rinteln, Münchhausenhof, Archivhäuschen, Stabgitterwerk am Fenstersturz (1565)

Rinteln: Münchhausenhof, „Archivhäuschen", part of a window-frame

DER KERBSCHNITT-BOSSENSTEIN, DAS ORNAMENT DER SPÄTEN WESERRENAISSANCE

Wenn eingangs die Weserrenaissance eine Volkskunst genannt wird, so gilt dies vor allem für ihre Spätstufe, die von einem schlichten Ornament bestimmt wird, dem sogenannten Kerbschnitt-Bossenstein.

Das Wesen des Kerbschnitt-Bossensteins beruht in dem V-förmigen Einkerben geometrisch-abstrakter Muster in regelmäßige glatte Quadern, nur gelegentlich kommt auch ein senkrechtes Vertiefen vor (Abb. 271, 117). Hauptkennzeichen dieses Ornaments ist die gleichmäßige Aneinanderreihung der Vertiefungen, das uniforme Neben- und Untereinander von eingekerbten „Zwei"-, Drei- und Vierecken, deren Seiten durch Kreissegmente gebildet werden.

Im Wesergebiet wurde der Boden für den Kerbschnitt-Bossenstein wahrscheinlich durch die Zierformen und die Steinmetztechnik vorbereitet, die Jörg Unkair aus dem „heiteren und gepflegten Garten der Spätgotik am Neckar" (Dehio) hierher mitgebracht hatte[1]; denn genau besehen, sind die durch die Überschneidungen des Stabgitterwerkes an den Portal- und Fenstereinfassungen des schwäbischen Baumeisters entstehenden Muster (Abb. 15, 16) eine Art Vorläufer der Kerbschnitt-Bossensteine. Die dabei auszuhauenden Drei- und Vierecke waren den Steinmetzen Jörg Unkairs und seiner Nachfolger, Cord Tönnis und Jakob Kölling, eine vertraute handwerkliche Gewohnheit (Abb. 44, 241), die sich leicht auf die Bossensteinverzierungen übertragen ließ. Darüber hinaus hat Jörg Unkair verschiedene Kerbschnittmuster (Vorlagen?) aus Obersachsen, möglicherweise aus Halle (vgl. Portal der Marktkirche) in den Weserraum mitgebracht. Er verwandte sie jedoch nicht an Bossensteinen, sondern neben anderen Formen an den Kandelabern der Rundstäbe und Pfosten der Einfassungen seiner Fenster und Portale (Abb. 4, 7, 16). Insofern wirkte Meister Jürgen von Tübingen in den Kerbschnitt-Bossensteinen der späten Weserrenaissance posthum fort.

Im übrigen entpuppt sich das schwachplastische, fast graphische Renaissance-Ornament bei näherer Untersuchung als ein geheimes Maßwerk (Abb. 272 unten), denn die meisten Kerbschnittmuster wurden aus Zirkelschlägen, vor allem aus dem Vierpaß entwickelt. Und nicht von ungefähr wird man an die geometrisch ornamentierten Truhen des Alpenlandes erinnert, wie überhaupt die Technik dieses überzeitlichen Dekorationsprinzips in der Verzierung des Holzes wohl seine größte Verbreitung und auch seinen Ursprung gehabt haben mag.

Schon 1890 hat Gustav Pauli auf die „gemusterten Quadern" aufmerksam gemacht und sie als „ein Wahrzeichen des Stilgebietes" bezeichnet.[2] Bernhard Niemeyer bestätigt 1914 Paulis Auffassung: „Zur Zeit der Renaissance (1585—1615) tritt die Zierweise des Kerbschnittes im Wesergebiet so stark auf, daß sie als typisches Dekorationsmittel charakteristisch für eine ganze Baugruppe wird und geradezu als stilistisches Wahrzeichen für sie betrachtet werden kann."[3] Man hat später die stilbestimmende Bedeutung dieses „Details" angezweifelt (M. Boyken).[4] Aber auch die neuesten Untersuchungen Konrad Maiers bestätigen, daß der Kerbschnitt-Bossenstein als Flächen- und Portal-Zier in der Weserrenaissance seine größte Verbreitung gehabt hat.[5] Wahrscheinlich ist darüber hinaus der Weserraum auch der Ausgangspunkt der Verbreitung dieses Ornaments über ganz Norddeutschland — in Süddeutschland fehlt es merkwürdigerweise ganz —, die Niederlande und Skandinavien. Doch kann die Frage nach der Priorität noch nicht eindeutig beantwortet werden: eine gleichzeitige Entstehung in den Niederlanden scheint zwar fraglich, ist aber nicht auszuschließen.

Konrad Maier weist mit Recht auf die Tatsache hin, daß uns in der „Architectura" des Niederländers Vredemans de Vries Darstellungen von Bauten mit Quadern begegnen, die man als Kerbschnitt-Bossensteine deuten könnte.[6] Die dort durch Punktierung und Schraffuren angedeutete Rustizierung muß aber keinesfalls vom Autor als Anweisung für die Kerbschnitt-Bossensteine beabsichtigt gewesen sein. Immerhin kann nicht geleugnet werden, daß nach dem Erscheinen dieser „Fachliteratur" im Jahre 1581 das Vorkommen des Kerbschnitt-Bossensteins sprunghaft ansteigt.

Zu den Benutzern der Vorlagen Vredemans de Vries' dürften auch die Baumeister der Weserrenaissance gehört haben. Sie bedienten sich ihrer ebenso fleißig, wie dies auch andere Handwerksmeister, z. B. die Tischler, taten, und sie suchten sich die Dekorationsformen heraus, die ihnen in den Kram paßten, d. h., sie entschieden sich nicht für die schwierige Arabeske, der das Wesergebiet offensichtlich abhold war, sondern eben für den Kerbschnitt-Bossenstein.

Der Kerbschnitt-Bossenstein ist kein anspruchsvolles Kunstwerk, sondern gleichsam ein naives Volkslied, bei dem der sich endlos wiederholende, manchmal monotone Refrain, den alle mitsingen können, das Wichtigste ist: ein Lied der Steinhauer. Und „Bosse" bedeutet auch das

Gegenteil von „Bildwerk", sie wurde von den Zeitgenossen nicht als das Werk eines Bildhauers, sondern als die Arbeit des schlichten Steinmetzen angesehen. Außerdem handelt es sich um ein handwerklich recht bequemes Ornament, bei dem man sich nach Herzenslust der Schablone bedienen konnte. Doch wenn die Bossensteine im einzelnen auch nur simple Geschöpfe des Zirkels und des Lineals sind, in der Gesamtheit stellen sie sich uns als ein „phantastisches Spiel mit dem Sandstein" dar (M. Boyken)[7]), das für unsere Landschaft ebenso kennzeichnend ist (man verzeihe mir den Vergleich!) wie die Maßwerkfenster des Langhauses des Mindener Domes, in denen ebenfalls ein — wenn auch ungleich großartigeres — Thema, die Rose, bis zur äußersten Konsequenz durchgespielt wird. Etwas, wie mir scheint, sehr Deutsches tritt hier zutage.

Merkwürdig: Selbst voreingenommene Kritiker, wie E.-W. Mick[8]), können sich „dem Reiz des Formgeriesels, das mit verblüffender Kunstfertigkeit über weite Schauwände hinläuft", nicht entziehen. Das mag daran liegen, daß dieses „Weserrenaissance-Ornament" uns heute gar nicht so fremd ist: Die Serigraphien, die Victor Vasarely und andere auf der 4. documenta 1968 zeigten[9]), huldigen dem gleichen manieristischen Prinzip, und manchmal will es einem scheinen, als wenn die Steinmetzen an der Weser in der gleichen Manier, mit der auch unsere zeitgenössischen Künstler ihre Betrachter schockieren, bewußt Störungen in ihre Horizontal-Serien eingefügt haben (Abb. 172).

Im Wesergebiet taucht das Ornament zuerst um 1560 am Schloß Uslar in der Form von „Zweiecken" auf, die durch zwei Kreissegmente gebildet werden (Abb. 245). Da diese Uslar-Bossensteine an der Ober- und Unterkante von einem gedrehten Bande begrenzt werden, kann angenommen werden, daß sie als Friese verwendet wurden. Am Sockel der Rathauslaube Hermann Wulffs in Lemgo von 1565 (Abb. 193 und 244) und wohl gleichzeitig an zwei Dachkaminen des Schlosses Hann. Münden (Abb. 243) erscheinen dann roh behauene Bossensteine, Vorformen des uns hier interessierenden Kerbschnitt-Bossensteines. In diesem Zusammenhange sei auch auf die Vielloch-Bossensteine an den Nischen-Archivolten der Scheinarchitektur in der Wandbemalung im „Gemach zum weißen Roß" des Schlosses Hann. Münden hingewiesen, die ebenfalls etwa 1565 entstanden sein dürfte. Cord Tönnis bringt auch schon 1569 am Hause Bäckerstraße 16 in Hameln (Abb. 87) facettierte Eckquadern mit groben Dreieckseinhieben an (Abb. 242). Ähnliche Pyramiden-Bossensteine kehren zehn Jahre später am Giebel des Celler Rathauses (Abb. 81) und am Giebel des Hauses Neuer Markt 2 in Herford (Abb. 124) wieder.

Bereits 1573 erhält dann das gotische Rathaus von Brakel ein Renaissanceportal, dessen Umrahmung von vier Kerbschnitt-Bossensteinen mit geflochtenem Gittermuster belebt wird (Abb. 254). Die keilförmigen Bossensteine über dem Portalbogen werden ebenso wie die unteren, quadratischen, ähnlich wie die Uslar-Bossensteine, von einem Flechtband eingefaßt. Es ist das erste Beispiel für die Verwendung von Kerbschnitt-Bossensteinen als Portalzier in der Weserrenaissance und vielleicht eine Reminiszenz an das spätgotische Stabgitterwerk.

Diese wenigen, frühen Exempel stellen jedoch nur den Auftakt dar. Die eigentliche „Hoch"zeit des Kerbschnitt-Bossensteins setzt erst mit den beiden gleichzeitig errichteten Schloßbauten in Brake (1584/91) und Barntrup (1584/89) ein. Aber, während Eberhard Wilkening in Barntrup eine ganze Serie von verschiedenen Ziermustern bringt (Abb. 272—276), verwendet Hermann Wulff in Brake nur ein einziges Motiv: eine stilisierte, aus dem Vierpaß konstruierte, vierblättrige Blüte (Abb. 271). Die Form des Blütenmusters wurde durch Heraus„bosseln" von „Vierecken" erzielt. Nur gelegentlich wird dieses Ziermuster zu einem geometrischen Gitterwerk vereinfacht (Abb. 271), wobei es sich möglicherweise nur um mißglückte Lehrlingsarbeiten handelt. Auch am Schloß Varenholz (1591—1600) wurde nur dieses Vierblattmuster verwendet (Abb. 142—147). — Die Bossensteine Hermann Wulffs beleben an der Nord- und Westfront des Braker Nordflügels (Abb. 65) die Pilaster der Fassadengliederung. Sämtliche Bossensteine, ein einzigartiger Fall in der Weserrenaissance, sind — im Gegensatz zu dem weißen Werkstein der Pilaster — aus rotem Sandstein hergestellt. Offenbar sollten die Zierquadern durch den Farbkontrast als etwas ganz Besonderes hervorgehoben werden.

Am Schloß Barntrup beleben die Kerbschnitt-Bossensteine ebenfalls die Lisenen der Fassadengliederung der Schauseiten und der polygonalen Türme (Abb. 100, 104). Merkwürdigerweise schließen jedoch die Barntruper Zierquadern nicht bündig mit den Lisenenkanten ab, sondern ragen willkürlich und scheinbar barbarisch asymmetrisch in die Mauerfläche hinein (Abb. 275, 276). Der Eindruck der Asymmetrie wird noch dadurch verstärkt, daß die in die Mauerfläche übergreifenden Quader-Enden zwar tiefer liegen als die Bossensteine selbst, aber ebenso wie diese gemustert sind. Verblüffend ist die Vielzahl der stets wechselnden Bossensteinmuster, die Eberhard Wilkening zur Verfügung stehen: Angefangen mit einem maßwerkartigen (Abb. 272) über acht- und fünfblättrige Blütenmuster, die in der Folgezeit nur ganz selten wiederkehren, finden wir am Schloß Barntrup fast alle Kerbschnittmotive der späteren Weserrenaissance schon vor.

An den Schloßbauten Brake und Barntrup dienen die Kerbschnitt-Bossensteine, wie gesagt, ausnahmslos zur Belebung der Pilaster bzw. Lisenen der Fassadengliederung und sind infolgedessen stets vertikal angeordnet. Allenfalls könnte man darin, wie am Schloß Barntrup die Bossensteine über die Lisenen hinaus in die Mauerfläche übergreifen, einen Ansatz zu horizontaler Tendenz erblicken.

Erst an der Hämelschenburg, dem großartigsten Bauwerk der Weserrenaissance (1588/99), setzt der unbekannte Baumeister den Kerbschnitt-Bossenstein — besonders auffällig am Südflügel des Schlosses — als Mittel zur gleichmäßigen Flächengestaltung und Gliederung ein: Er erreicht durch Reihung der Zierquadern zu Rauhbändern, die sich mit glatten Streifen abwechseln, nicht nur eine malerische Wirkung, sondern auch die Betonung der Horizontale gegenüber der vertikalen Tendenz des hochragenden, durch die Zwerchhäuser vierstöckigen Südflügels (Abb. 112, 115). Dabei werden die Kerbschnitt-Horizontalserien sogar über die Erkersäulen und die Pilastergliederung hinweggeführt (Abb. 114), nicht dagegen am Nordflügel (Abb. 116). Auch dieser Meister verwendet, wie Hermann Wulff in Brake, an der Hämelschenburg, um die serielle Wirkung noch zu verstärken, nur ein Kerbschnitt-Muster (Abb. 268, 269); lediglich an einigen Bauteilen im Schloßhof erscheint auch die vierblättrige Blüte Hermann Wulffs, aus der letztlich auch das Standard-Muster der Hämelschenburg abgeleitet ist (Abb. 119). Mit demselben Muster wird der anonyme Architekt der Hämelschenburg ein Jahrzehnt später das Prinzip der Bossenstein-Serien am Hamelner Hochzeitshaus als Stilmittel am konsequentesten verwirklichen.

Doch vorher entstehen in Hameln noch zwei Patrizierhäuser mit Fassaden in der Hämelschenburg-Manier: 1602/03 das Rattenfängerhaus (Abb. 173), dessen Schauseite von verschieden gemusterten Kerbschnitt-Bossensteinen geradezu überwuchert wird (Abb. 268—270). Die schlanke Straßenfront des niederdeutschen Bürgerhauses liegt aber unverkennbar in Streit mit dem horizontalen Bestreben der Bossenstein-Rauhbänder. Doch vielleicht ist der Kontrast gewollt. Das andere, 1607/08 erbaute Dempftersche Haus am Markt 7 weist mit seiner Flächengestaltung schon auf das Hochzeitshaus hin, ganz abgesehen davon, daß auch hier ausschließlich das Hämelschenburg-Hochzeitshaus-Muster verwendet wird (Abb. 168).

Am Hochzeitshaus (1610/17) verzichtet der Baumeister bewußt auf jede vertikale Gliederung. Die Fenster sind, wie schon beim Dempfterschen Hause, schmucklos in die Wand geschnitten. Die Flächen des mächtigen Gebäudes werden, kaum von einem Fries und Gesimsen unterbrochen, allein durch die endlos umlaufenden Horizontal-Serien der Kerbschnitt-Bossensteine gestaltet. Das Ornament beherrscht zwar auf solche Weise das ganze Bauwerk, doch wirkt es keineswegs aufdringlich, wie sonst so häufig in dieser manieristischen Phase der Renaissance, vielmehr tritt es hinter den großartigen Baugedanken, ihm dienend, zurück (Abb. 171, 172).

Dieser Hamelner Bautengruppe müssen aus stilkritischen Gründen auch die drei gleichzeitigen Schloßbauten Hilmars d. J. von Münchhausen zugeordnet werden, obwohl bei ihnen von einer Flächenzier im Stile der Hämelschenburg und des Hochzeitshauses nicht die Rede sein kann. Zwar wird auch hier, wie dort, dasselbe Kerbschnittmuster verwendet, aber die Bossensteine bleiben lediglich auf Zwerchhäuser, Ausluchten und Portale konzentriert. Es handelt sich um den Teichflügel des Schlosses Schwöbber von 1602/04 (Abb. 99, 253), das Schloß Haddenhausen von 1610/17 (Abb. 176, 177, 263) und das Schloß Wendlinghausen von 1613/16 (Abb. 178, 180). An einem vierten Münchhausen-Schloß, der imposanten Vierflügelanlage des Statius v. M. in Bevern von 1602/12, breitet der Baumeister Johann Hundertossen, wie zwanzig Jahre zuvor Eberhard Wilkening in Barntrup, eine ganze Musterkollektion von Kerbschnitt-Bossensteinen (Abb. 277) zur Belebung der Lisenengliederung der Außen- und Hoffronten (Abb. 159, 160) und der Eckquaderung der Treppentürme (Abb. 162) vor dem Beschauer aus. Ja, das Ornament ziert hier sogar als umlaufendes Band Einfassungen und Pfosten von Fenstern. Eine Fassadengestaltung durch Bossenstein-Rauhbänder kann es an den Münchhausen-Schlössern nicht geben, denn ihre Wandflächen sind billigerweise verputzt. Es war eben auch eine Kostenfrage.

Es darf jedoch hier nicht verschwiegen werden, daß Kerbschnitt-Horizontalbänder im Wechsel mit glatten Streifen (bzw. Backsteinmauerwerk) schon 1578 an der Nieuwe Oosterpoort in Horn (N.-H.) auftauchen. Auch dort werden sie über die Pilastergliederung hinweggeführt und sogar um die Laibungen der Portale gekröpft. Jedoch wurde das Prinzip dieser Flächenzier in Holland nicht weiterentwickelt. Wir begegnen Kerbschnitt-Horizontalserien dort nur noch an den Freitreppen der Rathäuser von Leiden (1595) und Gouda (1603). Wobei für Leiden anzumerken wäre, daß die Steinmetzarbeiten in diesem Falle aus der Werkstatt des Lüder von Bentheim, d. h. aus Bremen, kamen und daß diese Leidener Kerbschnitt-Bossensteine bezeichnenderweise dasselbe Muster zeigen, das in Bremen bereits 1587/88 an mehreren Bossenstein-Portalen erscheint: nämlich an den Portalen der Stadtwaage des Lüder von Bentheim (Abb. 123) und am Portal des Roseliushauses (Abb. 246). Es handelt sich dabei um das Sichel-Motiv (Abb. 277 oben), das diesen für die Spätstufe der Weserrenaissance charakteristischen Portaltyp fortan begleitet. Bremen muß auch der Ausgangspunkt der Verbreitung des Bossenstein-Portals im Wesergebiet gewesen sein, denn abgesehen davon, daß es hier zuerst auftaucht, haben die Bremer Patrizier offensichtlich eine besondere Vorliebe für diese Portale (ebenso übrigens nach dem

Vorbilde der Stadtwaage für Kerbschnitt-Eckquadern) gehabt. Leider überdauerten nur die Obengenannten das Jahr 1944.

Das Dekorationsprinzip der Bossenstein-Portale entspricht dem der Flächengestaltung durch Kerbschnitt-Bänder im Wechsel mit glatten Streifen. Das Hauptgewicht liegt dabei auf der Gestaltung der Portal-Umrahmung mit hervortretenden Kerbschnitt-Bossensteinen im Wechsel mit anders ornamentierten Zwischenstücken, die vor allem Beschlagwerk, Rosetten, seltener Diamanten und Kanneluren zeigen. Nur am Einfahrtstor in Bevern ist es umgekehrt: die Zwischenstücke werden durch Hervorheben betont (Abb. 248). In mehreren Fällen wiederholt sich dieser Dekor an den Laibungsflächen (Abb. 113, 246—250, 257, 258, 263). Am Schlußstein ragen manchmal Engels-, Menschen- oder Tierköpfe heraus (Abb. 113, 174—176, 247—249, 261). Die rundbogig geschlossenen Portale des Bremer Typs überwiegen, wobei zumeist der Bogen auf einem Kämpfergesims ruht.

In unserer Bestandsaufnahme konnten nicht alle noch vorhandenen Bossenstein-Portale berücksichtigt werden, so fehlen z. B. das Einfahrtstor des Wirtschaftsgebäudes des Rintelner Münchhausenhofes von 1598 und Mindener Portale. Trotzdem dürfte auch diese Übersicht die Richtigkeit der Auffassung bestätigen, daß es sich bei der Weserrenaissance nicht nur um „die Bezeichnung für eine im Weserraum besonders dichte Gruppe von aufwendigen Schloß- und Bürgerbauten"[10], sondern auch um einen Raumstil handelt, zumal wenn man den Bedeutungsfaktor bedenkt, welcher dem Portal an sich während der Renaissance beigemessen wurde. Man mag den Kerbschnitt-Bossenstein bewerten, wie man will, für die Steinmetz-Baumeister der Weserrenaissance hatte er jedenfalls während der 35 Jahre vor dem großen Kriege einen Aussagewert, und indem sie den schlichten Quader durch ihre eigenartige Bearbeitung überhöhten und zum Kleinod erhoben, schufen sie in ihrer Weise ihren Sonderstil.

Die geometrisch-abstrakte Grundtendenz des vertieft gearbeiteten Kerbschnitt-Bossensteins wird um 1600 in Holland in eine plastisch-figurative umgewandelt. Bereits an der Rundsburger Poort (1603) in Leiden (jetziger Standort in der Lakenhal) und am Sockel der Haarlemer Fleischhalle Liven de Keys (1602/03) tauchen solche Reliefquadern auf. In der Weserrenaissance treten sie 1612 an die Stelle der Kerbschnitt-Bossensteine am Güldenkammer-Risalit des Bremer Rathauses mit 128 Zierquadern (Abb. 184, 279, 280). Etwa gleichzeitig oder wenig später erscheinen sie auch an der Marienkirche in Wolfenbüttel als Eckquadern (Abb. 281, 282) sowie als Dekor auf den Umrahmungen und Pfosten der gotisch-barocken Fenster. In Bremen wurden figurative Bossensteine offenbar auch als Portalzier verwendet.

Reste einer solchen Türumrahmung erhielten am Eingang des Hauses Unser Lieben Frauen Kirchhof 2 einen neuen Standort (Abb. 278). Eine abwechslungsreiche Serie humorvoll gestalteter, plastischer Bilder übernimmt die Aufgabe der „Aufrauhung" der Bossensteine: Blumen (Abb. 280), Tiere (Abb. 278), Menschen (Abb. 280), Landschaften und Gebäude (Abb. 279) sowie Werkstatt- und Jagdszenen. Welche Mühe wird hier an Details verschwendet, die doch kaum ein Beschauer bemerkt: L'art pour l'art?

Aber mit der Metamorphose des Kerbschnitt-Bossensteins zur figurativen Reliefquader kündigt sich bereits der Barock an, und die Bossensteine des Schlosses Thedinghausen sind eigentlich 1619 schon Nachzügler (Abb. 206). Doch sie erscheinen hier, an diesem Backsteinbau wohl bewußt als Material-Kontrast gedacht, noch einmal mit der ganzen Vielfalt ihrer Variationen und last, not least um einige neue quadratische Muster (Abb. 264—267) vermehrt. Mit ziemlicher Verspätung kehrt dann die Zierquader anachronistisch 1628, d. h. zehn Jahre nach Beginn der Katastrophe, mit der die deutsche Renaissance endet, am Erker des Hauses Papenmarkt 2 in Minden wieder. Das Ornament der späten Weserrenaissance hat den 30jährigen Krieg, wie die Gesamterscheinung selbst, nicht überdauert. Die Kerbschnitt-Bossensteine am Amtshausportal von 1656 in Polle (Abb. 175) sind nur noch ein letztes Echo dieses „Volksliedes" der Weserrenaissance.

ANMERKUNGEN

[1] J. Soenke, Vom Neckar zur Weser. Ein Nachtrag zur Biographie des Baumeisters Jörg Unkair. In „Mindener Heimatbl." 33. Jg. 1961 Nr. 1/3, S. 2—14.

[2] G. Pauli, Die Renaissancebauten Bremens ... a. a. O. S. 54.

[3] B. Niemeyer, Renaissanceschlösser Niedersachsens. a. a. O. S. 66 ff.

[4] M. Boyken, Malerische Mathematik. a. a. O. S. 33.

[5] K. Maier, Die Dekorationsformen der Renaissancebauten im Wesergebiet ... a. a. O. S. 114—121 („Exkurs zur Verbreitung der Kerbschnittsteine.").

[6] Ebd. S. 117.

[7] Ebd. S. 54.

[8] E.-W. Mick, Die Weser. München 1962, S. 11.

[9] V. Vasarely, in „4. documenta". Internationale Ausstellung. Katalog 2. Kassel 1968, S. 148—151.

[10] G. Kiesow, Schloß Hämelschenburg. a. a. O. S. 4 f.

242 Hameln, Bäckerstr. 16, Eckquader (1569), links oben
243 Hann. Münden, Schloß, Dachkamin (1565), rechts oben
244 Lemgo, Rathauslaube, Sockel (1565) ◁
245 Uslar, Schloßruine, Kerbschnitt-Bossenstein (1559) △

246 Bremen, Roseliushaus (1588)

247 Hameln, Dempftersches Haus (1608)

248 Bevern, Schloß, Einfahrtstor (1603/12)

249 Hameln, Rattenfängerhaus (1603)

250 Varenholz, Schloßhof (1591/99)

251 Varenholz, Schloßhof (1591/99)

252 Lauenau, Schloß, Treppenturm (1600)

253 Schwöbber, Schloß, Treppenturm (1602/04)

254 Brakel, Rathaus (1573) 255 Wewelsburg, Hauptportal (1604/07) 256 Wewelsburg, Durchfah

259 Rinteln, Rathaus (1597?) 260 Ottenstein, Kirche (1601) 261 Henneckenrod

ofseite) 257 Grevenburg (1575?) 258 Neuenheerse, Abtei (1599)

che (1597) 262 Polle, Kirche (1600?) 263 Haddenhausen, Schloß (1610/17)

264—267   Thedinghausen, Schloß (1619)

268   Hameln, Hochzeitshaus (1604/17)   269   Hameln, Demptersches Haus    270   Hameln, Rattenfängerhaus (1603)

271 Brake, Schloß (1584/91) △   272—276 Barntrup, Schloß (1584/89)   277 Bevern, Schloß (1603/12) ▽

278 Bremen, Unser Lieben Frauen Kirchhof 2
279—280 Bremen, Rathaus, Güldenkammer-Risalit (1612)
281, 282 Wolfenbüttel, Marienkirchturm (1615?)

CHRONOLOGISCHE ÜBERSICHT ÜBER DEN KERBSCHNITT-BOSSENSTEIN

1559	*Uslar*, Schloßruine, frühestes Beispiel in der Weserrenaissance (Abb. 245)		1600?	*Polle*, Dorfkirche, Bossenstein-Portal (Abb. 262)
1565	*Hann. Münden*, Dachkamin mit Bossensteinbändern (Abb. 243)		1601	*Ottenstein*, Dorfkirche, Bossenstein-Portal (Abb. 260)
1565	*Lemgo*, Rathauslaube, Vielloch-Bossensteine am Sockel (Abb. 244)		1602/03	*Hameln*, Rattenfängerhaus, K.-B.-Horizontalserien, Bossenstein-Portal (Abb. 173, 249, 270)

1559 *Uslar*, Schloßruine, frühestes Beispiel in der Weserrenaissance (Abb. 245)

1565 *Hann. Münden*, Dachkamin mit Bossensteinbändern (Abb. 243)

1565 *Lemgo*, Rathauslaube, Vielloch-Bossensteine am Sockel (Abb. 244)

1569 *Hameln*, Bäckerstr. 16, facettierte Eck-Bossensteine (Abb. 87, 242)

1573 *Brakel*, Rathaus, frühestes Bossenstein-Portal (Abb. 254)

1575 *Grevenburg*, Schloß, Bossenstein-Portal (Abb. 257)

1578 *Herford*, Neuer Markt 2, facettierte Bossensteine am Giebel (Abb. 124)

1579 *Celle*, Rathausgiebel, facettierte Bossensteine (Abb. 81)

1584/91 *Brake*, Schloß, K.-B. an Pilastern der Fassadengliederung (Abb. 65, 216, 271)

1584/89 *Barntrup*, Schloß, K.-B. an Lisenen der Fassadengliederung (Abb. 104, 106, 272—276)

1587 *Bremen*, Stadtwaage, Eckquaderung und Bossenstein-Portale (Abb. 123)

1588 *Bremen*, Roselius-Haus (Böttcherstr.), Bossenstein-Portal (Abb. 246)

1589 *Lemgo*, Rathaus, K.-B. am Vorbau der Marktfront (Abb. 192)

1588/99 *Hämelschenburg*, Gliederung durch K.-B.-Horizontalserien (Abb. 111—121)

1591/99 *Varenholz*, Schloß, K.-B. an Zwerchhäusern, Auslucht und Portalen (Abb. 142—147, 250, 251)

1592 *Minden*, Hagemeyerhaus, K.-B. an Fenstern und Gesimsen (Abb. 125)

1594? *Minden*, Bäckerstr. 45, K.-B. an Fenstern und Fries (Abb. 128)

1595 *Sachsenhagen*, Schloß, Bossenstein-Portal (Abb. 133)

1596 *Stadthagen*, Rathaus, K.-B. an der Auslucht (Abb. 134)

1597 *Henneckenrode*, Kirche, Bossenstein-Portal (Abb. 261)

1597? *Rinteln*, Rathaus, Bossenstein-Portal (Abb. 259)

1598 *Adelebsen*, Schloß, K.-B.-Eckquadern am Treppenturm (Abb. 153)

1599 *Neuenheerse*, Abteigebäude, Bossenstein-Portal (Abb. 258)

1600 *Lauenau*, Schloß Schwedesdorf, Bossenstein-Portal (Abb. 252)

1600? *Polle*, Dorfkirche, Bossenstein-Portal (Abb. 262)

1601 *Ottenstein*, Dorfkirche, Bossenstein-Portal (Abb. 260)

1602/03 *Hameln*, Rattenfängerhaus, K.-B.-Horizontalserien, Bossenstein-Portal (Abb. 173, 249, 270)

1602/04 *Schwöbber*, Schloß, K.-B. an Zwerchhäusern, Bossenstein-Portal (Abb. 99, 253)

1603/12 *Bevern*, Schloß, K.-B. an der Fassadengliederung, Bossenstein-Portal (Abb. 159, 160, 162, 248, 277)

1604/07 *Wewelsburg*, Bossenstein-Portale (Abb. 151, 255/256)

1607/08 *Hameln*, Demptersches Haus, K.-B.-Horizontalserien, Bossenstein-Portal (Abb. 168, 247, 269)

1608 *Hämelschenburg*, Brückentor, Bossenstein-Portal mit Horizontalserien (Abb. 113)

1608 *Bückeburg*, Kammerkasse, K.-B. an den oberen Pilastern (Abb. 207)

1609/10 *Thienhausen*, Schloß, K.-B. an Pilastern der Giebelgliederung (Abb. 157)

1610 *Nieheim*, Rathaus, Bossenstein-Portale (Abb. 230)

1610/17 *Hameln*, Hochzeitshaus, K.-B.-Horizontalserien, Bossenstein-Portal (Abb. 171, 172, 174, 268)

1610/17 *Haddenhausen*, Schloß, K.-B. an der Auslucht, Bossenstein-Portale (Abb. 176, 177, 263)

1612 *Lemgo*, Ratsapotheken-Auslucht, K.-B. an Fensterpfosten (Abb. 70, 189)

1612 *Bremen*, Rathaus, Güldenkammer-Risalit, figurative Bossensteine (Abb. 184, 279, 280)

1612/18 *Paderborn*, Rathaus, K.-B. an den Arkaden, Eckquadern, Giebeln (Abb. 156, 231)

1613/16 *Wendlinghausen*, Schloß, K.-B. an Zwerchhäusern und Auslucht (Abb. 178—180)

1615? *Bremen*, Unser Lieben Frauen Kirchhof 2, figurative Bossensteine (Abb. 270)

1616/17 *Horn*, Hotel Vialon, K.-B. an der Auslucht (Abb. 224)

1618? *Stadthagen*, Markt 4, K.-B. in der Giebelgliederung (Abb. 197)

1619 *Thedinghausen*, Schloß, K.-B.-Eckquaderung (Abb. 208, 264—267)

1656 *Polle*, ehem. Amtshaus, Bossenstein-Portal (Abb. 175)

Die chronologische Übersicht berücksichtigt nur die Bauwerke und Architekturteile mit Kerbschnitt-Bossensteinen, die auch in unserem Buche im Bilde wiedergegeben sind. Sie erhebt daher keinen Anspruch auf Vollständigkeit.

PERSONENVERZEICHNIS

von Acken, Cort, Steinmetzmeister 237
v. Adelebsen, Thedel und Christof 232 f.
Arendes, Hermann (Hameln) 257
von Barkhausen, Johann (Salzuflen) 282 — Franz (Herford) 252
Bart, Cunrat (Erbe J. Unkairs) 14
Baumhauer, Hermann, Baumeister (Paderborn) 265, 277, 285 f., 292, 296
v. Bartensleben, Hans 297
Beham, Hans Sebaldus, sog. Kleinmeister 25, 251, 257
von Bentheim, Lüder, Ratssteinhauermeister (Bremen) 240 f., 244 — Johannes 241
Bierbaum, Johann, Mauermeister (Salzuflen) 38, 294

Bocholtz auf Wohldenberg (Drosten) 274
von Bobart, Jakob, Ratsherr (Bremen) 244
v. Bothmer, Conrad u. Lippold 238
von Brachum, Johannes, Baumeister (Herford) 263
v. Brandenburg, Albrecht, Kardinal 18
Braunschweig-Lüneburg, Herzöge von — Christian, Mindener Bischof 36, 279 — Ernst, Franz, Otto u. Wilhelm 247 — Ursula Elisabeth (2. Frau Ottos IV. von Schaumburg-Holstein) 288, 290 — Karl Georg I. 251
Brueghel, Pieter 31
v. Büsche, Claus 264 — Heilwig (verh.

v. Münchhausen) 233, 264
v. d. Bussche, Johann 253
Buscheneer, Johann, niederl. Baumeister 242
Calenberg-Göttingen, Herzöge von — Erich I. 259 — Erich II. 10, 29 f., 260, 275, 293
v. Canstein, Anna (verh. v. Kerßenbrock) 23, 233
Clare, Michael, Baumeister (Celle) 247, 253
Compenius, Josias, Orgelbauer 245
Condussi, Mauro, ital. Baumeister 17 f.
Coornhert, Dirk Volkerts, niederl. Kupferstecher 32
Corvey, Hermann (Lemgo) 270 — Anna 269
Cothmann, Bürgermeister (Lemgo) 269

311

Cranach, Lukas d. Ä. 24
Crossmann, Steinhauerfamilie (Lemgo) 26 ff. — Ernst, Baumeister u. Bildhauer 27, 241 ff., 262 — Georg, Baumeister u. Bildhauer 13, 26 f., 243, 250, 261 f., 268, 271, 289, 296 — Ludolf, Steinmetzmeister 21, 26 f., 37, 243, 269
Crüwel, Heinrich (Herford) 263
von Dempter, Tobias (Hameln) 257
Dieckhoff, Diedrich, Ratsherr (Bremen) 242
Dürer, Albrecht 32
v. Eddingerode (Münder) 274
Edeler, Steinhauerfamilie 28 — Hans (Steinmetz) 28 — Hermann (Baumeister) 282 — Johann (Baumeister) 253, 297 — Jürgen (Baumeister) 281
van der Elste, Heronimo (niederl. Zeichner) 241
Esich, Ehler, Ratsherr (Bremen) 242
Fioraventi, Aristotele (ital. Baumeister) 18
Floris, Cornelis 240
Fluer, Caspar, Malermeister (Rinteln) 294
Francke, Paul, Baumeister 252
v. Fürstenberg, Dietrich (Bischof von Paderborn) 25, 277, 285 — Clemens August 293
Giovanni da Bologna (niederl. ital. Bildhauer) 247
Gogreve, Johann, Schaumburger Kanzler 257
Grubenhagen, Erich Herzog von Braunschweig (Bischof von Paderborn) 284
v. Hammerstein (Apelern) 233
de Hase, Peter (Antwerpen) 31
v. Haus, Claus 251
v. Haxthausen, Tönnies Wolf 292
v. Heimbruch, Gertrud 291
Hessen, Landgraf von, — Philipp 250, 282
v. Holle, Jürgen (kaiserlicher Kriegsoberst) 20, 32, 251, 253, 274
v. Horn, Gertrud (verh. v. Holle) 274
Horstmeier, Johann, Maurermeister (Hameln) 289
Hoya, Grafen von 276
Hoyer, Diedrich, Bürgermeister (Bremen) 241
Hundertossen, Johann, Baumeister (Hameln) 233, 235 f., 237, 258, 267, 287
Husmann, Carsten, Baumeister 242
von Kampen, Thomas, Bürgermeister (Minden) 12, 33, 272
Kanne, Catarina (verh. v. Spiegel) 237
Karl V., Deutscher Kaiser 11
v. Kerßenbrock, Franz 233, 270 — Gerlach 234 — Rembert (Bischof von Paderborn) 250
v. Ketteler, Carl Philipp (Paderborner Domdechant) 250
de Key, Lieven, niederl. Baumeister (Haarlem) 241, 302
Klencke, Ludolf 259 — Jürgen 258
Koch, Johann, Bürgermeister (Lemgo) 269
Kölling, Jakob, Baumeister (Schaumburg) 15, 233, 266, 288 f., 299
Korffmacher, Johann, Baumeister (Herford) 292
v. Korff-Schmising, Grafen 291
v. Kotzenberg, Heinrich (Lippischer Amtmann) u. Adam Heinrich 265

Krefting, Hinrich, Bürgermeister (Bremen) 241
Kruwel, Hermann, Bürgermeister (Lemgo) 21, 269
Leist, Gerd (Hameln) 7, 35, 256
Lippe, Grafen zur — Bernhard VIII. 14, 35, 256 — Casimir 238 — Hermann Simon 280 — Simon VI. 30 f., 237 ff., 294 f. — Simon VII. 286 — Simon III. (Bischof von Paderborn) 250
Lombardo, Pietro, ital. Baumeister u. Bildhauer 17 f.
Luther, Martin 16, 284
v. d. Malsburg, Hermann (Feldmarschall) 16, 250 — Christoph 250
Mantegna, Andrea 33
von Mehle (Edler), Johann, Baumeister (Alfeld) 233, 297
v. Mengersen 266
Melanchthon, Philipp 284
Michelangelo 13
Müller, Jakob (Erbe J. Unkairs) 14
v. Münchhausen, Börries (Apelern) 233, 264, 266 — Dietrich (Apelern) 233 — Hieronymus) 237 — Hilmar d. Ä. 11, 19, 266, 281, 286 f. — Hilmar d. J. 253, 287, 295 — Jobst (Apelern) 233 — Johann (Haddenhausen) 245 — Ludolf (Remeringhausen) 253 — Otto (Lauenau) 267 — Statius (Bevern) 11, 235, 237
Munster, Johann, Meisterknecht Unkairs 249, 279
Nacke, Johann, Baumeister (Bremen) 242
Nagel, Franz Christoph, Architekt 286
Neumann, Balthasar 39
Nosseni, Johann Maria, ital. Baumeister 290
Notke, Bernd, Bildhauer (Lübeck) 25
v. Oeynhausen, Arndt u. Sievert 251, 253
Overkotte, Heinrich, Baumeister (Lemgo) 4, 26, 234, 252, 264, 271, 283
Palladio, Andrea, ital. Baumeister 22
Parler, Peter 21
Pencz, Georg (Jörg Benz), sog. Kleinmeister 8, 32, 289
Pommern, Herzogin Maria von (verh. Schaumburg-Holstein) 246, 288, 289
Poppe, Peter u. Jürgen, Steinhauermeister 233
Poppendieck, Friedrich, Ratsherr (Hameln) 255
Prange, Johann, Bildhauer (Bremen) 241
v. Quernheim, Hilmar 292
Rade, Hans, Baumeister (Blomberg) 236, 294
v. Reden, Lucia (verh. v. Münchhausen) 287
Rieß, Jakob, Ratsmauermeister (Celle) 247
v. Rietberg, Irmgard (1. Frau Simons VI. zur Lippe) 294
van Rijswijck, Johan, niederl. General der fortificatiën 36, 39, 241, 266, 279, 294 f.
Rike, Johann, Patrizier (Hameln) 255 — Jost, Ratsherr (Hameln) 247, 256
Rizzi, Antonio, ital. Baumeister 25
Robin, Arend, niederl. Bildhauer (Minden) 25, 31–34, 272 f., 274, 288, 290
Robyn, Johann, Baumeister und Bildhauer (aus Ypern) 22 f., 34–36, 246, 249, 273, 282, 289

Roleff, Hermann und Johann, Baumeister u. Bildhauer (Lemgo) 238, 268
Rotermundt, Conradt, Stukkateur 239
v. Rottorp, Klaus 266
v. Saldern, Ilse (verh. v. d. Schulenburg) 264
Sander, Barthold, Schatelier-Meister (Horn) 236
Schaumburg-Holstein, Grafen von 283 — Adolf X. (Erzbischof von Köln) 287 — Adolf XI. 288 — Elisabeth (2. Frau Simons VI. zur Lippe) 268, 295 — Ernst (bzw. Fürst) 21, 24 f., 244 ff., 268, 282, 284, 288 — Jost II. 287 — Otto IV. 20, 245 f., 266, 288 f., 290
v. Schele, Sveder u. Kaspar 234
Schennen, Eigert, Maurermeister (Blomberg) 237
Schinkel, Karl Friedrich 296
Schmerriemen, Johann, Bürgermeister (Detmold) 250
Schrader, Heinrich, Baumeister (Stadthagen) 245
v. d. Schulenburg (Hehlen) 262 — (Wolfsburg) 297
Schwalenberg, Grafen von 286
de Seron, Anthonis (Antwerpen) 31
v. Sledesen 284
Soltesburg, Frederic, Baumeister (Celle) 247
v. Spiegel, Werner 237 — Heinrich (Bischof) 284
v. Spiegelberg, Grafen — Friedrich VI. u. Philipp 280
Stallmeister, Heinrich, Bürgermeister (Paderborn) 277 f.
Tönnis, Cord, Baumeister (Hameln) 18 ff., 22 f., 25, 28, 30, 35, 38, 241, 247 f., 255 ff., 258, 269, 279, 281, 287, 289, 299
Unkair, Jörg (gen. Meister Jürgen von Tübingen) 10 f., 14–19, 28, 30, 38 f., 233, 245, 247 ff., 251, 264, 272, 278 f., 281 f., 284 f., 288 f., 291, 294 f., 299
de Vries, Adrian 290 — Hans Vredemann 21, 29, 299
v. Waldeck, Grafen von — Anton Ulrich, Fürst (Pyrmont) 290 — Erika (Äbtissin) 249 — Franz II. (Bischof von Minden) 278 — Maria Magdalena (Schwalenberg) 286
v. Wendt 264 — Simon 294
Wallius, Jacobus SJ 16
Weßel, Gerdt, Ratsherr (Bremen) 244
v. Wettberg 274
v. Wied, Hermann, Bischof v. Paderborn 285
v. Wietersheim, Anton, Kanzler 233
Wilkening, Eberhard, Baumeister 28 f., 234, 239, 254, 257 f., 287, 296
Wippermann, Christian (Lemgo) 270
Wolf (Bildhauerfamilie), Ebert d. J. 246 f. — Hans und Jonas 246 f., 268
Wrampe, Nolte, Zimmermeister (Blomberg) 236
Wulff, Hermann, Baumeister (Lemgo) 13, 20 ff., 28, 37 f., 236, 238 f., 264, 266 f., 271, 294
Wulfert, Jobst, Ratsmann (Herford) 263
Württemberg, Ulrich Herzog von 16, 250 f. — Christoph 14